完全踏査

古代の道 新装版

畿内・東海道・東山道・北陸道

木下 良 監修　武部健一 著

吉川弘文館

はしがき

古代交通研究会会長
木　下　　良

畏友武部健一氏が『延喜式《えんぎしき》』所載の七道の駅路を巡歴しておられることは以前から伺っていたが、南海道と西海道は私から希望して各行程を同行させていただいたので、本書の監修の御依頼を受けた時は喜んでお引き受けした。またその後の東海道全路線と、近江から上野《こうずけ》国府までと陸奥《むつ》国柴田駅から出羽《でわ》国に入って秋田駅までの東山道や、能登と佐渡の北陸道も御一緒したので、かなりの部分を同行したことになる。

武部氏とのお付き合いは、氏が中国の高速道路計画にコンサルタントとして関与された時に、古代道路の調査研究が高速道路建設にとって有用であることを訴えられた結果、日中合同で中国の古代道路を調査しようではないかということになり、朝日新聞の文化欄で広く関係分野の研究者に参加を呼び掛けられ、これを推進するために日中古代道路研究会が設立された時に私も参加させていただいた。一九八七年のことであるから一七年にもなっている。この間に、三回の中国旅行を御一緒したが、この計画は中国側の事情で立ち消えになり、日中古代道路研究会も解散してしまった。

一方、一九九二年に古代交通研究会が発足して私が会長になったが、氏には評議員をお願いすることになってお付き合いが続いており、古代道路についての情報を交換していたが、特に二〇〇一年からは近世東海道の全路線を一緒に歩き通し、さらに昨二〇〇三年からは北国街道を金沢目指して歩いているので、大体二週間に一回は顔を合わせている。

ところで、きわめて現代的な高速道路建設の技術者である武部氏が、古代道路に関心を持たれたのは、一〇〇〇年以上も時を隔てる両者に共通するところが多いことが認められたからである。そこで、その比較を考察するに当たって、古代道路については一九七二年に実施した我々の駅路調査の結果（藤岡謙二郎編『古代日本の交通路Ⅰ〜Ⅳ』、一九七八・九年、大明堂）を参照され、一九八五年に発表された土木学会の論文には、私が調査した肥前《ひぜん》・肥後《ひご》両国の西海道駅路と九州横断道路・九州縦貫道路との対比も例として取り上げられていて、両者の類似性が指摘されている。

一九七〇年代初め頃までは道路は時代を追って発達するものとして、古代道路は自然発生の踏分道をいくぶん拡張整備した程度の、道幅もせいぜい一〜二㍍の屈曲の多い小径であったと考えられていたので、駅路路線を確定することは不可能と考えられ、この交通路の調査も、『延喜式』に記載される諸駅の位置想定を主とするものであった。たまたま、私はこの調査の過程で佐賀平野を約一六㌔一直線に通る道路痕跡を認め、初めて古代道路が直線路線をとって計画的に敷設されたことを認識するようになったものであるが、他に数人が同様の直線路線を認めたものの、この調査では大部分が駅所在地の比定にとどまっていた。しかし、この調査を契機にして古代道路についての認識が改められるようになったので、その後各地で再調査が試みられて次々に直線道の存在が報告されるようになったが、いまだ全国的な見直しには至っていない。

一方、このように計画的古代道路の存在が知られるようになると、その想定路線の発掘調査も行われるようになり、両側溝を備える道幅も一二㍍という大道の実態が明らかになったが、また路線未推定地区でもたまたまの発掘調査によって同様の道路跡が検出されることも多くなり、これらは『延喜式』駅路から外れる箇所もあって、『延喜式』以前の道路の変遷を窺い知る手立てにもなっている。

ところで、武部氏は先史時代から現代に至る日本の道路についての通史をまとめられ、『道Ⅰ・Ⅱ』（ものと人間の文化史116法政大学出版局、二〇〇三年）として出版された。このような実績を持つ武部氏が、『延喜式』駅伝馬条という全国を網羅する史料を基にして、古代駅路網の全体像を構造的に数量的に把握しようと試みられたのが本書である。

そのためには、実際に古代道路の通過路線と駅の所在地を明確にする必要があり、これまでに誰も試みたことのない、『延喜式』全駅路の走破ということになったのである。私も国学院大学在職中に学生と共に各地の駅路を通って、主要路線は一応通ったものの、飛騨《ひだ》路と信濃《しなの》から越後《えちご》への連絡路などが残っている。また、全駅路の調査には前記した『古代日本の交通路』があるが、これは多人数で分担したもので、個人で全駅路を記述したものは、武部氏も挙げておられる大槻如電《おおつきじょでん》『駅路通　上・下』（一九一一・一九一五年）があるだけであるから、まさしく本書は『新駅路通』とでも称すべきものである。もっとも如電の頃は全国的な交通手段が十分には整っていなかったから、かなりの部分は地図と文献を頼りに執筆したものと思われ、中にはかなり想像をたくましくしている部分もある。

本書を繙《ひもと》くに当たって留意すべきことがある。その一つは全国的に駅路網が整備されて律令制下の典型的状態を示すのは八世紀前半頃のことと思われるが、これから『延喜式』に至るまでにはかなりの変化があったと見られることである、文献によって知られる最も大きな変化は、養老二年（七一八）に四国一周路線を完成させていた南海道駅路が、延暦十六年（七九八）に阿波《あわ》・土佐《とさ》、伊予《いよ》・土佐間の路線を廃止して、土佐国へは新しく開通した四国山脈横断路線によって伊予国大岡駅から通じるようになったことで、これによって南海道駅路の路線は大きく削減されることになった。東山道では横手盆地経由の秋田城に至る路線、北陸道では能登半島先端に達する路線などが廃止されている。また、『常陸《ひたち》国風土記』には『延喜式』に見えない駅名が多くあり、『延喜式』では単線的な駅路が奈良時代には複線的に通っていたことが知られ、『肥前《ひぜん》国風土記』によれば肥前国には一八駅があったが、『延喜式』では一五駅に減じている。一方、『出雲《いずも》国風土記』に見える駅名と駅の数は『延喜式』と全く同一で、『豊後《ぶんご》国風土記』でも駅の数は『延喜式』と同じであるから、国によって異なるが一般的に平安時代に入ってから駅路はかなり短縮されたと見られ、『延喜式』に見る駅路網は整理し尽くされた状態にあって、律令制下の典型的状態を見ることはできないということである。

次に律令制下の古代交通制度には駅制と伝制とがあり、『延喜式』にも駅馬《えきば》と伝馬《てんま》の数と配置場所とが挙げられており、古代道路にも駅馬の通る駅路《えきろ》と伝馬の通る伝路《でんろ》（研究上の用語）があったが、本書では駅路だけが取り上げられている。伝路が大化前代からあった自然発生的道路を基にして構成されたと思われるのに対して、駅路は大化以後に計画的に新たに敷設されたので、駅路と伝路は現代の高速道路と在来道路の関係に対比できる。武部氏の主眼目は全国的な幹線道路網の構造把握であるから、この際伝路を切り捨てたほうが明快な結果が得られるのである。

しかし、駅路自体がかなり変化したことは前述したが、また駅路と伝路の関係にも変化があり、特に平安時代初期の変化は大きく、延暦十一年（七九二）に全国の伝馬がいったん廃止され、その後に駅制の補助的制度として復活したが、その廃止・復活に際して駅路と伝路の再編成が行われ、場合によっては従来の伝路を駅路に転用したと思われる所もあるからである。駅路が不自然な屈曲を示したり、迂回路をとっている場合などは、それに当る可能性が高いと私は考えている。

したがって、『延喜式』駅伝馬条に見る駅路は必ずしも本来の駅路網ではないということになる。また、『延喜式』編纂が始められた延喜五年（九〇五）は既に律令制は実質的に崩壊しており、このような時期に律令法の施行細則である式の編纂が企てられたのは、律令制復活の願望から生じたものであるから、これに盛られている規定は当時の実態を示すものでもない。それにもかかわらず、『延喜式』駅伝馬条によらざるを得ないのは、これが普遍的に全国の駅路網を復原する唯一の資料だからである。

最後に、本書では駅間距離の算定の必要から、駅家《うまや》所在地を特定する必要があったので、やや独断的に駅の位置を指定した所がある。山陽道と西海道大宰府路は駅館が瓦葺きになっていたので、瓦の出土によってほぼ明確に駅の位置を比定できるが、それ以外は駅関係文字資料の出土がない限り、全くの推定による他はないのである。その場合、多くは私の判断に任されたので、そのような場合には、これまでの駅路研究の経験に基づいて推定した。他者には異存のある所もあろう。その当否はあくまでも私の責任である。

二〇〇四年七月

目次

IV　北陸道をたどる——195

*本書における行政区画名の表記は、二〇〇四年(平成十六)現在のものである。

I

古代の道とは

一　古代の道とその歴史

ここに取り上げる古代の道とは、律令国家によって七世紀後半から八世紀にかけて建設され、十世紀ころまで機能した古代官道—七道駅路—のことである。都から本州と四国・九州の六六国二島すべてに達し、その道幅は奈良時代には一二メートル、平安時代には六メートルを基本とした壮大なネットワークであった。その長さはおよそ六三〇〇キロ、約一六キロごとに駅家《うまや》を置き、全国でおよそ四〇〇の駅家にはそれぞれ二〇疋から五疋の駅馬が置かれた。

この道のことが文献上で明らかになる最初は、大化二年（六四六）の改新の詔勅にある次の文言である。

初めて京師《みさと》を修め、畿内国司《うちつくにのみこともち》・郡司《こおりのみやつこ》・関塞《せきそこ》・斥候《うかみ》・防人《さきもり》・駅馬《はゆま》・伝馬《つたわりうま》を置き、及び鈴契《すずしるし》を造り、山河《やまかわ》を定めよ

これは律令制時代に官制の交通路の設置を指令したものだと見なされている。これには付則として、「駅馬・伝符を賜うことは皆鈴《すず》・伝符《でんぷ》の剋《きざみ》の数によれ。諸国及び関には鈴契を給う」とあって、中央政府が与えた駅鈴や伝符、あるいはそれぞれの国や関所が与えた通過証を持たなければ、通行できないことが明記されている。

壬申《じんしん》の乱（六七二）の際に吉野でひそかに東国入りを決意した大海人皇子《おおあまのみこ》が、倭《やまと》古京の近江朝廷の留

守司に駅鈴の交付を求めて拒否されたり、隠駅家《なばりのうまや》や伊賀駅家を焼いたりしたことが『日本書紀』に記録されており、この時点で少なくとも大和の周辺では駅制が実際に機能していたことを示している。

下って、「大宝令《たいほうりょう》」（大宝元年〈七〇一〉）には、さらに具体的な規定がある。もっとも「大宝令」そのものは失われており、それをほとんど模した、後の「養老令」で具体的に知ることができる。その「廐《く》牧令《もくりょう》」のなかに、幾つかの条文がある。まず「諸道置駅条」には、つぎのようにある。

凡《およ》そ諸道に駅を置くべくば、卅《さんじゅう》里毎に一駅を置け。若し地勢阻険及び水草無からむ処は、便に随いて安置せよ。里数を限らざれ（下略）。

これによると、三〇里に一ヵ所の駅を置くこととし、地形が急峻な場合や飲み水、牧草がないところでは、状況に応じて里数は適宜定めることとなっている。よく古代の一駅間、つまり三〇里は約一六キロであるといわれる。これは次のような意味である。同じ「養老令」の「雑令」の中に、

凡そ地を度《はか》らんに五尺を歩となす。三百歩を里となす。

とある。ここにあるように、一歩が五尺で一里が三〇〇歩である。この場合の五尺とは令大尺を用いることになっている。令大尺の一尺は当時の発掘例が幅を持っているので確定しがたいが、おおむね三五・〇〜三六・〇センチの範囲であるので、多数値に近い三五・三センチとすると、一歩は一七六・五センチ、一里は三〇〇歩なので五二九メートル、三〇里は一五・八八五キロでほぼ一六キロとなる。

「廐牧令」の「駅長条」には、駅には駅長一人を置く条文があり、その任務、条件などを記す。さらに「諸道置駅馬条」には各道の規模により異なる数の駅馬《えきば》を置くことを定めている。

凡そ諸道に駅馬を置く。大路に廿疋、中路に十疋、小路に五疋。（中略）伝馬《てんま》は郡毎に各五、皆官

馬を用いよ。

令の細かい注釈書である『令 集解《りょうのしゅうげ》』に、大路とは山陽道をいい、その大宰府より先は小路だとする。中路は東海・東山両道で、その他は小路である。ではその他の小路はどこかというと、「公式令」の「朝集使条《ちょうしゅうしじょう》」に駅馬を使う七道の名とその関連地名が示されている。

凡そ朝集使は、東海道は坂の東、東山道は山の東、北陸道は神済《かんのわたり》の北、山陰道は出雲より北、山陽道は安芸より西、南海道は土佐の国、および西海道は皆駅馬に乗れ。自余は各当国の馬に乗れ。

これは朝集使（毎年、大宰府・諸国から中央政府に派遣される使者、四度使《よどのつかい》の一つ）が、都に近い部分はそれぞれの国の民間の馬を借り賃を払って乗り、ここにそれぞれ規定した地点より先は官給の駅馬を使用してよいとするものである。その実際の運用はよく分からないが、ともあれ、『令集解』では、東海道の坂東の坂とは駿河・相摸の境界の坂、東山道の山の東とは信濃・上野の境界の山、北陸道の神済とは越中・越後の境界の河など、七道駅路において朝集使が駅馬を使用できる範囲が書かれていて、同時にそれは七道駅路それぞれの通過位置も示している。

先の駅馬数のことで言えば、東海道・東山道・北陸道・山陰道・山陽道・南海道・西海道の七道のうち、東海、東山、山陽の各道を除く四道が小路であることを意味する。

こうして、七道駅路の姿がおぼろげながら見えてくるのであるが、これより後の『延喜式《えんぎしき》』によって、個々の駅名や配備駅馬数がさらに明らかになる。『延喜式』とは、平安時代の延長五年（九二七）に完成し、康保四年（九六七）に施行された律令法の施行細則である。この中の兵部省《ひょうぶ》の部の「諸国駅伝馬」の項に、各国別の駅名とそれぞれの駅の配備駅馬数および伝馬の配置郡名と配備伝馬数が記載され

表1　『延喜式』駅名・駅馬数

道名	国・駅名・駅馬数	
畿内	山城国	山埼《やまさき》二〇疋
	河内国	楠葉《くすは》　槻本《つきもと》　津積《つつみ》各七疋
	和泉国	日部《くさべ》　嗅唹《おお》各七疋
	摂津国	草野《すすき》　須磨《すま》各一三疋　葦屋《あしのや》各一二疋
東海道	伊勢国	鈴鹿《すずか》二〇疋　河曲《かわわ》　朝明《あさけ》　榎撫《えなつ》各一〇疋　市村《いちむら》　飯高《いいだか》　度会《わたらい》各八疋
	志摩国	鴨部《かもべ》　磯部《いそべ》各四疋
	尾張国	馬津《まつ》　新溝《にいみぞ》　両村《ふたむら》各一〇疋
	参河国	鳥捕《ととり》　山綱《やまつな》　渡津《わたむつ》各一〇疋
	遠江国	猪鼻《いのはな》　栗原《くりはら》　引摩《いんま》　横尾《よこお》　初倉《はつくら》各一〇疋
	駿河国	小川《おがわ》　横田《よこた》　息津《おきつ》　蒲原《かんばら》　長倉《ながくら》各一〇疋　横走《よこばしり》二〇疋
	甲斐国	水市《みずいち》　河口《かわぐち》　加吉《かき》各五疋
	相摸国	坂本《さかもと》二二疋　小総《おぶさ》　箕輪《みのわ》　浜田《はまだ》各一二疋
	武蔵国	店屋《まちや》　小高《おだか》　大井《おおい》　豊嶋《としま》各一〇疋
	安房国	白浜《しらはま》　川上《かわかみ》各五疋
	上総国	大前《あまさい》　藤潴《ふじみ》　嶋穴《しまな》　天羽《あまは》各五疋
	下総国	井上《いかみ》一〇疋　浮嶋《うきしま》　河曲《かわわ》五疋
	常陸国	茜津《あかねつ》　於賦《おふ》各一〇疋　榛谷《はんだに》五疋　安侯《あこ》二疋　曾弥《そね》五疋　河内《かわち》　田後《たじり》　山田《やまだ》　雄薩《おさか》各二疋
東山道	近江国	勢多《せた》三〇匹　岡田《おかだ》　甲賀《こうか》各二〇疋　篠原《しのはら》　清水《しみず》　鳥籠《とこ》　横川《よかわ》各一五疋　穴太《あのお》五疋　和爾《わに》　三尾《みお》各七疋　鞆結《ともゆい》九疋
	美濃国	不破《ふわ》一三疋　大野《おおの》　方県《かたがた》　各務《かかみ》各六疋　可児《かに》八疋　土岐《とき》　大井《おおい》各一〇疋　坂本《さかもと》三〇疋　武義《むげ》　加茂《かも》各四疋
	飛驒	下留《しもつとまり》　上留《かむつとまり》　石浦《いしうら》各五疋
	信濃	阿知《あち》三〇疋　育良《ゆくら》　賢錐《かたぎり》　宮田《みやた》　深沢《ふかさわ》　覚志《かかし》各一〇疋　錦織《にしごり》　浦野《うらの》各一五疋　曰理《わたり》　清水《しみず》各一〇疋　長倉《ながくら》一五疋　麻績《おみ》　曰理《わたり》　多古《たこ》　沼辺《ぬのへ》各五疋
	上野国	坂本《さかもと》一五疋　野後《のじり》　群馬《くるま》　佐位《さい》　新田《にゅうた》各一〇疋
	下野国	足利《あしかが》　三鴨《みかほ》　田部《たべ》　衣川《きぬかわ》　新田《にゅうた》　磐上《いわかみ》　黒川《くろかわ》各一〇疋
	陸奥国	雄野《おの》　松田《まつだ》　磐瀬《いわせ》　葦屋《あしや》　安達《あだち》　湯日《ゆひ》　岑越《みねこし》

東山道

伊達《いたち》　篤借《あつかし》　柴田《しばた》　小野《おの》各一〇疋
名取《なとり》　玉前《たまさい》　栖屋《すねや》　黒川《くろかわ》　色麻《しかま》　玉造《たまつくり》　栗原《くりはら》
磐井《いわい》　白鳥《しろとり》　膽沢《いさわ》　磐基《いわき》各五疋

出羽国
長有《ながあり》　高野《たかの》各二疋
最上《もがみ》一五疋　村山《むらやま》　野後《のじり》各一〇疋
避翼《さるばね》一二疋　佐芸《さき》四疋／船一〇隻
遊佐《ゆさ》一〇疋　蚶方《きさかた》　由理《ゆり》各一二疋
白谷《しらたに》七疋　飽海《あくみ》　秋田《あいた》各一〇疋

北陸道

若狭国
弥美《みみ》　濃飫《のお》各五疋

越前国
松原《まつばら》八疋　鹿蒜《かえる》　淑羅《しらぎ》　丹生《にゅう》　朝津《あさつ》　阿味《あぢま》
足羽《あすは》　三尾《みお》各五疋

加賀国
朝倉《あさくら》　潮津《うしおつ》　安宅《あたか》　比楽《ひらか》　田上《たがみ》　深見《ふかみ》　横山《よこやま》
各五疋

能登国
撰才《せんざい》　越蘇《えそ》各五疋

越中国
坂本《さかもと》　川人《かわひと》　曰理《わたり》　白城《しらぎ》　磐瀬《いわせ》　水橋《みずはし》　布勢《ふせ》
各五疋　佐味《さみ》八疋

越後国
滄海《あおうみ》八疋　鶉石《うずらし》　名立《なだち》　水門《みと》　佐味《さみ》　三嶋《みしま》
多太《ただ》　大家《おおや》各五疋　伊神《いかみ》二疋　渡戸《わたりべ》船二隻

佐渡国
松埼《まつさき》　三川《みかわ》　雑太《さわだ》各五疋

丹波国
大枝《おおえ》　野口《ののぐち》　小野《おの》　長柄《ながら》　星角《ほしずみ》　佐治《さじ》各八疋
日出《ひづ》　花浪《はななみ》各五疋

山陰道

丹後国
勾金《まがりかね》五疋

但馬国
粟鹿《あわか》　郡部《こおりべ》　養耆《やぎ》各八疋　山前《やまさき》五疋　面治《めじ》
射添《いそう》各八疋　春野《かすがの》五疋

因幡国
山埼《やまさき》　佐尉《さい》　敷見《しくみ》　柏尾《かしわお》各八疋

伯耆国
笏賀《くつが》　松原《まつばら》　清水《きよみず》　奈和《なわ》　相見《おうみ》各五疋

出雲国
野城《のき》　黒田《くろだ》　宍道《しじ》　狭結《さゆう》　多仗《たき》　千酌《ちくみ》各五疋

石見国
波弥《はね》　託農《たくの》　樟道《くすち》　江東《こうとう》　江西《こうさい》　伊甘《いかみ》各五疋

山陽道

播磨国
明石《あかし》三〇疋　賀古《かこ》三〇疋　草上《くさかみ》三〇疋　大市《おうち》
布勢《ふせ》　高田《たかだ》　野磨《やま》各二〇疋　越部《こしべ》　中川《なかつがわ》各五
疋

備前国
坂長《さかなが》　珂磨《かま》　高月《たかつき》各二〇疋　津高《つだか》一四疋

備中国
津峴《つさか》　河辺《かわのへ》　小田《おだ》　後月《しちつき》各二〇疋

備後国
安那《やすな》　品治《ほむち》　看度《かみど》各二〇疋

安芸国
真良《しんら》　梨葉《なしは》　都宇《つう》　鹿附《かむつき》　木綿《ゆうつくり》　大山《おおやま》　荒山《あらやま》
安芸《あき》　伴部《ともべ》　大町《おおまち》　種箆《うへら》　濃唹《のお》　遠管《とうづつ》各二〇
疋

周防国
石国《いわくに》　野口《のぐち》　周防《すおう》　生屋《いくのや》　平野《ひらの》　勝間《かつま》　八千《やち》
賀宝《かほ》各二〇疋

長門国
阿潭《あたみ》　厚狭《あさ》　埴生《はぶ》　宅賀《たか》　臨門《りんもん》各二〇疋
阿津《あつ》　鹿野《かの》　意福《いふき》　由宇《ゆう》　三隅《みすみ》　参美《さんみ》　垣田《かきた》
阿武《あむ》　宅佐《たかさ》　小川《おがわ》各三疋

道	国	駅
南海道	紀伊国	荻原《はぎわら》 賀太《かだ》各八疋
	淡路国	由良《ゆら》 大野《おおの》 福良《ふくら》各五疋
	阿波国	石隈《いわのくま》 郡頭《こうず》各五疋
	讃岐国	引田《ひけた》 松本《まつもと》 三谿《みたに》 河内《かわち》 甕井《みかい》 柞田《くぬた》各四疋
	伊予国	大岡《おおおか》 山背《やましろ》 近井《ちかい》 新居《にいい》 周敷《しゅう》 越智《おち》各五疋
	土佐国	頭駅《とうやく》 吾椅《あがはし》 丹川《たちかわ》各五疋
西海道	筑前国	独見《ひとみ》 夜久《やく》各一五疋 嶋門《しまと》二三疋 津日《つひ》二二疋 席打《むしろうち》 夷守《ひなもり》 美野《よしの》各一五疋 久爾《くに》一〇疋 佐尉《さい》 深江《ふかえ》 比菩《ひぼ》 額田《ぬかた》 石瀬《いわせ》 長丘《ながおか》 把伎《はき》 広瀬《ひろせ》 隈埼《くまさき》 伏見《ふしみ》 綱別《つなわき》各五疋
	筑後国	御井《みい》 葛野《かつらの》 狩道《かりじ》各五疋
	豊前国	社埼《もにさい》 到津《いたむつ》各一五疋 田河《たがわ》 多米《ため》 刈田《かりた》 築城《ついき》 下毛《しもつみけ》 宇佐《うさ》 安覆《あじぶ》各五疋
西海道	豊後国	小野《おの》一〇疋 荒田《あらた》 石井《いしい》 直入《なおり》 三重《みえ》 丹生《にゅう》 高坂《こうさか》 長湯《ながゆ》 由布《ゆふ》各五疋
	肥前国	基肄《きい》一〇疋 切山《きりやま》 佐嘉《さが》 高来《たく》 磐氷《いわい》 大村《おおむら》 賀周《かす》 逢鹿《おうか》 登望《とも》 杵嶋《きしま》 塩田《しおた》 新分《にいいた》 船越《ふなこし》 山田《やまだ》 野鳥《のとり》各五疋
	肥後国	大水《おおむつ》 江田《えだ》 坂本《さかもと》 二重《ふたえ》 蚊藁《かわら》 高原《たかはら》 蚕養《こかい》 球磨《くま》 長埼《ながさき》 豊向《とよふ》 高屋《たかや》 片野《かたの》 朽網《くたみ》 佐職《さしき》 水俣《みずまた》 仁王《におう》各五疋
	大隅国	蒲生《かもう》 大水《おおむつ》各五疋
	薩摩国	市来《いちく》 英弥《あくね》 網津《おうつ》 田後《たじり》 櫟野《いちいの》 高来《たかく》各五疋
	日向国	長井《ながい》 川辺《かわのべ》 刈田《かりた》 美弥《みみ》 去飛《こひ》 児湯《こゆ》 当磨《たぎま》 広田《ひろた》 救麻《くま》 救弐《くに》 亜椰《あや》 野後《のじり》 夷守《ひなもり》 真斫《まさき》 水俣《みなまた》 嶋津《しまづ》各五疋
	壱岐国	優通《ゆうつ》 伊周《いす》各五疋

ている。これによって全国に四〇二の駅があったことが明らかになる。

表1にこれを示す。ただし伝馬あるいは伝路に関する記述は除いた。本書においては伝路についても言及する場合はあるが、全体としては問題を駅路に絞っている。なお、この表の定本としては神道大系本『延喜式』（虎尾俊哉校訂、神道大系編纂会、一九九三年）を用い、その読みおよび疑問の文字の修正については、すべて本書の研究において直接指導を戴いた木下良氏（以下すべて敬称略）の見解に随った。

なお、『延喜式』における駅伝馬の記事は、あくまでもその時点のものであって、具体的には平安京に都があった時期のものである。しかし、駅路は天智天皇の近江朝のころからすでに存在したのであり、飛鳥朝、奈良朝あるいはその他の長岡京などに都が置かれた時にも、そこから駅路は発していた。またそれとともに、地域によってはそれぞれの事情によって、駅路ルートや駅家《うまや》位置も変更されたり、改廃されたりしていることが、文献上から幾つか明らかにされている。本書では、この点についても必要な範囲内で言及はするけれども、主体はあくまでも『延喜式』の駅名を基本として追求するものである。

二　これまでの駅路研究のあらまし

駅制あるいは駅路についての研究は、このような歴史的文献の所在にかんがみ、その淵源は比較的古い。藤岡謙二郎は、日本の古代交通史の実証的研究は喜田貞吉が主宰する日本歴史地理学会が編纂した『日本交通史論』（大正五年〈一九一六〉刊、昭和四十七年〈一九七二〉復刻）をもって始めとすると説く。しかし、駅路の実際的かつ総合的な研究としては、大槻如電《じょでん》の『駅路通　上下』（明治四十四年〈一九一一〉刊、下巻は大正四年〈一九一五〉刊）をもって嚆矢とするのではなかろうか。『駅路通』は各駅路の経路にしたがって『延喜式』のみならず文献上に現れる全駅の位置（村名、郷名）を想定し、かつそれぞれの駅の前後関係および駅間距離を示しており、本書における研究中にも、しばしばその先見の明に感嘆を久しゅうした。大槻如電（一八四五〜一九三一）は明治・大正期の学者であって、国語学者として著名な大槻文彦の実兄である。明治初年に海軍兵学寮教官、文部省字書取調係などを歴任した後、若くして家督を弟文彦に譲り、以後は在野の学者として和漢洋の学から文芸等にも及ぶ博学多才の活動をした。『駅路通』はその著書の一つである。参謀本部測量地図、駅逓局通信区画便覧、日本地理志料、(大)日本地名辞書を基本文献としたとあり、かなりの場所を実地踏査しているのではないかと思われる。各道別に本路のほか支路と別路(連絡路の意か)をあげ、本路も含め合計三四本の駅路名を挙げている。

『駅路通』がその参考文献の一つとする『大日本地名辞書』(冨山房、一九〇三年)は、明治期の篤学の歴史学者、吉田東伍《とうご》の手になるもので、地名において『延喜式』各駅家にかなり言及し、時にそれを連ねる駅路に筆が及ぶこともあるが、駅家位置の特定につながる記述は少ない。

駅制全般の研究の先覚者としては、まず『上代駅制の研究』(至文堂、昭和三年〈一九二八〉、『古代の道と駅』吉川弘文館、一九八九年再録)を世に出し、その後わが国の古代交通史の指導者となった坂本太郎をあげなくてはならない。坂本の著書には、藤岡の指摘するように、ただ一枚の地図も載っていないことは残念なことである(戦後の論文の一部には挿図がある)。しかし、坂本は『延喜式』駅路を主体として二八本の駅路名(本路・支路・連絡路)を示した。これは地図上で路線を検討しなければ不可能なことであり、またその名称のつけ方の一部に後に異論が出たものの、現在も多くの研究者によってしばしば援用されていることからしても、坂本の業績の偉大さを損なうものではない。坂本もまた各道の説明に際し、駅路通、大日本地名辞書、日本地理志料等の諸説を斟酌したと述べている。

駅路の近代科学的研究としては、藤岡謙二郎編『古代日本の交通路Ⅰ～Ⅳ』(大明堂、一九七八～七九年)が、まさに実質的な古代駅路研究の始まりといってよい。これは『延喜式』のみならず、それ以前の時代の駅路を含んで、多くの研究者によってそれぞれの地域の路線と駅家を想定し、縮尺二〇〇万分の一程度（B四判裏表）の図面にそれを書き込んだ地図を作成した。研究者によっては、五万分の一地形図上にルートを想定した。これは歴史地理学的手法にもとづく研究が主体となっており、ここに提示された想定駅路路線上で、その後しばしば実際の駅路遺構が発見されるなど、まさに古代交通路研究の原典として位置づけられる基本文献である。ただ、各道、各国によって担当研究者が異なるため、必ずしも研究手法などが統一されたものとは言えず、精粗の度合いも異なって、その後の観点からすれば、内容には批判的に読み取らねばならない部分もある。

その後、平成四年（一九九二）に古代交通の総合的研究を意図して、古代交通研究会（木下良会長）が発足し、これによって歴史地理学、考古学、文献史学のそれぞれの立場の研究者が共同して研究に挑み、同時に各地で古代道路の遺構発掘が続出したことと相まって、ここに古代交通路の研究体制はほぼ確立されたといってよい。今後の更なる発展が期待されるものである。

その成果の一部として、木下良編『古代を考える　古代道路』（吉川弘文館、一九九六年）がある。当時の最新の情報が気鋭の専門家によって各道別にまとめられていて有益であるが、それぞれトピック的な問題を取り上げていて、通論的でないため、全体を概観するには十分でない憾みがある。

三　古代道路の路線研究の視点と方法

筆者はもともと高速道路の技術者である。高速道路の計画に携わる過程で、「古代道路はなぜ国分寺の近くを通るのか」という疑問から、古代道路と高速道路の不思議な暗合に気づき、昭和五十四年（一九七九）ごろから具体的にその関連の研究を始めた。その基本をまとめたのが、論文「日本幹線道路網の史的変遷と特質」（土木学会論文集第三五九号／Ⅳ―3、一九八五年）である。そこでは、高速道路と古代七道駅路の相似性について、次の四点をあげた。

①　路線延長の一致：高速道路の計画延長（当時）七六〇〇キロのうち、北海道地域の計画延長を除くと約六五〇〇キロになるが、これは七道駅路六五〇〇キロとほとんど等しい。

②　路線構成の一致：高速道路計画の路線のマクロな配置が、古代駅路のそれに近似している。特に近畿地域と九州地域において特徴的である。

③　路線通過位置の一致：高速道路のそれぞれの地域における路線通過位置が、古代駅路のそれに近似している。古代駅路より後の時代の近世街道よりもその路線通過位置が近接している場合が少なくない。

④　駅とインターチェンジの一致：古代駅路にはほぼ一六キロ間隔に駅が置かれた。高速道路には、一〇～一五キロ間隔にインターチェンジが設けられている。両者の路線が近接している場合で、駅とインターチェンジの設置位置がよく一致している例が各所に見られる。両者の名称が同一のことも少なくない。

以上の論点の詳細は、拙著『道Ⅰ・Ⅱ』（法政大学出版会、二〇〇三年）を参照されたい。ただし、個別の問題は本書にもしばしば登場する。

この研究に参考とした文献が、前記藤岡編『古代日本の交通路Ⅰ～Ⅳ』であった。前記四点の論拠のうち、路線延長の一致について、古代駅路の総延長を六五〇〇キロとしたのは、同書に各研究者が想定した駅位置および路線位置を地図上に落として、それから算定したものである。その時点では、多くの研究者が駅路路線をかなり紆余曲折したものと理解をして計測していた。今回の研究では、直線線形を主体に路線を改め、測定のやり直しを実施した結果、後で具体的に示すように、約六三〇〇キロと訂正した。なお、これまで筆者以外に七道駅路の総延長に言及したのは、青木和夫が駅間三〇里と駅数四〇〇として総延長六四〇〇キロと求めたもの（豊田武・児玉幸多編『交通史』山川出版社、一九七〇年）以外にはない。

筆者の古代道路研究は、このように高速道路の関連から始めたものではあったが、次第に古代路そのものを具体的に調べることに進み、それにはまた道路技術者としての経験からも、現地を踏査せずに語ることができないことを承知していたところから、最初から意図したわけではなかったが、結果的にすべての駅路ルートを探査することとなった。その方法としては、車によって想定路線とおぼしき場所を現道にしたがって走り、駅想定地および問題の箇所は停車して調査した。山間地で車の走行不可能な峠などでは、できるだけ徒歩で踏査することに努めたが、やむを得ず迂回路から遠望するにとどまった箇所も幾つかは残された。

駅家がどこにあったか、またその間をつなぐ駅路がどのような経路を通っていたか。それは木下良の基本的見解（木下『古代を考える　古代道路』前掲）を基礎として、次のようにまとめることができる。

①　駅家《うまや》の間隔はおよそ三〇里（約一六キロ）とされるが、路線および地域によって平均値はある程度異なる。むしろ一路線内あるいは一定区間内のバランスが取れていると考えるのがよい。

②　駅家の位置は、駅路の屈曲点、他の道との交点、渡河点など交通上の接点である場合が多く、ま

た小丘陵など災害に対して安定的な場所であり、かつ泉、井戸など豊かな水源のある場所が選ばれた可能性が高い。

③　駅名は重要なヒントであるが、広域的な行政区域の名前であったり、一般的な地形特性を現す場合もあるので、地点の特定に関して過大に依存するのは危険である。

④　山道《せんどう》・大道《おおみち》・立石《たていし》・駅《うまや》などの関連遺称地名（今に残る古い地名）は、ルートと駅の探索に重要な情報源である。

⑤　駅路の経路は基本的に直線である。平野部では条里に沿った場合が少なくなく、その場合も駅路を基本に条里が形成される場合が多く見られる。この場合には、条里余剰帯あるいは道代《みちしろ》と呼ばれる一定幅が取られていることがある。

⑥　市町村などの行政境界が直線になっている部分は、駅路であった可能性が高い。それは駅路を基準に境界が定められたことを意味している。

⑦　駅路設定の基準として独立峰あるいは山脈・台地の突端など遠距離に望見される地形的特長を目標とする場合がある。

⑧　渓谷などの曲折した水路、あるいは屈曲の多い海岸線に沿って駅路が通ることはほとんどない。むしろ尾根沿いに山を越えて直達する場合が多い。自然災害に対する安定性と軍事上の安全性の両面からの意味を持つ。

⑨　奈良・平安時代の祭祀遺跡や道路遺構の考古学的調査は、通過ルートの位置特定に大きな意味を持つ。

⑩　これらの想定直線の探索には、明治期など旧版の地形図や戦後間もない時期の空中写真の利用が有効である。

四　駅路ルートの探索とその路線名および延長、駅間距離

駅位置および駅路想定ルートは、藤岡『古代日本の交通路』（前掲）を基礎として、それ以後の新しい研究を可能な限り参照して想定し、なお不分明な点や問題箇所についてはほとんど木下の見解に従っている。ただし、幾つかの問題については、筆者が問題を提起してそれに従ったところもある。図上に駅位置を落とし、路線に沿って距離を計測するためには、それぞれの駅位置を確定させねばならない。しかし、発掘調査などから駅位置が問題なく明らかになっているのは、どちらといえばまれな場合であって、おおむねはある地域の範囲内であったり、いずれの地か決しがたい場合もある。しかし、曖昧なままでは距離測定もできないので、ともかく現地でそれらしいと考えた地点を図上に定め、現在の地名表示を示した。現在地名を表示したのは、これまでの駅路研究では、駅家比定地がしばしば古地図による地名のみで、現在位置がどこであるかが不分明なことが多かったからである。

表2は、駅路路線とそれぞれの延長および駅間距離である。まず路線名については、基本は坂本太郎の既往研究に従っているが、それを整理かつ敷衍して、各道の本路、支路、連絡路の三種とした。支路は本路から分岐して一または二の国府に通ずるもので、行き止まりのものもあれば、また本路に戻る迂回路の場合とがある。名称は一般には行先の国名（経由国のある場合はそれを含む）を付した。連絡路と

は、二本の本路または支路相互を結ぶ路線をいうものとした。

本路・支路を含め、終点に駅家がある場合はそこを駅路の終着点とし、ない場合のみ国府または城柵を終着点と見なした。そのほか、駅路の途中にある国府には、すぐ近傍のものもあれば、数キロも離れている場合もある。いずれも駅路からの連絡路があったと思われ、図上に点線で示した場合もあるが、駅路の延長計算には含めていない。横過水路は延長計算に入れるが、海路は含めない。

なお、駅間距離の算定延長が路線延長と異なる場合がしばしば見られる。これは、路線が途中で分岐したような場合に、分岐点が駅でないときには、分岐前の路線の直近の駅から算定するため路線延長がダブる場合があり、総延長が異なってくる。また、明らかに駅があったと思われるのに、『延喜式』には脱落していると考えられる場合には、該当区間は駅間距離算定からは除外した。

七道駅路の総路線数は、従来の諸研究によって全三四路線となる。各路線およびその経過ルートは、各道ごとの章の際に説明する。駅間距離は五万分の一地形図によって測定したもので、〇・一キロの単位で示した。

路線の総延長はおよそ六二四二キロとなった（表2）。しかし、この測定は概略のもので、細かい曲折は省略されているし、二万五〇〇〇分の一地形図を用いれば、もう少し延長が伸びるであろうことを考慮して、筆者は七道駅路の総延長としては六三〇〇キロと考えたい。

駅間距離の平均は一四・七キロである。さきにこの駅間距離は、先に示した三〇里すなわち一五・八八五キロよりかなり少ないように見える。しかし表3を見ていただきたい。大路である山陽道本路およびその一環に位置づけられる西海道のうちの大宰府路については一〇・七キロでしかない。それ以外の区間の一

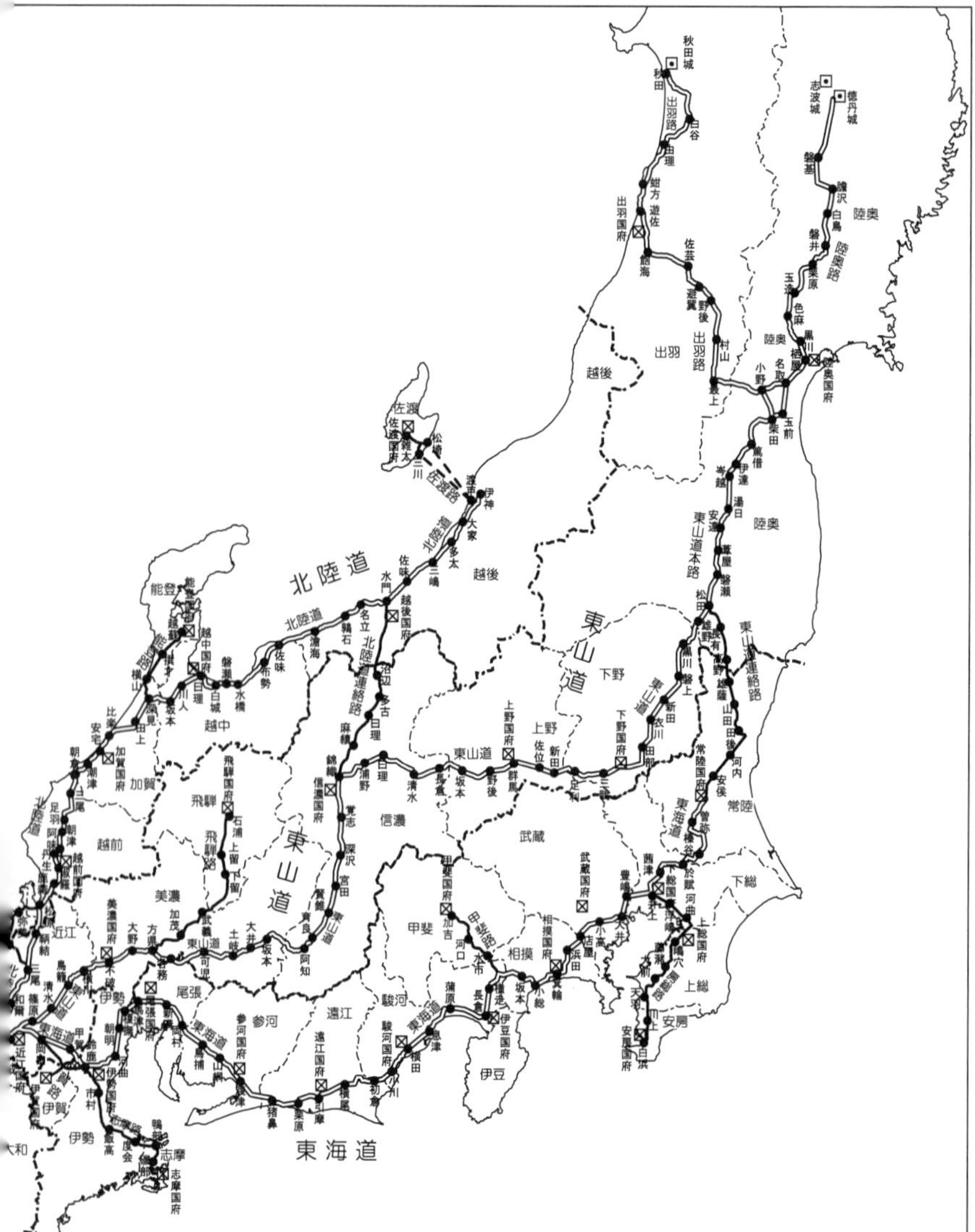

図1　全国七道駅路図(『延喜式』)

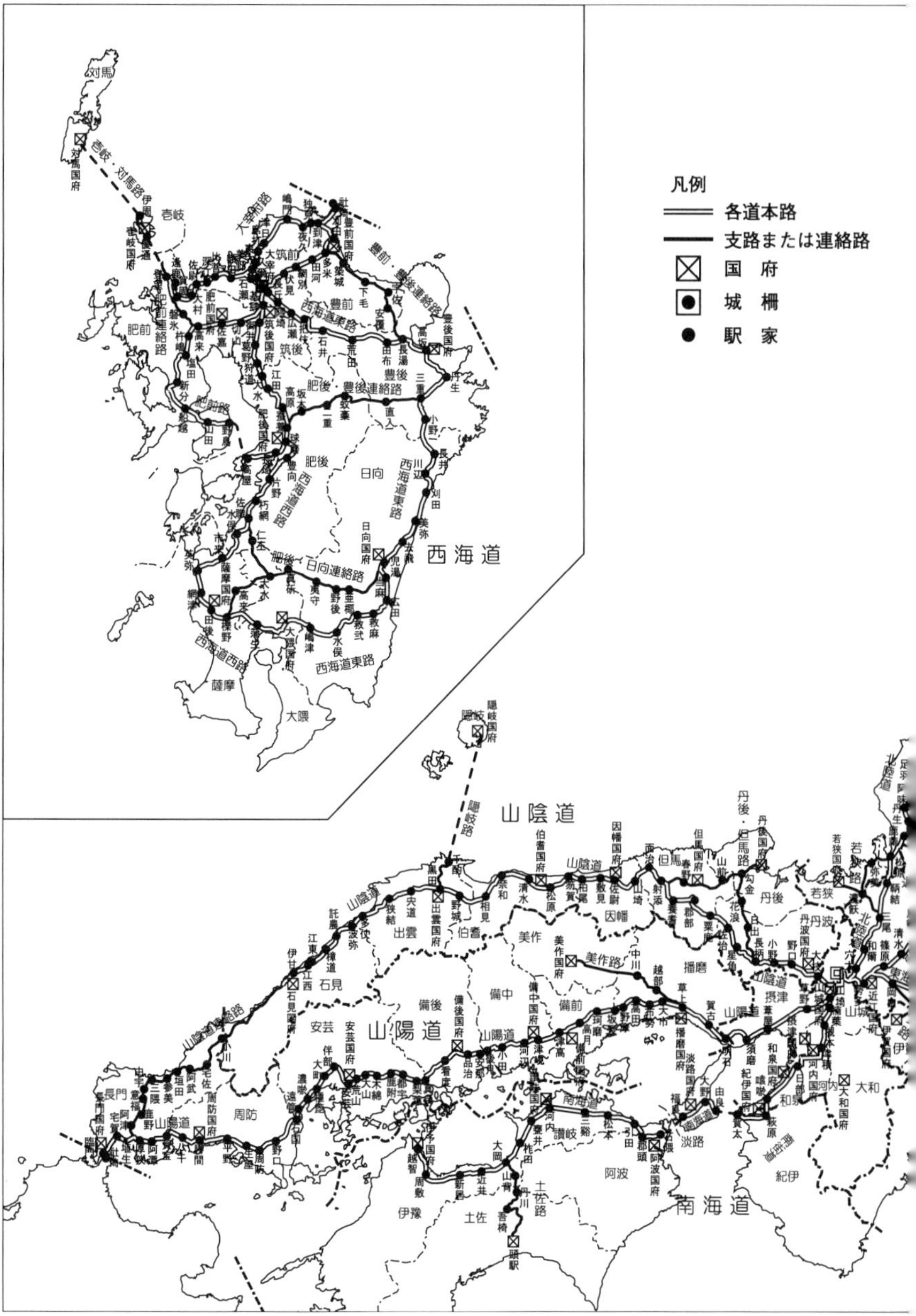

凡例
各道本路
支路または連絡路
国府
城柵
駅家
西海道
山陰道
山陽道
南海道
対馬
対馬国府
壱岐・対馬路
壱岐
大宰府路
豊前・豊後連絡路
肥前連絡路
西海道東路
西海道西路
肥後・豊後連絡路
肥前路
肥後・日向連絡路
肥前
筑前
筑後
豊前
豊後
肥後
日向
薩摩
大隅
日向国府
豊後国府
薩摩国府
隠岐
隠岐国府
隠岐路
美作路
伯耆国府
因幡国府
但馬国府
丹後国府
丹後・但馬路
出雲国府
石見国府
安芸国府
備後国府
備中国府
美作国府
播磨国府
周防国府
長門国府
伊予国府
阿波国府
淡路国府
紀伊国府
和泉国府
河内国府
大和国府
摂津国府
丹波国府
若狭国府
出雲
石見
伯耆
因幡
美作
備後
備中
備前
播磨
但馬
丹後
丹波
若狭
摂津
安芸
周防
長門
伊予
土佐
讃岐
阿波
淡路
紀伊
和泉
河内
大和
山城
近江
土佐路
南海道

表2　七道駅路の路線延長と駅間距離

駅路名	路　線　名	路線延長(km)	駅間距離算定延長(km)＊1	駅間距離算定区間数	駅間平均距離(km)	駅数(起終点等を含む)＊2	延善式駅＊3
東海道	本路	617.7	619.7	38	16.3	38	36
	伊賀路	43.0	23.0	1	23.0	1	0
	志摩路	93.0	93.0	6	15.5	6	5
	甲斐路	48.5	59.3	3	19.8	3	3
	房総路	107.4	106.4	8	13.3	9	9
	東山道連絡路	120.8	120.8	8	15.1	7	7
	計	1030.4	1022.2	64	16.0	64	60
東山道	本路	716.5	725.3	47	15.4	45	45
	陸奥路	201.8	201.8	12	16.4	12	11
	出羽路	289.5	289.5	13	22.3	12	12
	飛騨路	112.1	112.1	5	22.4	5	5
	北陸道連絡路	108.3	70.8	4	17.7	5	4
	計	1428.2	1399.5	81	17.3	79	77
北陸道	本路	477.8	490.5	35	14.0	36	36
	若狭路	60.7	62.7	4	15.6	3	3
	能登路	46.3	46.3	3	15.4	3	2
	佐渡路	20.1	30.7	2	15.6	3	3
	計	604.9	630.2	44	14.3	45	44
山陰道	本路	424.2	424.8	31	13.7	31	31
	丹後・丹馬路	122.4	119.2	7	18.1	7	5
	隠岐路	23.6	19.3	1	19.3	1	1
	計	570.2	563.3	39	14.4	39	37
山陽道	本路	544.9	545.5	49	10.9	49	48
	美作路	77.5	35.5	2	17.8	3	2
	山陰道連絡路	161.3	104.7	10	10.5	10	10
	計	783.7	685.7	61	11.2	62	60
南海道	本路	318.8	329.4	21	15.7	23	23
	土佐路	55.0	55.0	4	13.8	4	4
	計	373.8	384.4	25	15.4	27	27
西海道	大宰府路	88.4	88.4	10	8.8	11	10
	壱岐・対馬路	101.3	98.0	9	10.9	11	11
	肥前路	181.7	181.7	13	15.1	13	13
	西海道西路	274.9	274.9	20	13.7	19	18
	西海道東路	383.3	387.8	25	15.5	24	24

駅路名	路　線　名	路線延長 (km)	駅間距離算定延長 (km)	駅間距離算定区間数	駅間平均距離 (km)	駅数(起終点等を含む)	延喜式駅
西海道	豊前路	73.0	76.4	6	12.7	5	5
	肥前連絡路	29.2	30.2	2	15.6	1	1
	豊前・豊後連絡路	75.5	75.5	5	16.7	4	4
	肥後・豊後連絡路	89.3	94.2	5	18.8	4	4
	肥後・日向連絡路	116.2	124.2	7	17.8	6	6
	薩摩連絡路	38.0	38.0	2	19.0	1	1
	計	1450.8	1469.3	104	14.1	99	97
	総　計	6242.0	6154.6	418	14.7	415	402

＊1：駅間距離算定に用いた路線ごとの延長は，『延喜式』に駅が長距離にわたって記されていない区間を除き，また分岐点が駅でない場合には近傍の駅から算定しているので，路線延長を算定する基本区間とは異なる．

＊2：駅数(起終点等を含む)には，延喜式に定められた402駅のほか，起終点および明らかに駅の代行機関とみなされる国府等を含めた．

＊3：延喜式の駅は，本来各国に属するが，ここでは路線に沿って求めたので，駅路各道の駅数合計値は，本来の各道に所属する合計値とは異なる．

五・四キロがほぼ規定の三〇里に近いのに対して、山陽道はほぼその三分の二である。大路である山陽道および大宰府路の配置駅馬数は、標準が二〇疋である。中路の一〇疋と比べて本来二倍であるだけでなく、駅間距離が三分の二であることは、輸送能力としては三倍あることを意味している。

最後に、この研究の結論として、図1に全国駅路図を掲げる。これには三四路線と四〇二駅のすべてを掲げてある。またこれの根拠となった路線名とその路線延長を表2・3に示す。なお、ここに掲げる図や数値には、先に公刊した筆者の『道Ⅰ・Ⅱ』(法政大学出版会、二〇〇三年)において掲げたものとは若干異なっている部分がある。これはそれ以後に修正したものであり、本書の図や数値の方が、筆者としてはより新しい見解である。

以下、路線ごとにたどることとして、初めに畿内における駅路の時代的変遷の概要を見ることとしよう。古代駅路には七世紀後半に始まると考えられる創成期から『延喜式』時代まで全体的にも個別的にも多くの変遷がある。しかし、本書では煩雑さを避けるために、あくまでも『延喜式』を基本とし、路線の変更や駅家の改廃、あるいは関連する伝路については、必要最小限度の叙述に留めた。また国府位置も移転した場合が多くあるので、できるだけ『延喜式』時代に位置したと思われる場所を図示した。

五　畿内の六道とその変遷

古代七道駅路は、九州の西海道を除く六道が、当時の畿内（現在の近畿地方）にあった都（京）から発していた。しかし、都は時代によって何度も移転をしており、そのたびに六道のルートは少しずつ変わった。七道駅路が計画的に全国に延びてゆくのは天智天皇に始まり、天武天皇の時代に本格化したものと見られるが、畿内地方では、駅路の一部は駅制の設定時期である大化改新《たいかのかいしん》（六四六）よりさらに以前の推古朝（五九三〜六二八）に、すでにある程度造られ始めたと思われる。

表3　七道駅路の駅間距離の分析

区　間	路線延長(km)	駅間距離算定延長(km)	駅間距離算定区間数	駅間平均距離(km)
山陽道本路および大宰府路区間	633.3	633.9	59	10.7
標準区間延長＊1	5608.7	5520.7	359	15.4
総　計	6242.0	6154.6	418	14.7

＊1：全区間より山陽道本路および大宰府路を除く区間

ただ、都の位置を大きく分ければ、初めは大和国の飛鳥の諸京と藤原京・平城京であり、後に山城国の平安京となる。その他に近江京、難波京、恭仁京、長岡京などがあるが、いずれも期間が短い。そこで、平城京に代表される飛鳥・奈良の都と平安京との二つに区分して、都の位置とそこから発する駅路のルートを探ってみよう。

九二七年完成の『延喜式』に記載されている四〇二の駅名は、平安京時代のものである。駅と駅路のルート（通過位置）は、おおむねこの延喜式駅を基準に研究されている。それ以前の飛鳥・奈良時代の駅はあまりはっきりしておらず、ルートの解明も十分ではないが、主として足利健亮の研究（足利『日本古代地理研究』大明堂、一九八五年）にしたがって、二つの都から出ていた六本の駅路のルートの変遷を見てゆくこととする（図2）。

七道駅路を列挙する場合、東海道を最初として左回り（反時計回り）を順序としているので、それに沿って説明してゆく。

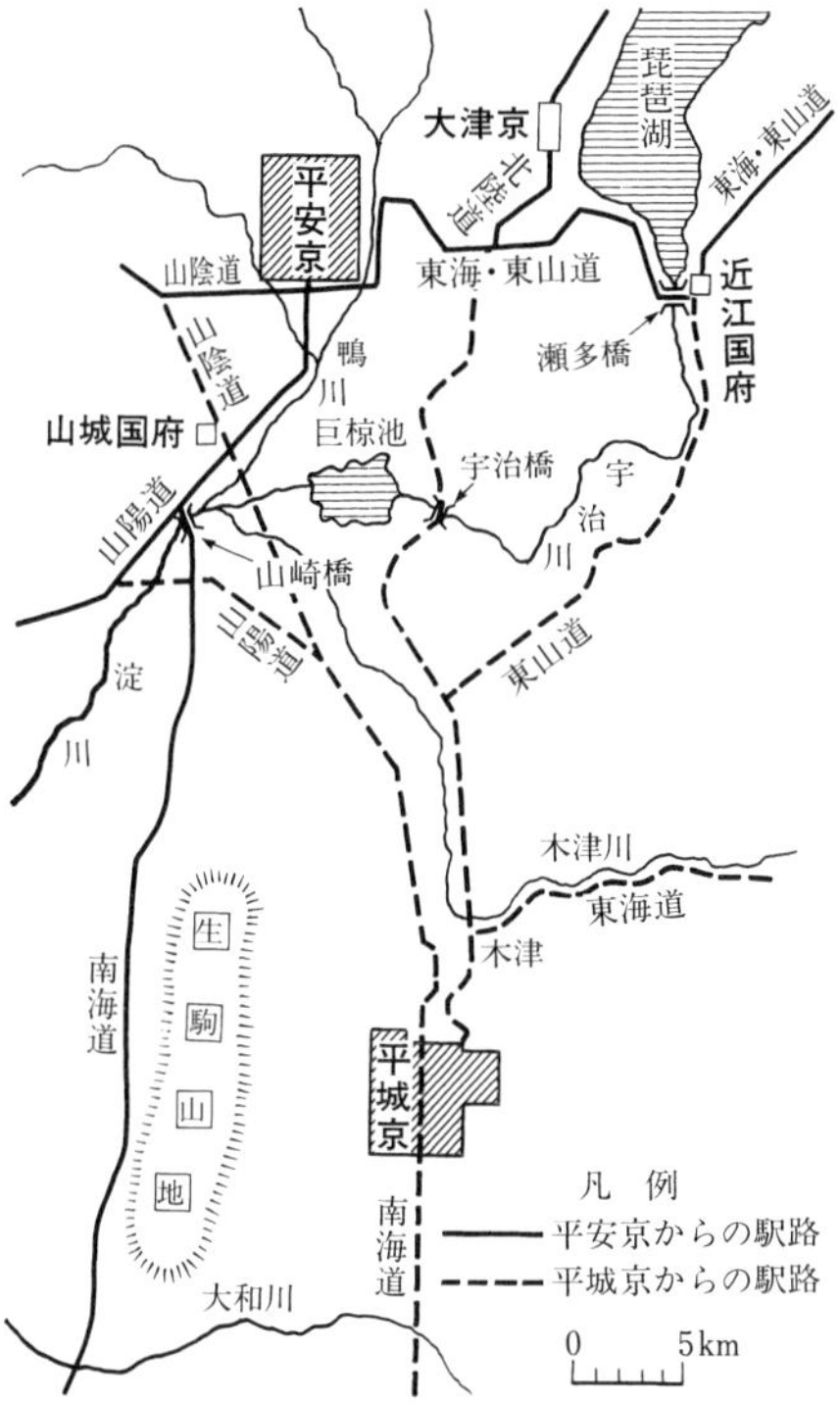

図2　都からの駅路の時代変遷（畿内）

まず、東海道は平城京から東山道、北陸道と同じ道で北に出る。奈良坂を越えて北上し、京都府木津町付近で東に折れ、木津川沿いに後の伊賀街道のルートを東へ伊賀に向かった。その前の飛鳥時代には、飛鳥の諸京から後の伊勢街道沿いに出たことは、壬申の乱で名張や伊賀の駅家を焼いたことでも知られる

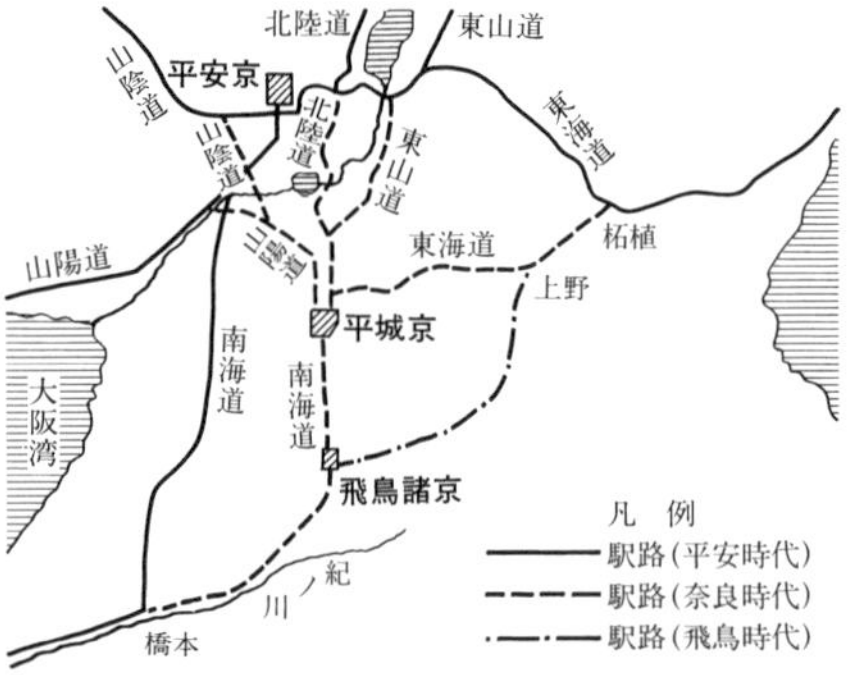

図3　都からの駅路の時代変遷(広域)

(図3)。奈良時代の東海道は伊賀駅家のあった現在の上野市あたりで飛鳥時代の駅路と同じくなり、さらに現在の三重県伊賀町の柘植町付近で平安京からの東海道ルートと合することになる。平安京からは、勢多橋を渡り、草津からここに至っている。都の位置による駅路の変化点は、遠く畿内を越えて伊勢国にあった。

東山道は北陸道と一緒に木津からさらに木津川右岸（東岸）の奈良街道沿いに北上し、現在の城陽市付近で北陸道と分れて東北進し、勢多橋の東の近江国府の近くで、勢多橋を渡ってきた平安京からの東海道・東山道共通ルートに合する。

北陸道は、平城京からの北進路を東山道と分れてから、さらに北進して宇治橋を渡り、山城国の山科へ出たあたりで平安京から東進して来た北陸道ルート（東海・東山道との三道共通ルート）と合する。この奈良時代の北陸道ルートは、それ以前の壬申の乱のころには、都が近江の大津京にあったため、大津京と飛鳥古京とを結ぶ重要ルートであり、宇治橋がチェックポイントであった。

山陰道は、山陽道と道を同じくして、平城京から東山道・北陸道のルートとは別に、近鉄京都線に近いルートで木津川左岸の開析平野の西を北上し、現在の京田辺市あたりで北北西に進み、当時の木津・宇治・桂川の三川合流地点である淀付近で渡河し、現在の京都市西京区あたりで平安京から西に向かった山陰道ルートと合する。

山陽道は、八幡市南部あたりで山陰道と分れたのち北西に進み、男山丘陵を越えて河内国に入り、現在の枚方市樟葉で淀川を渡り、平安京から西南進してきた山陽道ルートと合する。ここは摂津国である。

南海道は平城京からはほぼ巨勢路に沿って紀ノ川沿いに出た後、西進した。平安京からの南海道は、後に詳述するように山陽道とともに西南に下り、山崎駅で山陽道と分れてすぐ山崎橋を渡って、生駒山西麓をのちの東高野《こうや》街道沿いに南下し、河内・和泉両国府を経たのち、雄ノ山峠を越えて紀伊国に入り、紀ノ川沿いに達した萩原駅付近で、大和から南下して紀ノ川の右岸（北岸）沿いに進んできた平城京からのルートと合する（図3参照）。

このように平城・平安両京から発した六本の駅路は、畿内およびその周辺の国々で新旧両路が合して、それぞれの終着点へ向かった。

六　畿内各国府への連絡路

次章以下に、各道別に路線をたどって行くことにする。藤岡『古代日本の交通路』では、道別でかつ国別である。つまり行政区画にしたがっての叙述である。しかし、これでは路線としてのつながりが把握しにくい。そこで、本書ではすべて路線別に叙述する。路線は七道の順序に随い、各道の中では本路に沿って行き、途中の支路や連絡路はできるだけ本路の当該支路の分岐点付近で説明することとする。

七道を路線として捉えると、行政区域としての畿内が欠落する。畿内には山城・大和・河内・和泉・摂津の五ヵ国があり、それぞれ国司によって治められていた。そこへの中央からの通達や駅使の往来は

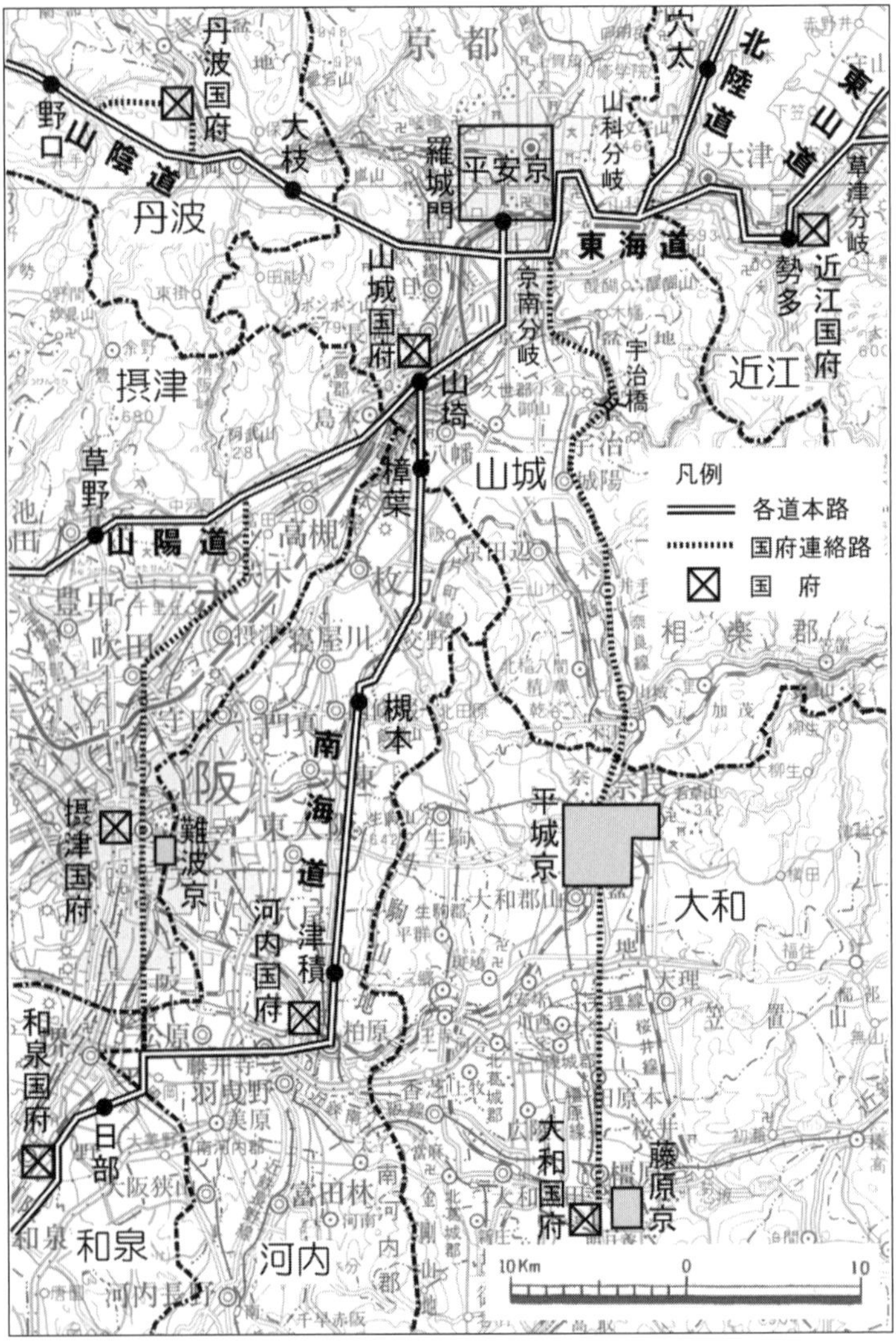
京都
丹波国府
野口
山陰道
大枝
丹波
羅城門
平安京
山科分岐
六太
北陸道
東山道
大津
草津分岐
東海道
勢多
近江国府
近江
山城国府
京南分岐
宇治橋
山崎
摂津
草野
樟葉
山城
凡例
各道本路
国府連絡路
国府
山陽道
槻本
南海道
摂津国府
難波京
平城京
大和
河内国府
津積
和泉国府
日部
大和国府
藤原京
和泉
河内
10Km
0
10

図 4　畿内駅路図

どうなっていたのであろうか。それは七道とは別扱いになっていたようである。永田英明は、『令集解』に「畿外、皆馳駅すべし」とあることなどから、駅制は畿外＝七道諸国を対象とする支配システムとして成立し、運用してきたとしている（永田「七道制と駅馬・伝馬」『古代交通研究　第七号』一九九七年）。その場合、『延喜式』太政官式に「和泉国に遣わす使は外国に准じて駅鈴を給う」とあって、和泉国だけは畿外に準ずる扱いであった。このように駅路を考える時、畿内各国に対しては他の畿外七道の諸国府と同列には論じることはできないが、一応、図4に畿内の国府と駅路の関係を見ておくこととしよう。

山城国府は山陽道および南海道の併用路の山埼駅と同所で、また河内、和泉の両国国府はいずれも南海道に接している。準畿外扱いであった和泉国府への駅使は南海道を使って往復したであろう。山城・河内両国府への連絡もまた、南海道が利用されたと考えられる（山城国府までは山陽・南海併用道）。他の二国府は駅路からはやや離れた所にある。大和の国府はその位置が何度も変遷し、『延喜式』とほぼ同時代である『和名類聚抄《わみょうるいじゅうしょう》』（略して『和名抄』）に「高市郡に在り」としているから、和田萃の比定する橿原市久米町丈六の遺跡がこれに当たるであろう。また摂津国府については、『和名抄』には記載がないが、承和十一年（八四四）に鴻臚館を国府に転用しており（『続日本後紀』）、それは現在の大阪市中央区高麗橋付近が有力視されているので、それを採ることとする。

これらへの連絡路はどうなっていたのであろうか。駅路と同列には論じられないにしても、なにがしかの連絡路はあったに違いない。図4にその概略を示す。同図は縮尺五〇万分の一図を基本として作成した。大和国府は藤原京の近傍にあったから、平安京からは図2、3に見られるような古い道が利用されたものであろう。足利健亮は平安京に遷都した以後、平安京から南に下がる山陽・南海併用道と先の

図2に示した古山陰道が平安京と平城古京を結ぶ道として復活したと考えた。同様に古北陸道も平安京と平城古京を結ぶ要路として復活したとする（図4参照）。この場合、平安京の南東端に南北に走る法性寺大路（次の東海道の章で説明）によって南下し、古北陸道により宇治橋をへて平城古京に至ったとする。大和国府は平城古京から古南海道によってまっすぐ南下した地点に位置する。したがって平安京から大和国府への道は、これらの平安京と平城古京を結ぶ道と古南海道を連絡することで得られるが、木下は平城古京までを、後者の古北陸道を利用するルートのほうが適当であろうとしている。

摂津国府に対しても、足利は山陽道の山崎・草野両駅の間から南下し、難波京を経て南海道の日部駅付近に至る古道があったとしているから（図4）、これらが連絡路として使われたものと考えられる。ただし、いずれも正式な駅路ではないから駅家などは記録されていない。

なお紙幅の関係から、本書では畿内及び東海道・東山道・北陸道の東国三道のみを収録している。

II　東海道をたどる

一　東海道のあらまし

一五ヵ国を連ねる東海道

先にふれたように、七道駅路は東海道《とうかいどう》を最初として、反時計回りに順序付けられている。そこでまず東海道から始めよう（図1　全国七道駅路図参照）。駅路としての東海道は、それに属する伊賀・伊勢・志摩・尾張・参河・遠江・駿河・伊豆・甲斐・相摸・武蔵・安房・上総・下総・常陸の一五ヵ国を連絡するもので、本路のほか、伊賀路、志摩路、甲斐路、房総路の四支路と、本路終点の常陸国府からさらに先に延びて、東山道に連絡する東山道連絡路があった。

これら各路の駅間距離および総距離を表4に示す。このなかには、一部に国府名と分岐点名がある。国府名は、駅路の近傍にある国府が前後の駅間距離などから明らかに本来その地点に置かれるべき駅の代行を務めていると見なされている場合に示した。常陸国府がその例である。東海道は常陸国府が本路の終点ではあるが、さらに東山道への連絡路がそこから先に延びている。また国府に向けての支路の終点に駅のない場合も同様である。伊賀国府、志摩国府がそれである。また支路、連絡路への分岐点が駅と異なる地点である場合には、〇〇分岐の形で表した。以上の表記方法は、以後の各道についてすべて共通である。

東海道の各路に属する駅の数は合計六〇駅（駅代行の国府は除く）である。この数は先に示した表1

表4　東海道　路線，駅および駅間距離

駅　名	駅間距離(km)	駅　名	駅間距離(km)	駅　名	駅間距離(km)
東海道本路		浜田	14.7	水市	13.8
羅城門＊	0	店屋	11.4	河口	17.7
勢多	23.7	小高	14.5	加吉	17.0
岡田	23.4	大井	12.5	合計	48.5
甲賀	15.1	豊嶋	13.8	房　総　路	
鈴鹿	17.4	井上	12.4	(井上)	0
河曲	18.0	茜津	13.0	浮嶋	12.5
朝明	15.7	於賦	20.2	河曲	13.5
榎撫	13.9	榛谷	14.2	嶋穴	15.2
馬津	8.2	曾弥	22.2	藤潴	14.8
新溝	16.7	常陸国府＊	15.6	大前	14.3
両村	14.0	合計	617.7	天羽	11.5
鳥捕	13.8	伊　賀　路		川上	13.2
山綱	16.0	(岡田)	0	白浜	12.4
渡津	14.9	伊賀国府＊	31.0	合計	107.4
猪鼻	21.6	柘植分岐	0	東山道連絡路	
栗原	17.0	鈴鹿南分岐	12.0	(常陸国府)	0
引摩	14.7	合計	43.0	安侯	13.2
横尾	17.2	志　摩　路		河内	15.6
初倉	20.3	(鈴鹿)	0	田後	18.6
小川	10.1	市村	15.7	山田	14.9
横田	17.4	飯高	20.8	雄薩	12.7
息津	15.6	度会	19.2	高野	13.0
蒲原	19.8	鴨部	13.3	長有	16.9
長倉	22.8	磯部	10.9	(松田)	15.9
横走	15.7	志摩国府＊	13.1	合計	120.8
坂本	23.7	合計	93.0	東海道合計	1030.4
小総	12.6	甲　斐　路			
箕輪	13.9	竹之下分岐	0		

注1：＊は駅に準ずるもの

注2：(　)内の駅名は，他の路線でカウントされるもの

の道別駅数での東海道の駅数五五より五駅多い。それは筆者が東海道から始めて順次、各道のルートを探る時に、そのルート上にある駅は、行政上の所属が他の道（畿内を含む）であっても、すべて駅路としての各道にカウントしたからである。東海道の場合、最初に近江国で三駅を利用し、また東山道連絡路中に陸奥国の二駅を利用する。いうまでもなく駅総数の四〇二は変わらない。

表4に見るように、東海道本路の距離は六一七・七キロ、支路・連絡路をあわせて合計一〇三〇・四キロである。東海道は東山道と並んで中路であったから、各駅に配備される駅馬の標準は一〇疋であった。しかし支路は原則として小路なみであったし、本路でも状況により異なっている。その数は前章の表1にすでに示してあるが、ルートに沿ってそのつど説明して行く。また、平均駅間距離は、前章の表2に示したように、本路と支路・連絡路の各路により若干の違いはあるものの、平均値は一六キロで、駅間距離の短い山陽道（西海道の大宰府路を含む）を除いた各路平均よりやや長い。

ルートの説明は本路に沿って行き、支路はその地域で語ることにする。実際にそのようにたどったことでもあるし、地図の上でも、そのほうが便利である。

二　都を出て近江国へ

出発点は羅城門

都を出る初めは、平安京で朱雀大路を南に下がった羅城門《らじょうもん》（京都市南区唐橋羅城門町）である。これからの説明には、一〇〇万分の一日本図を基図とした各道路線図（ここでは図5）を使用する。ただし、平安京のまわりだけは、路線が輻輳しているので、前章の五〇万分の一図で示した図4もあわせて参照されたい。他の路線の場合も同じである。なお、以下の各路線図は、すべて方位を真北に取った形で示している。

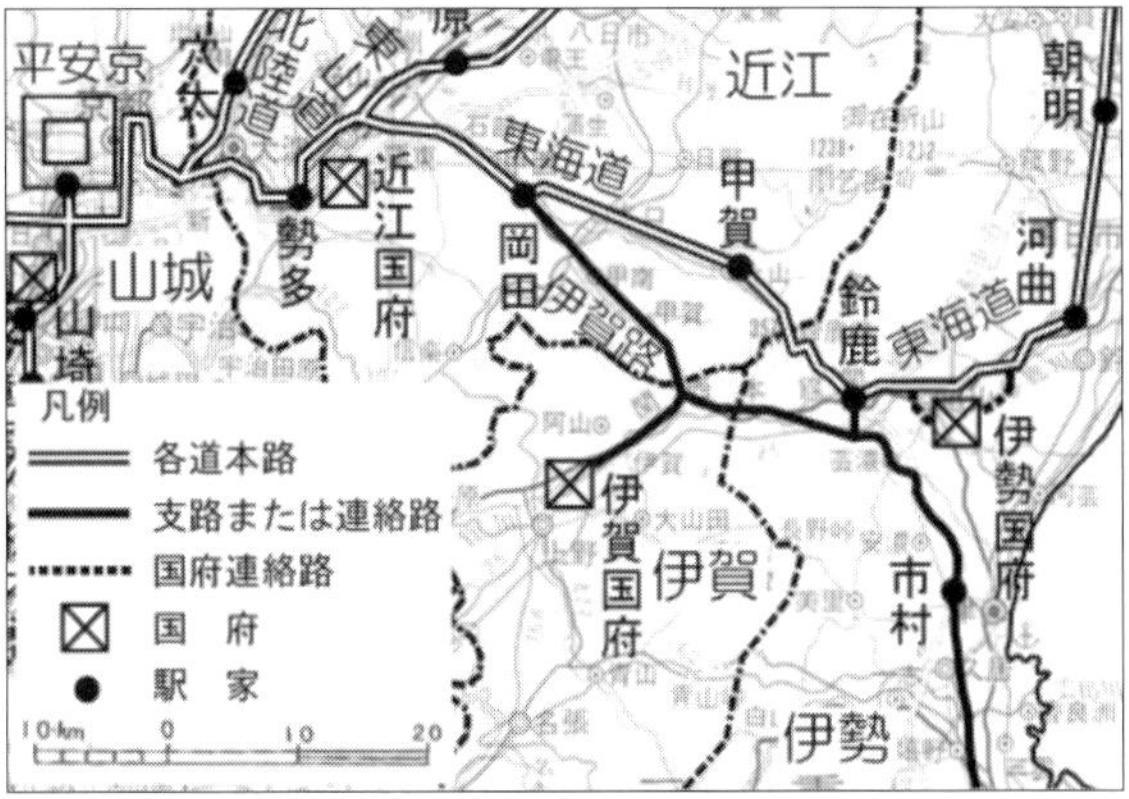

図5　東海道路線図―1

羅城門は、現在はJR京都駅南口から五〇〇メートルほど南へ下がり、広い九条通り（国道1号、途中で国道171号となる）を西へ折れて、一キロほどで右に東寺を見てまもなく、「羅城門」というバス停近くの右に小さな児童公園があり、そのなかに「羅城門遺趾」の石碑が立っている。ここを七道駅路すべての出発点と考える。羅城門は、都の大内裏から南に直進する中央大通りの朱雀大路《すざくおおじ》が京域を出る所に建っていた（図6）。

ここを出発点とするのは、あくまでも距離計算の必要からである。実際に駅路をたどる駅使は、駅鈴を持ち駅馬に乗って、どこかの官署を出発点にしていたはずである。このことを最初に論じたのは坂本太郎である（坂本「上代交通史料雑考」『歴史教育』五―九、一九三〇年、前掲『古代の道と駅』再録）。坂本は、唐六典《とうりくてん》その他の史書に「都亭駅」とあることから、これを都城（平城京）に置かれた駅と解し、かつわが国においては『続日本紀《しょくにほんぎ》』和銅四年（七一一）正月丁未条に

図６　羅城門跡に立つ木下良(右)と筆者

「始めて都亭駅を置く」として、畿内およびその周辺の岡田駅はじめ五駅の名が挙げられていることにより、これを都亭の意義に拘泥せず、もっとも主要な駅というほどの意義に用いられた、とした。これに対して足利健亮が反論し、これは史料の読み方の誤りで、都亭駅は固有名詞に近い都城内の一駅と見、その他に近傍の六駅が置かれたと解釈し、足利は概略図上で平城京での都亭駅の想定位置を平城宮近くに示した（足利『日本古代地理研究』前掲）。千田《せんだ》稔も、同じく平城京における都亭駅の想定地を平城宮西側で平城京を北へ出る門近くに考えた（木下『古代を考える　古代道路』前掲）。

しかし都亭駅の存在は、もともと和銅四年という平城京への遷都翌年の記事にあるもので、論者たちもみな平城京について論じたのであって、平安京について論じたものではない。そもそも平安京に都亭駅があったという記録はまったくない。したがって『延喜式』の駅路を求める場合にその出発点をどこと見るかは資料的には白紙である。本書では、七道駅路の出発点はすべて羅城門であるとし、距離計算等もこれによることとした。ただ、大槻如電が『駅路通』で、平安京の出発点について朱雀大路と五条通りの交差点を全都の中心であるとし、「四方の里程、この十字街より起るなり」としているのは卓見である。それとすれば現在のＪＲ丹波口駅付近で、羅城門よりは二キロほど北へ上がった地点である。ただ、中世以降のように、京から各方向へ向かうのに南の羅城門を経ず、七口《ななくち》と称される各方面に直通する門を通じて出たのであれば、いわば京域の中心を出発点とする意味もあろうが、平安初期には外国使臣はすべて京の正門たる羅城門から入京した、という足利の見解を基本として、本書では律令制駅路の場合は『延喜式』時代を含めてすべて羅城門を起点として起算することとする。

羅城門から近江国へ逢坂山を越える

羅城門跡碑を背にして南を向けば、九条通りを越して、細い路地が走っている。これが延暦《えんりゃく》十三年（七九四）の平安遷都の際に作られた「鳥羽の作り道」の道筋である。朱雀大路の延長線上にある。この道は、正確に言えば西海道を除く六本の駅路の共通の道である。今は東海道に代表させてここをたどっている。

元鳥羽の作り道を七〇〇メートルほど南下し、十条通りと交差する。その手前一〇〇メートルほどのところに、当時は大縄手と称される道が東西にあり、駅路はここで三方向に分れる。左折して東に向かうのが、東海道・東山道・北陸道の三道共通路線、直進するのが山陽道・南海道の二道共通路線、右折して西に進むのが山陰道である。便宜上、ここを京南分岐と称しておく（図4）。今後も駅路の分岐点が駅家でない場合には、〇〇分岐と固有名詞をつけておく。

東海・東山・北陸三道の共通路（以下、代表して東海道という）は大縄手で左折するのだが、今は直通した道路はないので、それに近い十条通をたどると、ＪＲ奈良線の踏切を渡り、東山《ひがしやま》通に沿って北上し

図７　近世北陸街道の分岐点，古代の北陸道分岐点はこれより西にあった

て三条通の延伸である蹴《け》上《あげ》通にぶつかったところで東へ向かう。平安京のころは京域外側に法性寺大路という南北の通りがあり、それを駅路は通っていたとされ、それをほぼ踏襲しているのが現在の東山通の道筋である。

都の中央から出発したとすれば、蹴上通で東進するのは随分迂回をしているように見える。事実、中世においては京都七口と呼ばれる京域の東西南北から直接出入する関門があり、東海道のそれは粟田《あわた》口と呼ばれた。これならば、都の中心には近道である。しかし既に述べたように、律令制時代にあってはすべてが羅城門をへて出て行ったものとする足利の見解に本書は従っている。

さて、東に向かう古代東海道は、のちの三条蹴上通の道筋を通ったものと思われるが、具体的なことは分らない。距離計測は近世東海道を踏襲する現在道路（府道143号四ノ宮四ツ塚線）にほぼ沿い、それを直線的につなげたものとして扱う。

日ノ岡峠を越えて山科へ入り、近世東海道筋をゆくと、大津市境を過ぎて三差路の左に「三井寺観音道」碑があり、そこが近世の北陸街道の分岐点である（図7）。しかし足利の研究によれば山科盆地の条里制との関係で、古代北陸道の分岐点はこれより五〇〇メートルほど手前の京阪四ノ宮駅付近のようである。山科分岐と称しておく。

奈良時代にこの付近に置かれていた山科駅は、平安京遷都（七九四）から間もない延暦二十三年（八〇四）に廃止になり、そこの駅馬は次の勢多駅に合併されてしまう（『日本後紀』）。足利は、この山科駅はもともと旧北陸道の山科里付近（平安時代の東海道との交点より二キロほど南）にあり、この廃止の時点まで平安遷都からわずか一〇年後であるので、それまでの都であった長岡京からの北陸道が機能していたと考えた。筆者の計測では、平安京の羅城門から山科分岐まで一三・二キロで、この程度であれば駅を置かなくてもよいとされたのであろうか。

東海道に立ち戻り、五万分の一図程度では分りにくいが、図8として示す一万分の一地形図には明瞭に分るように、この付近から近世街道の追分付近にかけて、京都市と大津市の境界線が近世街道の道より一〇〇メートルほど南を平行していることが分る。この境界線の所に、一メートルほどの段差があり、細長い畑地になっている。木下によれば、ここが古代東海道の痕跡であるという（図9）。

足利は、この山科盆地の条里地割の北辺の里界線に沿って約二〇町（約二・二キロ）にわたって古道があるが、「しいて想像をめぐらせば」その南側にある幅員一町（約一〇九メートル）の帯状地帯は平安初期に一町幅で計画された幹線道路として計画されたのではないか、としている。この幅の北辺の古道とは近世東海道に他ならず、その約一〇〇メートル南には、今はわずかに段差となっている古代東海道痕跡がある。つまり、その間の一〇〇メートルほどの幅が、あるいは平安時代の計画道路であったのかもしれない。

さて、追分から先は逢坂《おうさか》山にかかる。現在は国道1号で自動車が容易に通れる勾配にするため、峠をだいぶ切り下げられているが、昔はかなりの急勾配であったであろう。この付近に世に名高い逢坂の関があったとされて、坂の途中には「逢坂山関跡」の石碑まであるが、考古学的に実証されているわけではない。実際に関のあった場所は、峠より西側の山科盆地東部であったらしい。山城・近江両国の国境

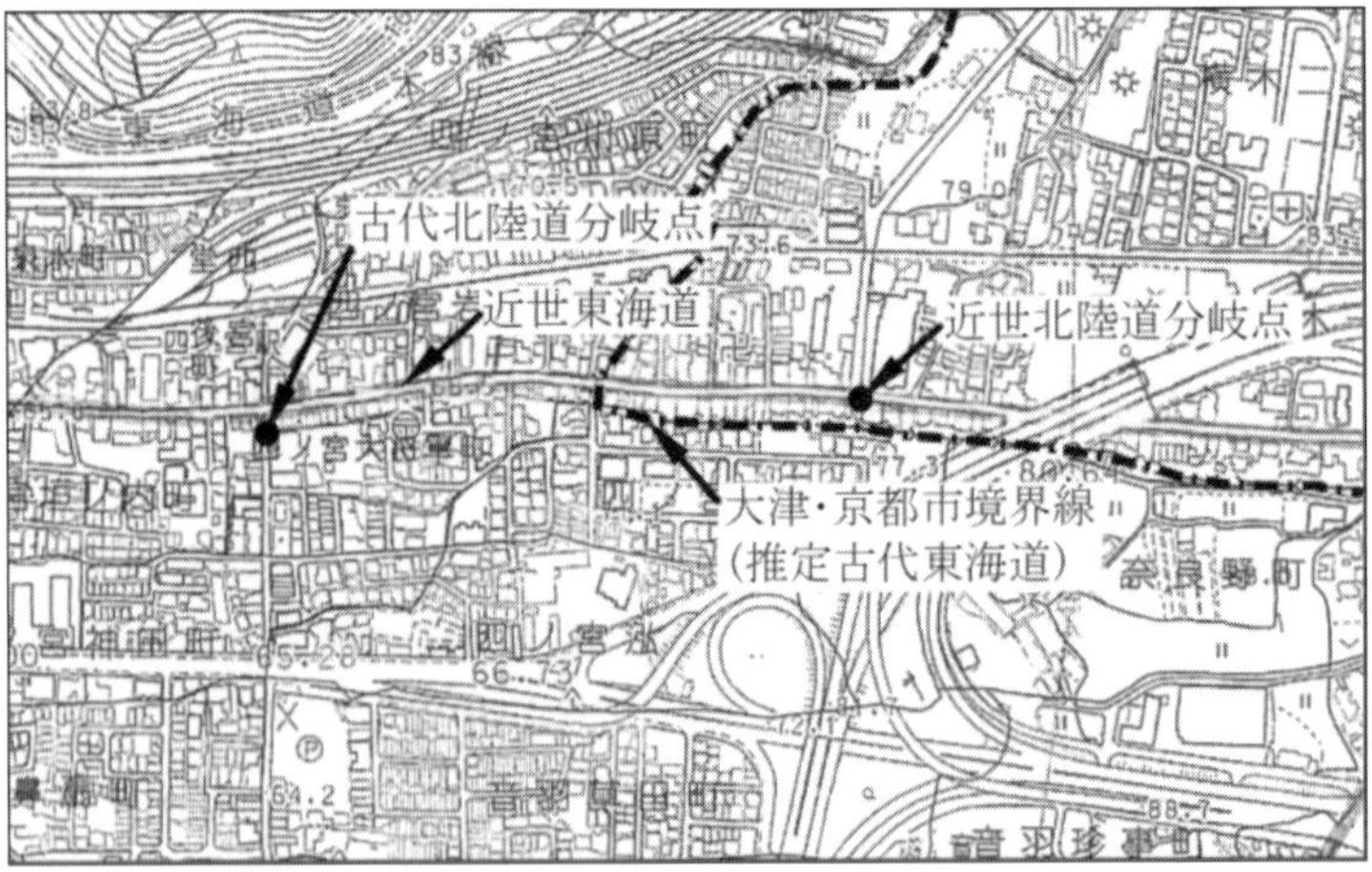

図8　山科盆地の古代駅路関係図（縮尺１万分の１）

図9　山科に残る古代駅路の痕跡

を反映した現在の京都府・滋賀県の県境も峠ではなく、かなり東の山科盆地に下りている。ともあれ逢坂山を越せば近江国である。

謎の多い勢多駅趾

逢坂山を越え、大津市街地に入ると、駅路は右折して東方に向かう。南に横たわる音羽山のすそを回るようにして南に回り、現在の瀬田の唐橋の八〇㍍ほど南を、ほぼ東西の直線で瀬田川を橋で渡った。この架橋地点は、昭和六十三年（一九八八）に、河川工事に関連して古代の橋の橋脚が発掘されたことで、決定的に明らかになった。当時の名でいえば勢多橋である。時代的には七世紀にさかのぼる可能性が高く、壬申の乱のときの舞台になった橋ではないかと思われる。したがって、駅路東海道のルートはここを通ることになる。勢多橋の前後は東海道はほぼ東西に位置し、三〇〇㍍ほどの直線区間であった。当時の橋の長さの記録はないが、下って戦国時代に織田信長が天正三年（一五七五）に架けたときは長さ一八〇間（三二四㍍）、幅四間（七・二㍍）であったから、ほぼ同規模ではなかったろうか。なお、江戸期以降はやや上流に移り、中の島を挟んでいるので、橋長は合計しても短くなった。

駅路は近江国府にぶつかる所で直角に北に上がり、JR東海道線と交差してから、東北方向に斜めに進む。このあたりの駅路は、主に足利説による。

最初の駅は、**勢多《せた》駅**（滋賀県大津市瀬田神領町）である。旧勢多橋の線を東に伸ばした先は独立小丘陵になっており、そこの堂の上遺跡に小さな官署を示す家屋の掘立柱痕跡が発掘されたことから、ここを勢多駅趾とする意見が強い（図10）。この駅趾の東に**近江《おうみ》国府**（大津市瀬田神領町）跡がある。

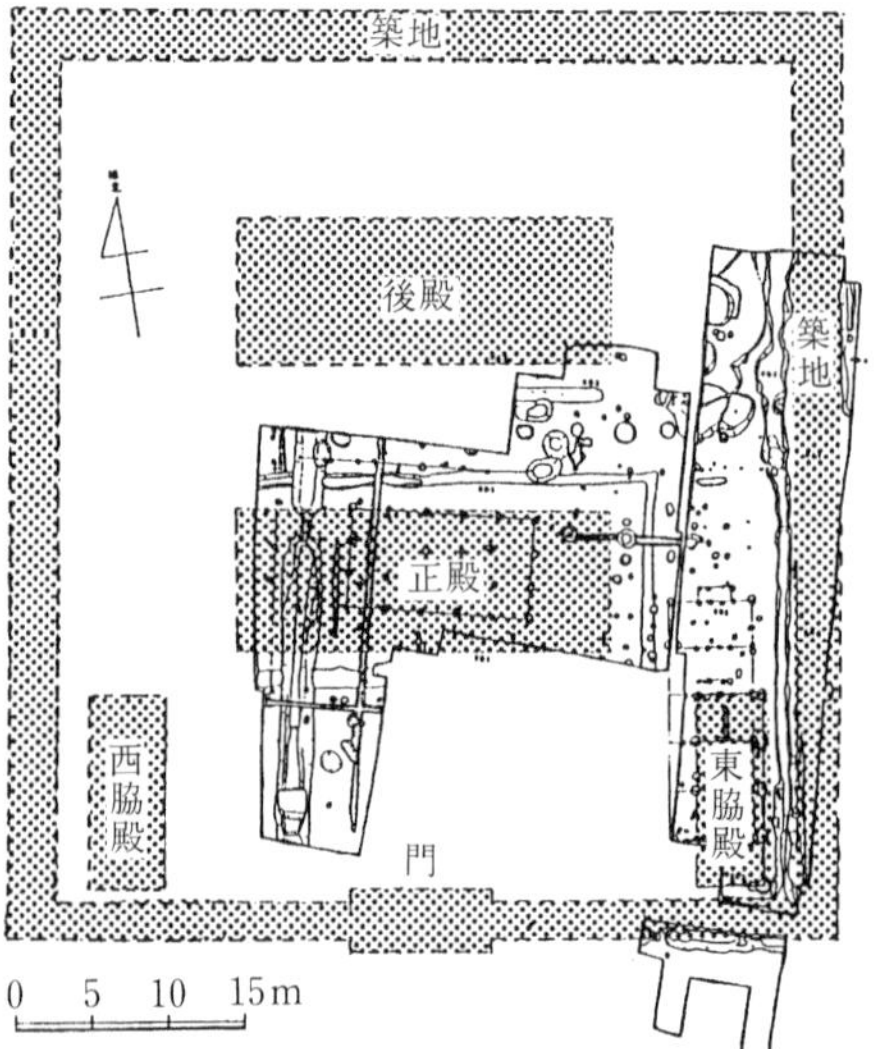

図10　堂の上遺跡（勢多駅趾）復元図（高橋美久二「古代近江国の東山道」別掲，より）

なお木下良は、承保元年（一〇七四）の『雅実《まささね》公記』に、瀬田駅に到着したことを記し、「是国司館也」としていることから、平安後期には国司館が駅と兼用していることを認めているが、律令制の当初の駅家はこれより少し北の西行屋敷跡であり、律令制の廃退と共に移転したものであろう、としている（木下「近江国府址について」人文地理第18巻第3号、一九六六年）。ただ、その移転時期等は明らかでないので、本書では堂の上遺跡の場所を勢多駅として、距離算定などを行う。

この駅は東海、東山両道の併用区間でもあり、駅馬は特別に三〇足置かれていた。先に見たように延暦二十三年（八〇四）に山科駅が廃止になり、そこの駅馬は次の勢多駅に合併されていた。高橋美久二は、それ以後の東海・東山両道各駅の駅馬数から見て、廃止された山科駅と勢多駅に各一五疋ずつあった馬数が合計されたのであろう、としている（高橋「古代近江国の東山道」『地図と歴史空間―足利健亮先生追悼文集』大明堂、二〇〇〇年）。

起点の羅城門からここまで、五万分の一図で計測して二三・七キロであった（表4）。途中の山科駅が廃止されたので、標準より駅間距離が長い。

近江国の東海道

東海・東山両道併用ルートは、近江国府の西で北に向かった後、ほぼＪＲ東海道線に沿った形でＪＲ草津駅の東北七〇〇メートルで東山道が分岐する（草津分岐）。その手前の岡田野路《のじ》遺跡で、幅九メートルの古代道路跡が平成十三年（二〇〇一）に発掘され、路線位置がかなり明らかになった。分岐点は、岡田野路遺跡の位置とその後の東海道の道筋から考えて、木下の指摘するこの位置を採りたい。

草津で東山道と分れた後、東海道はＪＲ草津線の南側を直線的に進んで**岡田駅**《おかだ》（甲西町三雲）に達する。和銅四年に都亭駅とともに置かれた六駅の中にあった岡田駅（『延喜式』には見えない）とは別である。ここは大槻如電『駅路通』の推定を踏まえて足利が比定して以来、ほぼ定説化している。ただし、まだ遺跡が発掘されているわけではない。前の勢多駅から二三・四キロである。

ここで駅路はやや方向を変え、野洲《やす》川を渡って、ほぼ一直線に**甲賀駅**《こうか》（土山町頓宮）に達する。この間の駅路は阿須波《あすは》道《みち》と呼ばれている。岡田駅からのルートは、都が平安京へ移ったとき、当初は岡田駅から野洲川を渡らず、現在のＪＲ草津線にほぼ沿うようにして、三重県伊賀町柘植に出る道であった。このルートは、壬申の乱のときに、近江京から脱出してきた高市《たけち》皇子が柘植で大海人皇子と合流したことで知られている（図3参照）。そのルートが、仁和二年（八八六）に水口、土山から鈴鹿峠を経由する道に変った。それが阿須波道である。後述するように、古い柘植経由の東海道は伊賀国府への道として利用されたと考えられる。

それ以後、伊勢神宮の斎王は、京の都から、途中の頓宮《とんぐう》で泊りながら伊勢へ赴いた。その頓宮の一つ

図11　甲賀駅に比定される垂水頓宮跡

がこの地の垂水《たるみ》頓宮である。阿須波道については、滋賀県土山町の調査報告書に詳しい（『阿須波道と垂水頓宮』一九九六年）。岡田駅から野洲川を渡ると、野洲川北岸の水口町と土山町には、駅路跡と見られる直線的な古代道路痕跡が各所に見られることを、同調査報告書は指摘している。甲賀駅の地点について、同報告書は「阿須波道が迂回する市場地区から頓宮地区にかけて」と広く範囲を示すのみであるが、ここは木下に従って垂水斉王頓宮跡と見る（図11）。野洲川の北側の小高い丘で、駅としては好適の地である。前の岡田駅から一五・一キロとほぼ標準に近くなる。

近江国内の東海道の駅家は、東山道と分れたのちの岡田、甲賀両駅とも、駅馬配備数は二〇疋であった。その後伊勢支路が分れることもあって、標準の二倍である。

伊賀路を行く

東海道に属する国の一つに伊賀国がある。しかし、『延喜式』には駅名は見当たらない。伊賀国に属する隠駅家《なばりのうまや》、伊《い》賀駅家《がのうまや》といえば、壬申の乱で吉野を発った大海人《おおあまの》皇子《みこ》一行が、東へ向かって進む間に、次々と火を放ったことでよく知られている。この道はその後、飛鳥あるいは奈良の都の時代は、東海道に当たっており、先に見た平城京での都亭駅とともに置かれた六駅の一つに、伊賀国阿閉郡新家《にいのみ》駅があった。平安京に都が移って、東海道は伊賀国を通過しなくなったけれども、伊賀国の国府への道は当然なくてはならない。ところが、この道のことはほとんど論じられていない。わずかに大槻如電は彼の言う大和路の先に伊賀路があったとする。つまり西からの道である。新しくは藤本利治が藤岡『古代日本の交通路Ⅰ』のなかで、近江国甲賀駅から支路が通じたものと思われると記し、また、国史大辞典（吉川弘文館）の「古代駅配置図」に甲賀、鈴鹿両駅から通ずる概略ルートを見るのみである。

筆者は当初、伊賀国府への最短距離として甲賀駅から分岐して柘植経由で伊賀国府に達するルートを想定した。しかし、木下はそのルートについては文献的には何もないことは問題で、むしろ先に廃止された柘植経由の東海道を利用したと考えるほうが穏当だとの考えを示した。本書はこれに従ってルートを追うこととする。

『延喜式』時代では伊賀路となった旧東海道は、岡田駅から野洲《やす》川およびその支流の杣《そま》川の左岸に沿って東南に進む（図5参照）。ＪＲ草津線に沿うといってもよい。このルートが近江・伊賀国境（滋賀・三重県境）を越えたところで針路を西南に変え、まず伊賀町柘植に達する。この地は壬申の乱（六七二年）のとき、吉野を脱出した大海人皇子（後の天武天皇）が、長男の高市《たけち》皇子と再会した場所である。高市皇子は大津の近江宮を脱出し、今たどってきた旧東海道をここまで逃れてきたのである。この地点は伊賀路としては東海道に戻る道の分岐点であるので、柘植分岐とする。ここまで岡田駅から二一キロである。さて、伊賀路としてはここからＪＲ関西本線に沿うように西に進めば、**伊賀《いが》国府**（三重県上野市坂之下）に達する（図12）。この道は、奈良時代の東海道であるはずだ。柘植分岐から一〇キロ、岡田駅からは三一キロになる。この間に駅家が見出されないのは気になるが、桑原公徳は旧東海道筋にも新東海道

図12　伊賀国府跡（上野市坂之下）

（阿須波道）と同様に岡田駅があったと考え、甲賀町大原市場あたりを候補地としているので（藤岡『古代日本の交通路Ⅰ』前掲）、あるいは旧東海道時代の駅家が利用されたかもしれない。

国府から同じ道を柘植分岐まで戻り、そこから東も奈良・平安時代初期の東海道ルートを踏襲したと見る。壬申の乱のとき、『日本書紀』によれば大海人皇子は「大山を越えて、伊勢の鈴鹿に至る」とある。この大山越えについて足利健亮は、手前は近世伊賀街道（現国道25号）を通るとしても、関町加太市場辺りから東は、加太《かぶと》川沿いが切り立った峡谷で古道通過には不適当であり、峠道は名阪国道（新国道25号）の関トンネルの上を越え、加太越川へ達するとする（足利「平安京から伊勢神宮への古代の道」上田正昭編『探訪古代の道2』法蔵館、一九八八年）。以後はほぼ名阪国道のルートと重なって進み、鈴鹿駅南の関町古厩《ふるまや》で志摩路に連絡する（鈴鹿南分岐）。古くはこちらが鈴鹿駅であった。柘植分岐から一二キロ、鈴鹿駅までは一三キロとなる。

三　志摩路に沿う伊勢国西部、志摩国の駅家とルート

鈴鹿峠を越えて、まず志摩路を探る

東海道本路は甲賀駅から鈴鹿峠を越えると伊勢国に入るが、鈴鹿駅までのルートはほとんど分ってい

ない。鈴鹿峠越えの近世東海道に近いルートであったであろう。峠を過ぎたところに坂上田村麻呂ゆかりの田村神社跡があり、また近世東海道の階段を下りたところの片山神社は一時、斎宮の鈴鹿頓宮に比定された場所でもある。以下、図13による。

鈴鹿《すずか》駅（三重県関町木崎町）は、近世東海道の関宿を過ぎ、伊勢への別街道の分岐点の追分に、比定される。「史跡鈴鹿駅遺跡」の木柱も立っている（図14）。前の甲賀駅から一七・四キロである。

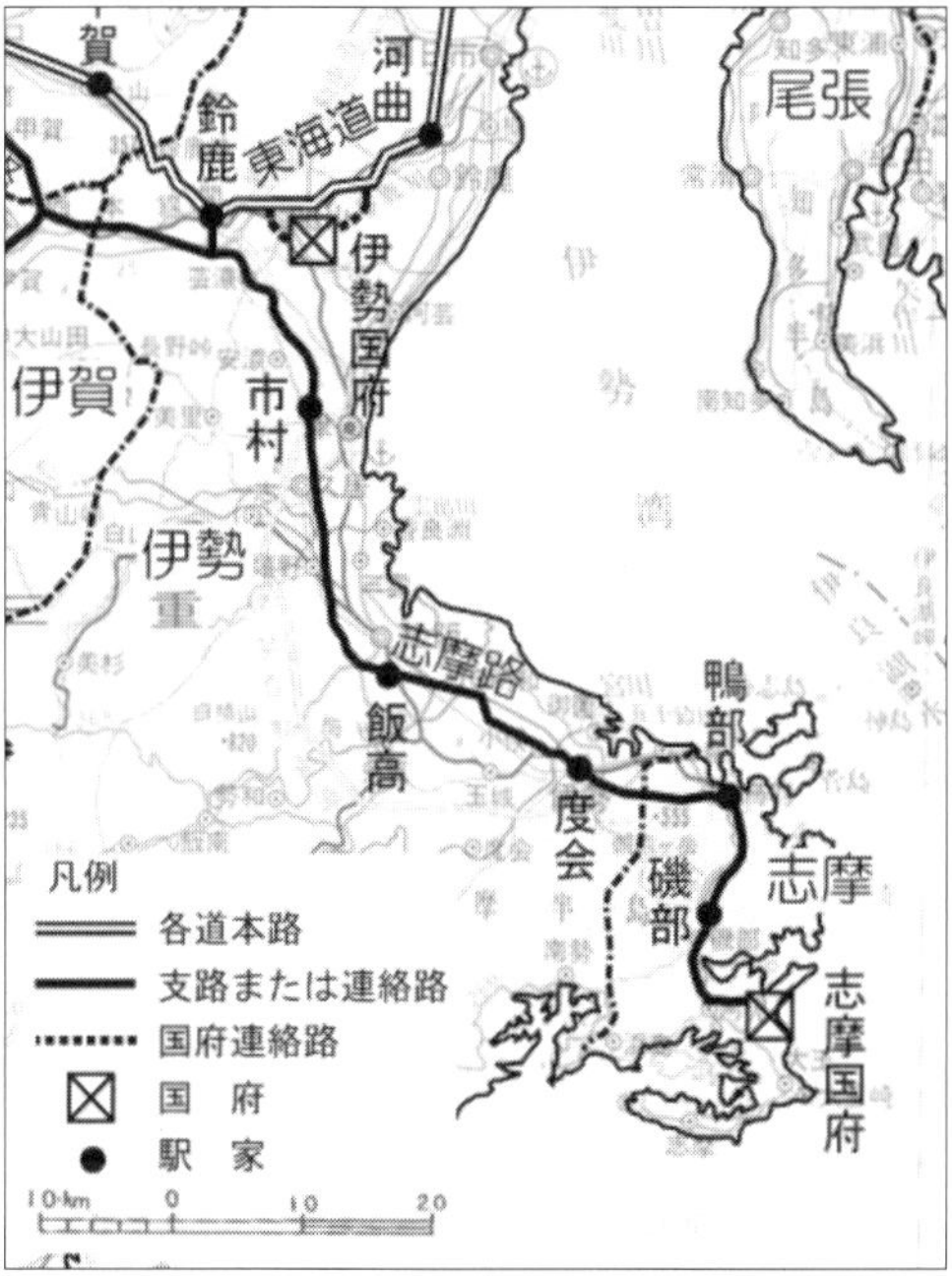

図13　東海道路線図—2

図14　関町の「史跡鈴鹿駅遺跡」木柱

図15　市村駅比定地から南方を望む．駅路はほぼ自動車道に沿って進む

鈴鹿駅で志摩路が分れて、志摩半島にあった志摩国府まで延びていた。本路を進む前に、こちらを探っておこう。その間五駅、この支路は伊勢参宮路でもあった。志摩路に関しては、まず足利の考察があり（足利『日本古代地理研究』前掲）、それを踏まえて岡田登の諸論考がある。

鈴鹿駅から分れる志摩路では、分岐点の駅跡（比定地）は近世東海道と伊勢別街道の追分でもある。したがって、伊勢別街道のルートとほぼ同じく鈴鹿川を渡り、旧鈴鹿駅（鈴鹿南分岐）を過ぎ、主要地方道10号津関線にほぼ沿って南下する。椋本付近からは安濃川に沿って下ると、左から伊勢自動車道が近寄ってくる。安濃川を自動車道が渡った後で接する丘陵地の先端あたりが志摩路の最初の**市村《いちむら》駅**（津市殿村）の比定地である（図15）。ここは、前記の岡田によって詳しく分析された（岡田「伊勢国市村駅所在地考」『皇学館論叢一三—六』一九八〇年）。鈴鹿駅から一五・七キロである。

ここからは、志摩路はほぼ自動車道に沿って南下し、その久居インターチェンジ（以下ICと略称）付近からは約一〇キロあまり直線で進む。その南端近くの約二・五キロほどは松阪市と三雲町の境界線であり、足利がここに条里に沿って駅路が通っていたことを明らかにした。その終端の松阪市美濃田町でおよそ五〇度東に振れて、また直線で五キロ進むと、**飯高《いいだか》駅**（松阪市駅部田町《まえのへたちょう》）である。足利はまた、この地名は「うまやのへた」→「まやのへた」→「まえのへた」と変化したもので、ここに古代の駅家があったことは明らかであり、旧飯高郡内にあることから飯高駅であると断定した。市村駅から二〇・八キロとなる。

伊勢神宮から志摩半島へ

飯高駅は直線路の屈曲点である。ここでまた二〇度ほど東へ振れて八キロほど直線路で進むと、櫛田《くしだ》川を斜めによぎり、史跡斎宮《さいぐう》跡に至る。近鉄山田線斎宮駅のすぐ北側である。ここには古道跡が発掘されており、その後が史跡内の苑路として残されている（図16）。ただし、ここは駅跡ではない。次の駅はそこから曲折しながら宮川を渡り、JR参宮線伊勢市駅前の**度会駅**《わたらい》（伊勢市吹上）である。伊勢神宮（内宮）に近い。度会駅については諸説があったところだが、岡田登が比定したこの地点を採る（岡田「伊勢国度会駅家所在地考」『創設十周年記念皇学館大学史料編纂所論集』一九九一年）。

前の飯高駅からここまで一九・二キロである。駅馬数は、志摩路は支路であるから本来の駅馬数は五疋のはずであるが、ここまでの市村、飯高、度会の三駅はいずれも八疋であり、参宮駅使のためと見られる。

志摩路は度会駅のあと、主要地方道37号鳥羽松阪線および近鉄鳥羽線に沿って鳥羽市に至る。ここから志摩国に入る。志摩国はまことに小さな国で、海産物を朝廷に貢納するのが主たる役目であった。志摩国最初の駅家は**鴨部駅**《かもべ》（鳥羽市鳥羽）である。これまで多くの史家が、鴨部駅については、古くは加茂郡の中心地であり、加茂川を遡上した河港である同市船津に比定している。しかし木下は古代駅路の初期は、東海道は伊勢湾を越えて伊良湖岬に達していたもので、その場合の海上交通の拠点としては現鳥羽港付近が考えられ、また志摩国府が一時的には鳥羽港に近い答志島に移転していたこともあると考えられることから、鴨部駅を現鳥羽市の中心市街であり、鳥羽港に近い位置に比定する。岡田は度会駅

図16　史跡斎宮跡に保存されている古道跡

図17　志摩国府跡の国府神社

の比定に関して、隣接の飯高駅と鴨部駅（鳥羽市船津または岩倉）に対してそれぞれ一八キロ程度でバランスもよい、としているが、鴨部駅を船津であるとすると、次の磯部駅との距離が八キロ程度となり、このほうがよほど問題である。ここは木下の見解を採りたい。これによれば、度会駅から鴨部までの距離は、筆者の算定では一三・三キロ、次の磯部駅までの距離は一〇・九キロである。

ここから駅路は南下するが、現在の国道167号や近鉄志摩線のルートのように谷間を曲折せず、鳥羽市松尾から次の**磯部駅**《いそべ》（磯部町沓掛）までは青峰山をへる直通的ルートを通ったと見られる。磯部駅の比定地については、これまでも異論がない。駅路はさらにここから伊雑《いそ》ノ浦を迂回するようにして**志摩**《しま》**国府**（阿児町国府）にいたる（図17）。ここには駅は置かれていないので、国府が駅家の機能を代行したものであろう。前の磯部駅からは一三・一キロである。志摩路全体で九三キロになる。志摩国の二つの駅（鴨部・磯部）の駅馬数は四疋で、伊勢までの半分になっている。

四　伊勢国東部、尾張、参河三国の東海道

伊勢国府から東へ

本路は鈴鹿駅から東へ向かう（図18）。次の河曲《かわわ》駅までは、ほぼ現在の国道1号およびJR関西本線に近いルートで、鈴鹿川の左岸（北岸）沿いである。ここで問題なのは、**伊勢《いせ》国府**（鈴鹿市国府町）が鈴鹿川の南岸にあることである。伊勢国府は初期には鈴鹿川の北岸の長者屋敷跡にあったのが、後世に南に移ったようだ。従って、その場合には、駅路は国府連絡のための連絡路が二度河を渡るような形で付けられていたと思われる。なお、駅路と国府の間がある程度以上離れているときは、想定される国府連絡路を各図面に点線で記した。先述のように、国府連絡路は駅路延長計算には含めない。

河曲《かわわ》駅（鈴鹿市木田町）は、JR関西本線の河曲《かわの》駅の近傍にあったと見られる。鈴鹿駅からの距離は一八キロである。近傍に伊勢国分寺跡がある。この地点は地名から比定されるものであり、かつてはここで鈴鹿川が大きく南に湾曲していたという。

駅路はここでほぼ直角に曲がり、北進する。次の**朝明《あさけ》駅**（四日市市中村町）は木下の比定に従う。朝明川の南岸で、三岐鉄道あかつき学園前駅に近い。東名阪自動車道の四日市東ICの近傍でもある。古くからもっと東の朝日町縄生とする説もあったが、前記の岡田によってもその根拠のないことが明らかにされていた（岡田「伊勢国朝明駅家縄生説の誤謬」『皇学館大学史料編纂所報』一九八〇年）。前の河曲駅からの駅路に沿った現代の幹線道路はないが、ほぼ直線的に北上し、前駅からの距離は一五・七キロである。

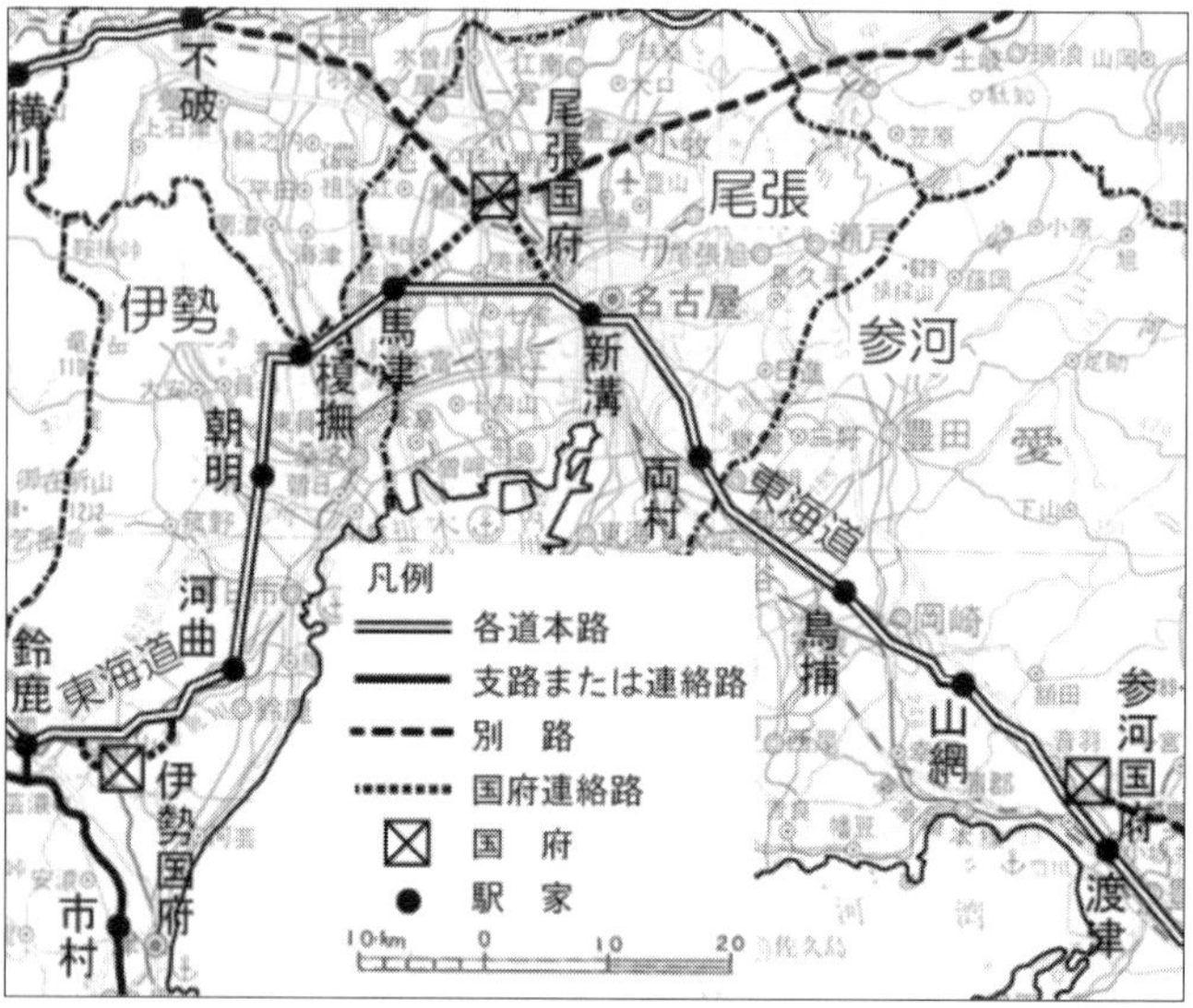

図 18　東海道路線図—3

図 19　多度川から東方，榎撫駅比定地付近を望む（多度町）

朝明駅からほぼこれまでの直線的コースを延長するような形で進み、員弁《いなべ》川を渡って桑名カントリークラブの西側あたりからは、主要地方道26号四日市多度線に沿うように北上する。この道の正面には養老山脈最南端の多度山（標高四〇三㍍）が見えるから、駅路はあるいは多度山を目指したかもしれない。その真下に多度神社がある。その手前で多度川に沿って右折すれば、近鉄養老線と国道258号を越えたところが**榎撫《えなつ》駅**（多度町香取）比定地である（図19）。前朝明駅から一三・九㌔を測る。

榎撫駅は伊勢国最後の駅で、古くは大槻如電が『駅路通』で旧香取村に比定し、榎撫は江の津に由来するとしているように、古くから木曾・長良・揖斐の木曾三川の西側の港津であった。『日本後紀』の弘仁三年（八一二）五月八日条に、「桑名郡榎撫駅から尾張国へは水路で行く」という意味のことが書かれており、ここが水路に接続する場所にあったことは明らかである。その比定地は、現在は木曾三川の一番西側である揖斐川に直接面してはいないが、その支流である多度川に囲まれた位置にある（図19）。香取は明治中期までは船着場の要地で、下流の桑名や木曾川対岸の佐屋、津島との舟運も盛んだったという。先の『日本後紀』の記録に、「榎撫駅から尾張へは水路で行く」に続けて、「伝馬を置いてあっても無駄だからやめる」と記している。これは伝馬が片道しか使わない制度であったことを裏付けている。

伊勢国の東海道本路の駅馬数は、鈴鹿駅の二〇疋のほか、あとの三駅はすべて標準通り一〇疋である。

木曾三川を渡って尾張国へ

榎撫駅から次の尾張国最初の馬津駅までは木曾三川を渡ってゆく。対岸の**馬津《まつ》駅**（愛知県津島市松川）

図20　新溝駅比定地の小栗橋付近
（名古屋市中川区露橋町）

は、文献的に木曽川の東岸であることが知られており、金田《きんだ》章裕は上陸後の東行する駅路ルートも考慮して、旧佐屋川の元東岸の松川に比定した（藤岡『古代日本の交通路Ⅰ』前掲）。金田も参考としているように、吉田東伍は『大日本地名辞書』の馬津（補【松川】）項で、「按《かんがう》るに、津島の西北なる此松川は佐屋川の端にて、船着の湊なれば古駅の跡と定《さだめ》て、あやまちしなからんか」としている。

吉田の言のとおり、佐屋川は木曽川の旧主流であり、松川付近はやや小高い砂丘上であった。榎撫駅から馬津駅まで古代にどのような経路を舟でたどったかは判然としない。現在の地形と明治期でもかなり異なっているから、宝暦治水など近世の河川改良工事の施されていなかった古代は、また様相は違っていたであろう。両駅間を直距離で測ると八・二キロである。実際には舟で迂回したはずであり、明治期の地図によっておよその航路を推定すると一二〜一三キロになるが、駅路の計算上は直距離の値を入れておく。

ここから駅路は津島街道の一本北の上街道に沿って真東に進み、甚目寺《じもくじ》町中萱津で東南に折れて、庄内川を越す萱津の渡しを過ぎる。『類聚三代格《るいじゅうさんだいきゃく》』の承和《じょうわ》二年（八三五）六月の太政官符に東海・東山両道の浮橋と渡船について命令が載っており、そのなかに「尾張国草津《かやつ》渡三艘」とある。渡しを過ぎそのまま東南に直進すれば**新溝《にいみぞ》駅**（名古屋市中川区露橋町）に至る（図20）。ここは、現在は中川運河の終端付近で、運河が二股に分れ、その付け根に小栗橋という橋のあるあたりである。木下は、この露橋から西北に萱津の渡しにかけて明治期の地図に直線の古道痕跡があって小栗街道と呼ばれていることから、この街道の屈曲点を新溝駅に比定した（木下「古代の交通制度と道路」、森浩一・門脇禎二編『旅の古代史』大巧社、一九九九年）。

小栗街道は小栗判官にちなんで紀州熊野に向う中世以来の街道をいい、この付近では鎌倉街道と同意義に用いられている。現代の運河にかかる橋が小栗橋であるのも小栗街道に由来していると思われる。前の馬津駅から一六・七キロである。

遠く離れている尾張国府

ちょっと戻るが、この前の馬津駅との間では尾張国府《おわりこくふ》（稲沢市国府宮町）のことを見ておかねばならない（図21）。ここは東海道からすれば直角に八キロほども北に離れている。これは『日本書紀』にある天武・持統朝の国名記載順に美濃・尾張と続くことから見て、七世紀末ごろまでは尾張国が東山道に属していた可能性が高い（田中卓「尾張国はもと東山道か」『史料』二六号、皇学館大学史料編纂所、一九八〇年）。そのため、尾張国府（あるいはその前駆的施設）は東山道に近い位置に置かれ、駅路としての東山道は、美濃国の不破の関から後の美濃路のルートで木曾川を墨俣《すのまた》の渡しで越えてから、尾張国府を経由して再び美濃国の東山道土岐駅方面へ向かったと見られる。これについては東山道の章で再説したい。なお、そのころは、東海道は志摩国の鳥羽（鴨部駅）から渥美半島へ海を渡り、参河国に至ったと考えられる（木下「古代の交通制度と道路」前掲）。図18に示したように、以後の図面でも『延喜式』以前の

図 21　尾張国府跡（稲沢市国府宮町）

図 22　両村駅に比定される豊明市沓掛町の一之御前安産水付近

路線は別路として破線で示す。

東海道と尾張国府間の連絡には、馬津・新溝両駅付近から三角状に連絡路が出ていたと思われる。

新溝駅からは、先述のように旧鎌倉街道に沿ってほぼ東西線からやや南に傾いた道を行く。現道では山王通り、続いて御器所通りと呼ばれる道筋である。この道の途中に、古くから新溝駅の比定地とされてきた古《ふる》渡《わたり》という地名がある。このほぼ東西の道が国道153号に突き当たる所から、国道153号に沿って二キロほど直線的に進み、国道が曲折し始めても構わずにそのまま丘陵地を直線で進んで行くと、途中で一度少し南に折れるが、やがて尾張国最後の**両《ふた》村《むら》駅**（豊明市沓掛町上高根）に達する（図22）。ここは梶山勝による詳しい検討によって比定されたもので、従来から両村駅比定地とされてきた二村山よりは二キロほど東南に当たる。梶山は遺跡分布の状況から上高根行者堂遺跡で採集された瓦類が両村駅に関係した施設の屋根瓦であったと考えた（梶山「古代東海道と両村駅」『名古屋市博物館研究紀要』第二三巻、二〇〇〇年）。木下はこの行者堂跡に戦国時代の遺跡として市指定史跡ともなっている一之御前安産水の泉が今に残ることからしても駅比定地としてふさわしいと見る。東海道駅路が微高丘陵地から平地に下りたあたりである。前の新溝駅から両村駅までは一四キロ、尾張国の馬津・新溝・両村三駅の駅馬数はいずれも標準どおりの一〇疋である。

参河国の東海道

両村駅から東海道駅路はこれまでの方向を変えず南南東へ直線的に進んだと見られる。一キロほどで参河国に入り、やがて旧鎌倉街道に沿うようになる。この道が平安期の東海道と見られるのは、この道が国道155号と交わる知立市駒場町付近でやや左に折れると、間もなく名鉄三河線と交差する手前左に、有名な『伊勢物語』の在原業平《ありはらのなりひら》東下りの故事「かきつばた」の八橋伝説地があるからである。この道が現国道1号に合流する地点が次の**鳥《と》捕《とり》駅**（岡崎市宇頭町）と見られる。金田章裕は両側の駅間隔と長者屋敷の旧小字名からこの地を比定した。前両村駅から一三・八キロである。

ここから駅路は国道1号を斜めによぎり、これまで来たルートをほぼそのまま延ばす形で進むと、矢《や》作《はぎ》川の渡河地点である岡崎市渡町に至る。先に萱津の渡しで記したと同じ承和二年（八三五）の太政官符に「参河国飽海矢作両河各四艘」とあり、矢作川に渡船が設置されていたことが知られている。四艘が新しく配備されたのではなく、既に二艘あったところへの増強である。この場所は今も渡町の名が残る場所であり、また、ここは矢作川と大平川の合流地点のすぐ下流で、両川を別々に渡らずに済む好適な地点である。

矢作川を渡ったあと、岡崎市の東の地峡に向かう。次の**山綱《やまつな》駅**（岡崎市山綱町）については、地名が残ることもあり、比定地として問題がない。同市山綱町から本宿町と続くこの地峡は、駅路東海道はも

図23　歴史的交通路が幾重にも重なる岡崎市本宿付近の国道1号と名鉄本線

図24　渡津駅にちなむ「柏木浜・志香須賀の渡し」の説明板

とより近世東海道、国道1号、名鉄名古屋本線、東名高速道路と、JR東海道本線と新幹線を除くすべての交通幹線が集中する場所である（図23）。前島捕駅からはちょうど一六キロである。

山綱駅からさらに地峡を上記各交通路とともに東南へ進み、音羽町赤坂からはやや右に折れて、東南方向に一直線に進んだと見られる。名鉄名古屋本線のほぼ南に沿ったと考えてよいだろう。その間に、このルートが豊川市国府《こう》町の中心をよぎるあたりで名鉄を越えて左五〇〇メートル付近の丘陵上にある総社境内が**参《み》河《かわ》国府**（豊川市白鳥町）の跡地である。なお、前田清彦・林弘之は、この付近の駅路路線位置をもっと北寄りで参河国府に近いルート（名鉄線より北側三〇〇〜六〇〇メートル東北方）を考え、それがこの地域（音羽川下流域）の条里坪界線に重なる可能性があることを指摘するが（前田・林「東三河地方の広域条里と古代東海道」『三河考古』一五号、二〇〇二年）、この線では次の渡津駅に直接つながらず、またここに提示した名鉄線より南でも同じ条里の別の坪界線と重なるとも見られるので、南のラインを採用した。

渡津駅《わたむつ》（小坂井町平井）の確定的な位置は求めがたいが、ここでは地元の小坂井町教育委員会が「柏木浜・志香須賀の渡し」の説明板を掲げている場所とする（図24）。ここは現在の豊川放水路の右岸に位置し、昔は広い豊川の流路の右岸であった。豊川は古代には「飽海河《あくみ》」と呼ばれていた。この川の西側の渡し場が「志香須賀《しかすが》の渡し」であり、その地点が「柏木浜」であるという。名鉄本線とその南のJR東海道本線が互いに迫ってきて、ほぼ接する直前の地点で、そのすぐ先を国道151号小坂井バイパスが、両鉄道線路をオーバーパスしている。矢作川に渡船が設けられた時の説明で触れたように、この飽海の渡しにも四艘の渡船があった。前の山綱駅との駅間距離は一四・九㌔、参河国の駅家はここまでの三駅で、駅馬数は標準どおり一〇疋である。

五　遠江国の東海道

参河国府と本坂回りルート

次の遠江国に入る前に、説明しておきたい別路がある。山綱駅から渡津駅までの間に、先に示した参河国府がある。浜名湖の南面を通る東海道の本路とは別に、この国府付近から分れて、のちに近世の姫街道と俗に呼ばれた本坂越えの別路があった（図25参照）。

平成十年から十一年（一九九八〜九）にかけて、参河国府の東北東約三〇〇㍍の地点から、道路基底部の幅約一二㍍、道路敷幅約一九㍍、長さ一〇九㍍という盛土の古代道路遺構が発掘された。上ノ蔵遺跡《うえ　くら》という。これだけの立派な道であることと、その方向からして、史書の記録にある本坂回りの東海道

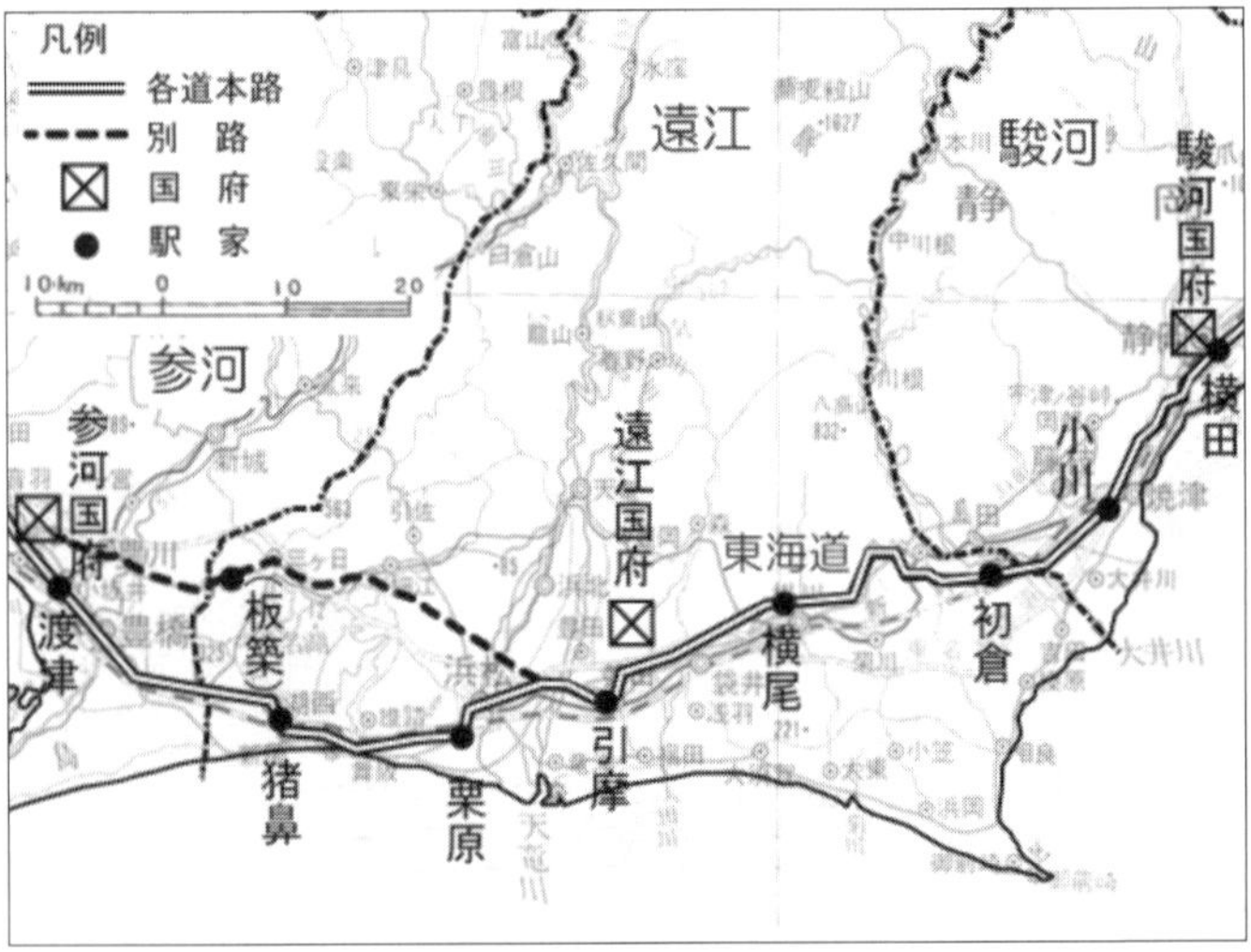

図 25　東海道路線図—4

図 26　板築駅の比定地付近(三ヶ日町日比沢)

駅路の一部であったことはほぼ疑いない。他地域で発見されている一二メートルよりもかなり広いが、豊川市教育委員会では、堤防も兼ねていたのではないかとしている。

　このルートは、平安時代から鎌倉時代初期にかけて何度も使われていた。承和《じょうわ》十年（八四三）十月、「遠江国浜名郡猪鼻駅家は廃し来たることやや久し。今国司の言によって使いを遣してその利害を検せしめ、更に興復せしむ」と『続日本後紀《しょくにほんこうき》』の記事にある。これは一度廃止されたものが復活したことを表している。ちょうどその前年の承和九年（八四二）年四月、書家として著名な官人の橘逸勢《たちばなのはやなり》が謀反に加担したとして捕らえられ、伊豆に配流されることになった。その途次、遠江国の板築《いたつき》駅で死んだので駅の近くに葬ったことが、『文徳実録《もんとくじつろく》』の嘉祥三年（八五〇）年の条に書かれている。この年は逸勢が無実であったことが明らかになり、死後復権されたときである。

　板築駅の名は、そのときにしか現れず、『延喜式』にも記されていないが、その位置は姫街道沿いで現愛知・静岡両県の県境である本坂峠を越した静岡県三ヶ日町日比沢とされている。この近くには橘逸勢の墓所と伝えられる橘神社もある。現地には板築駅の比定地の説明板も置かれている（図26）。このルートは、浜名橋がしばしば損壊して再建されていることからして、東海道のバイパスとして適宜に使い分けられたのではないかと思われる。

　その後、鎌倉時代の仁治三年（一二四二）の記録である『東関《とうかん》紀行』によると、以前には豊川経由であったのが、また渡津を経るようになったとの記述があることから、それ以前にも、豊川経由の近世姫街道に近いルートが再び使われていたと考えられている。筆者の駅路算定にはこれら別路は参入していない。

遠江国西部の東海道

東海道駅路の本路は、渡津駅から先はそのまままっすぐ豊川（旧飽海河）を渡船で渡り、その後は吉田城跡の南から現国道1号に近いルートをたどる。岩屋観音ではその北側を通り、近世東海道二川宿付近からはほぼJR東海道本線に沿って進み、途中で参河・遠江国境を越えて湖西市鷲津で南に折れた丘陵台地が**猪鼻《いのはな》駅**（静岡県新居町中之郷）の比定地である。猪鼻の地名は、さきに述べた本坂越えルートによる浜名湖北岸に現在も猪鼻湖として残るが、寛仁四年（一〇二〇）の『更級《さらしな》日記』にも上総の国から西へ向かってきて、浜名の橋を渡ってから、「ゐのはなといふ坂の、えもいはずわびしきをのぼりぬれば、三河の国の高師の浜といふ」とあるように、猪鼻は浜名湖の南のルート上にあるとして、金田章裕は上記の位置に比定した（藤岡『古代日本の交通路I』前掲）。前の渡津駅から二一・六キロと標準よりやや長い。

駅路は猪鼻駅よりさらに南に下り、海岸につく直前に浜名の橋を渡る。浜名湖は古代には現在のように大きく口を太平洋に開けているのではなく、閉ざされた淡水湖であり、西南に向けて流れる浜名の川によって海とつながっていた。この浜名の川に架かる浜名橋は、『三代実録』元慶《がんぎょう》八年（八八四）九月一日のこととして、「遠江国浜名橋は、長五十六丈（一七〇メートル）、広さ一丈三尺（三・九メートル）、高さ一丈四尺（四・八メートル）。貞観《じょうがん》四年（八六二）修造す。以来、二十余年を歴して既に破壊す。勅して彼の国に正税《しょうぜい》一万二千六百三十束を給して、改作せしむ」とあり、勢多橋に匹敵するかなり大規模な橋であった。その後も何度か架け替えられ、『更級日記』では、上総の国に下った寛仁元年（一〇一七）のときには黒木で渡した橋があったのに、三年後の帰路にはその跡さえ見えず、船で渡ったと記している。その後、戦国時代初期の明応八年（一四九九）に大地震で浜名湖と太平洋がつながり、一里以上を船による渡しとなった。元の浜名橋のあったあたりは、元浜名川という小川として残っている。それから先の駅路は、現在国道1号バイパスが浜名大橋として大きく渡っているルートにほぼ等しかったと思われる。

こうして海岸沿いの浜名大橋付近からまっすぐ現在の浜松市高塚町付近で国道1号に沿い、国道が斜め四五度東北に折れる地点を**栗原《くりはら》駅**（浜松市東若林町）と想定する。ここまでのルートは砂丘の尾根筋に当たる。この比定地から五〇〇《メートル》ほど西北に伊場遺跡がある。この遺跡からは「栗原」や「栗原駅長」と記された墨書土器が出土していることもあり（浜松市教育委員会『伊場遺跡遺物編2』一九九七年、図27）、栗原駅がこの付近であることは間違いないが、伊場遺跡そのものの場所は水路に沿う低湿地で、いわばゴミ捨て場であった可能性もあり、木下は中世から近世の東海道であった東若林のほうが砂丘地帯で安定的であり、駅路を通すのにふさわしいルートだと見る。東若林の角には、八幡神社と中世に奥州で勢威を張った藤原氏の藤原秀衡ゆかりの二ツ御堂もある（図28）。前の猪鼻駅からちょうど一七《キロ》である。

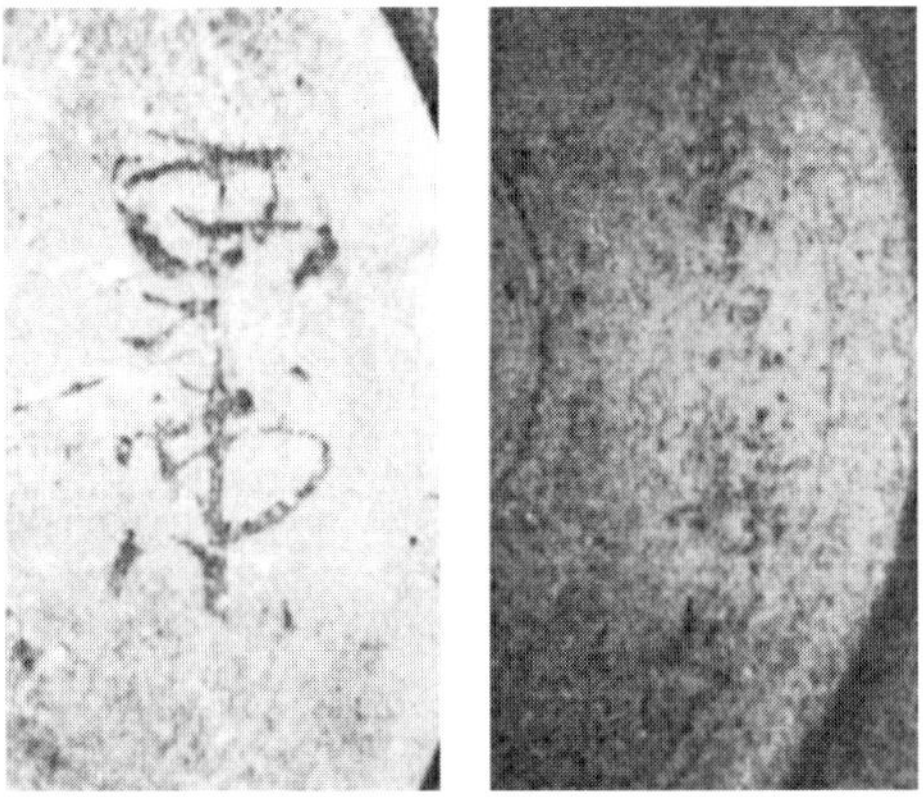

図27　「栗原」（左），「栗原駅長」（右）と記された墨書土器（浜松市の伊場遺跡から出土）

駅路は栗原駅から折れて北に進み、JR浜松駅の北側から天竜川の渡河地点を目指して東へ進む。ただし当時の天竜川は現在の場所ではなく、もっと東の磐田原台地のすぐ

図28　栗原駅比定地付近（藤原秀衡ゆかりの二ツ御堂）

西を流れていた。そのことを示す一例を挙げれば、中世のことになるが、歴仁元年（一二三八）二月六日、時の将軍、藤原頼経は鎌倉から上洛するに当たり、天竜川に浮橋を架けて渡り、池田宿に泊った。池田宿は現在の豊田町であり、現天竜川の東にある。この位置が変わって天竜川本流が池田宿の西側を流れていることの初見は、天文十三年（一五四四）十二月の連歌師宗牧《そうぼく》が著した『東国紀行』である（『豊田町誌　別編』一九九九年）。このような状況であるから、渡河地点も駅路のコースも、特定するのは現状では難しい。ただ木下は、『和名抄』に「国府在豊田郡」とあり、そのときの国府が浜松市中野町付近にあったと考えられることから、この付近を駅路が通ったのではないかと考える。このあたりは現在は天竜川右岸（西岸）になるが、近くには六所神社が現存し、今は廃寺となっている大光寺もあった。これらの寺社は、本来国府所在地に関連が深い。

『文徳実録《もんとくじつろく》』仁寿三年（八五三）に、広瀬河には郵船として二艘配置されていたところ、羈旅《きりょ》の難を済《すく》うため、さらに二艘が増強することが許される話が出てくる。この広瀬河とは天竜川のことで、先述のように磐田原台地のすぐ西にあった。『豊田町誌　別編』は、この付近は天竜川の流路の変動などによって沖積化が進み、現在は土中深く埋没している遺跡が数多く、古代条里遺構や古代東海道も発見される可能性が高い、としている。将来の解明を待ちたい。

さて、駅路は現天竜川左岸あたりでやや東南に折れて現在のJR磐田駅北側に達する。**引摩駅**《いんま》（磐田市東町）はこのあたりにあったと見られる。その少し南側の低地で「駅家人」と書かれた木簡が出土している。栗原駅から一四・七㌔になる。

駅路はここで急角度に折れ、北へ一・七㌔ほど上ったあと、東へ折れて進む。駅路がこのような鉤《かぎ》型になっている理由は二つある。第一は遠江国府が最初は現在のJR磐田駅南側の近世御殿跡付近にあったことである。第二には、この地点より東は、海が大きく入り込み、今ノ浦という内海を形成していたことである。鎌倉時代の『東関紀行』にも、今ノ浦に小舟の棹《さお》さす様子が描かれていて、海が国府近くまで深く入り込んでいたことがわかる。古代律令制時代には、国府津と呼ばれる国府に近接する港湾があったことが知られており、千田稔は今ノ浦が遠江国府の国府津であったとしている（千田『埋もれた港』学生社、一九七四年）。

平安時代末期になって**遠江国府**《とおとうみ》（磐田市見付）は引摩駅から二㌔ほど北の地へ移転したが、駅路も駅家がそのままに残ったものと考えられる。この引摩駅は駅名そのものに問題があるため、その位置も解釈によって諸説があった。国史大系本『延喜式』ではこの駅名に欠字があり、□摩とされる部分を伊摩と補って、今の浦に比定する説と、写本の一つである九条家本に引摩とあるのをヒクマと読んで、中世に引間と呼ばれた浜松を比定地にするなどの議論である。金田は前後の駅間距離も考慮して今ノ浦付近に比定した（藤岡『古代日本の交通路Ⅰ』前掲）。その後、九条家本にイムマと振り仮名があることが明らかになり、それにより木下は金田の説に近い屈曲点を比定地とした。

図29　初倉駅比定地付近の敬満神社（島田市阪本）

なお、参河国府で分れ板築駅を通る本坂越えの別路は、遠江国府付近で湖口回りの本路に合したものと思われる。

遠江国東部の東海道

引摩駅から駅路東海道は前述のように北に向かって折れ、移転した国府の前で直角に東に折れると、近世東海道のルートに沿うように、途中で何度かのわずかな屈曲はあったとしても、ほぼ一直線に東進する。次の**横尾駅**《よこお》（掛川市中宿）は、現掛川市の市街中心部より数百メートル北によった山麓部付近を比定地とする。ここは従来の通説であった掛川城内ではなく、金田が条里地割の方向から推定した直線状の道の上にあると考えられる。後述するが、静岡市で金田の想定した駅路の軸線上で古代東海道の遺構が発見されたこともあり、あるいは今後、この地で同様な発見があるかもしれない。前の引摩駅から一七・二キロである。

駅路はさらにここから直線的に小夜の中山に入る手前の伊達方まで東進するが、その付近で平成十六年（二〇〇四）二月に杭列を伴う古代東海道遺構が発掘されている。その先で山地地形に入り、中世から近世まで続いた小夜の中山ルートを上り下りし、大井川西南岸の牧之原台地を大井川に並行するように進むと、台地の先端近くの敬満神社付近が**初倉駅**《はつくら》（島田市阪本）の比定地である（図29）。ここも金田の比定による。敬満神社西側の宮上遺跡で「駅」の墨書土器が出土している。ここは旧初倉村で、鎌倉時代の旅行記『海道記』にある「播豆蔵宿《はづくら》」も同じと見られる。

前横尾駅から二〇・三キロ、遠江国の駅はここで終わる。ここまでの同国の猪鼻・栗原・引摩・横尾・初倉の五駅の配備駅馬は、いずれも標準どおり一〇疋である。

六　駿河国の東海道と甲斐路

発掘で明らかになった駿河国西部の直線駅路

初倉駅から一キロほどで大井川の扇状地に下り、ここから次の小川駅まで駅路は大井川を越えてほとんど一直線に向かったと見られる。大井川には『類聚三代格』の承和二年（八三五）の太政官符に、すでにある二艘の渡船にさらに二艘を増強して四艘とする命令が載っている。

大井川を越えれば駿河国である（図30）。**小川駅《おがわ》**（焼津市小川）は現在も地名として残り、比定地としては問題がない。ただし九条家本の振り仮名はヲカハであるのに、現在はコガワと読む。この旧小川村に鈴宮《すずみや》の小字があり、金田はこれが駅鈴が祀られた社であると見て、ここを比定地とした。初倉駅からは途中に大井川があるためか、一〇・一キロと短い。駅路は小川駅を屈曲点としてここから東北方向に条里地割に沿って日本坂方向に進む。この屈曲点に立つと、直線道路と水路が東北方面に続いている。

JR焼津駅北側から石脇をへて、日本坂（標高約三〇〇メートル）を越え、静岡市小坂に下りる。焼津側の坂の途中に万葉歌碑がある（図31）。

焼津辺《やきつへ》にわが行きしかば駿河なる　安倍の市道《いちじ》に逢ひし児らはも（巻三・二八四）

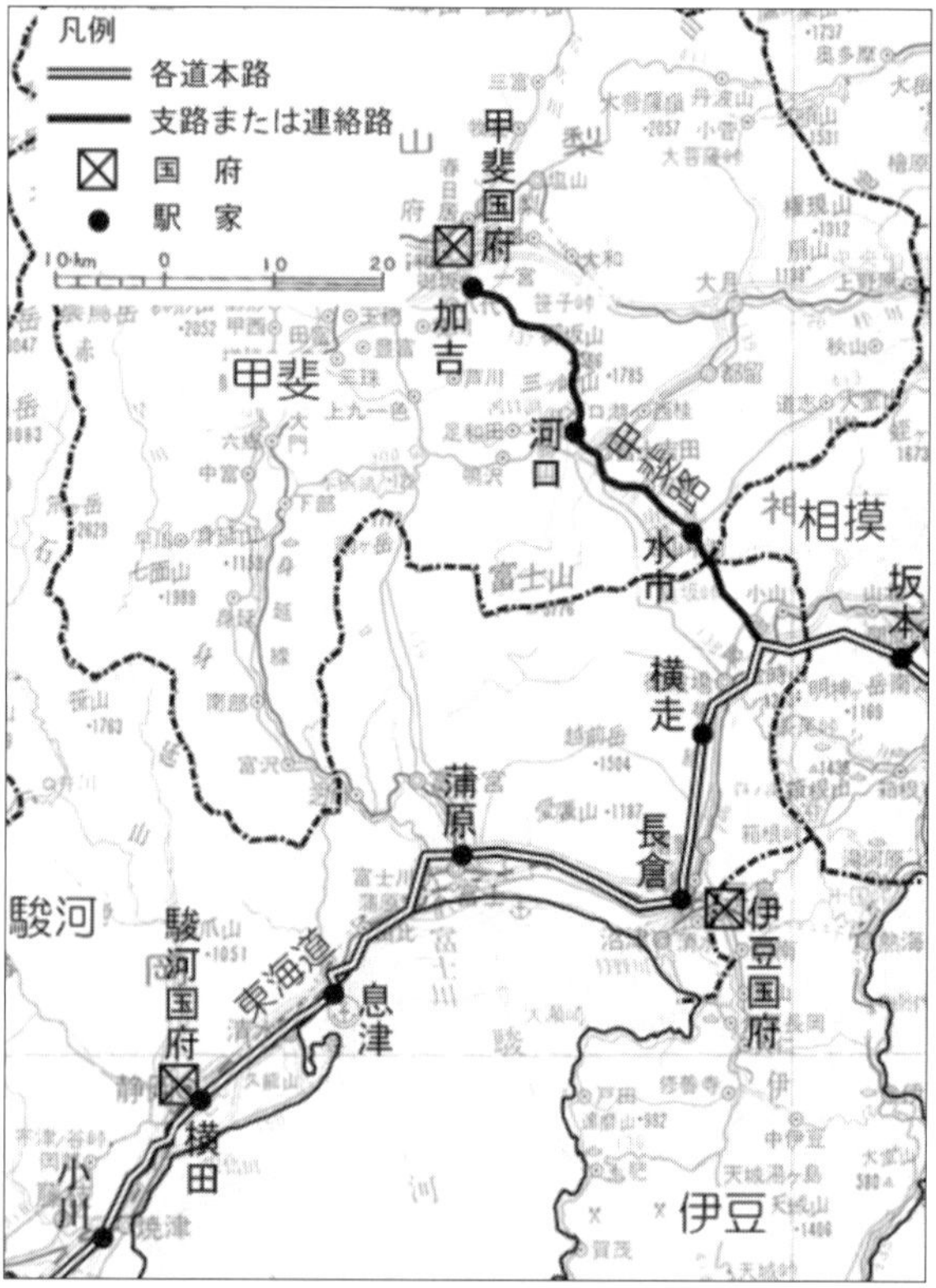

図30　東海道路線図—5

常陸国の国司をしていた春日蔵《かすがのくらの》首老《おびとおゆ》という人の歌で、朝集使として都に上るときの作と、木下は推理している（木下『万葉びとと旅』高岡市万葉歴史館、一九九八年）。

小坂の旧道が鉄道線路にぶつかる所で、駅路は左に折れてほぼ真北に伸び、JR東海道本線と新幹線が右カーブして東北方向に位置を変える地点で、駅路もほぼ同じ方向に向きを変える。ここから現静岡市清水興津清見寺町まで、途中に横田駅を置いて駅路は一八キロの直線道路である。

このことは、平成六年（一九九四）の静岡市曲金北遺跡における古代東海道の遺構発掘を契機として明らかになった。この道路遺構は幅一二〜一三メートルで三五〇メートルにわたっていた（図33）。遺跡上の遺物か

図 31　日本坂の万葉歌碑(焼津市花沢)

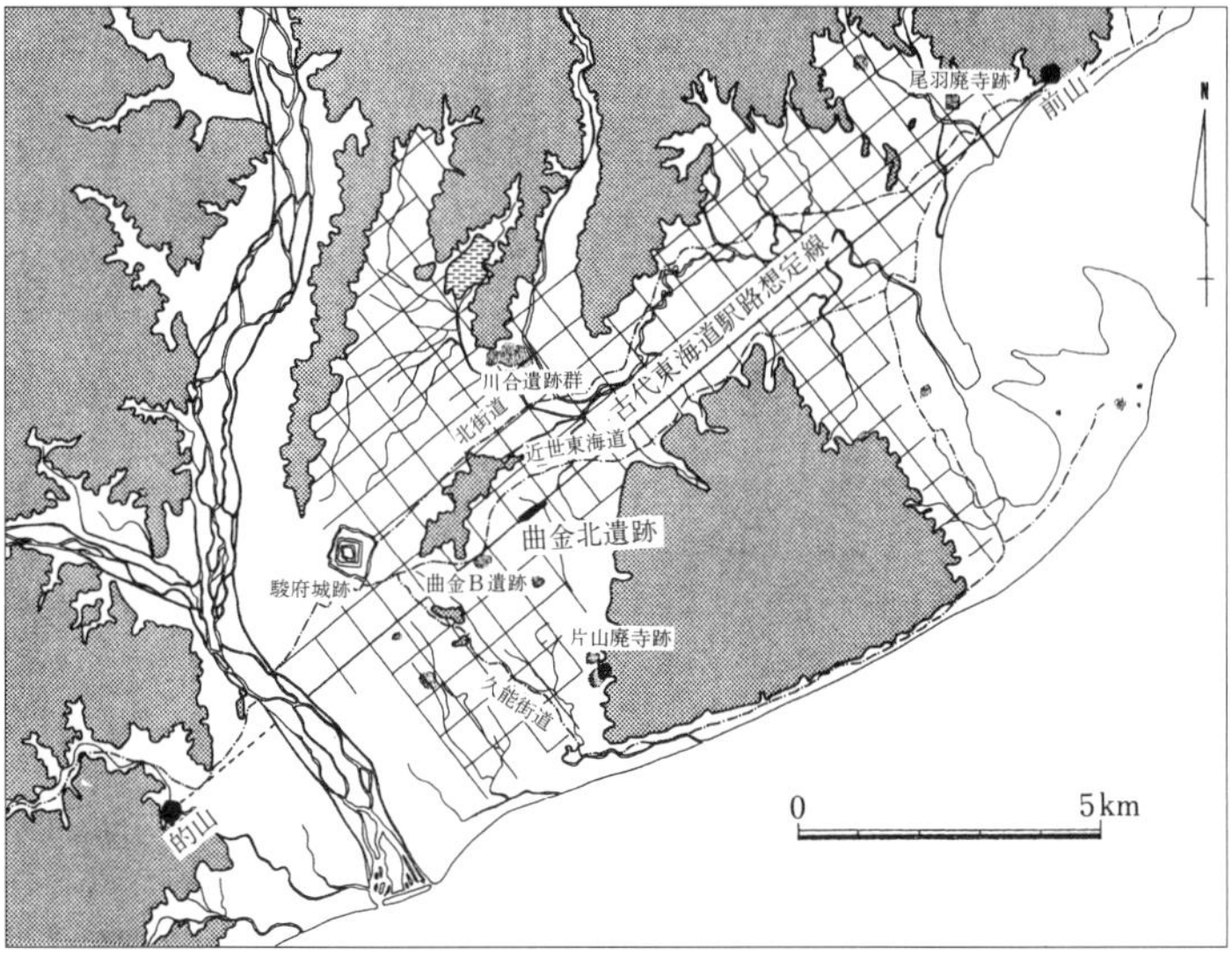

図 32　静清平野の古代東海道推定ラインと広域条里(『静岡県埋蔵文化財調査研究所報告第 92 集　曲金北遺跡』の図面に加筆)

らこの遺構が八世紀初頭には機能していたものであることも判明した。さらにこの道路は既に知られていた旧静岡市域から旧清水市域にかけての静清平野の条里地割に沿っていて、かつ駅路部分は一坪の一辺が一〇七メートルの条里制区画に対して十数メートル広くなっていて、これは既に他の地域でも知られていた条里余剰帯、あるいは道代《みちしろ》と呼ばれているものと同じであった。そのことと、この地域の条里の方向が北から東に五一度傾いており、これは静清平野の東の端の名刹《めいさつ》清見寺の裏山にあたる前山から、西の端の静

図33　発掘された静岡市曲金北遺跡の古代東海道遺構(〈財〉静岡県埋蔵文化財調査研究所提供)

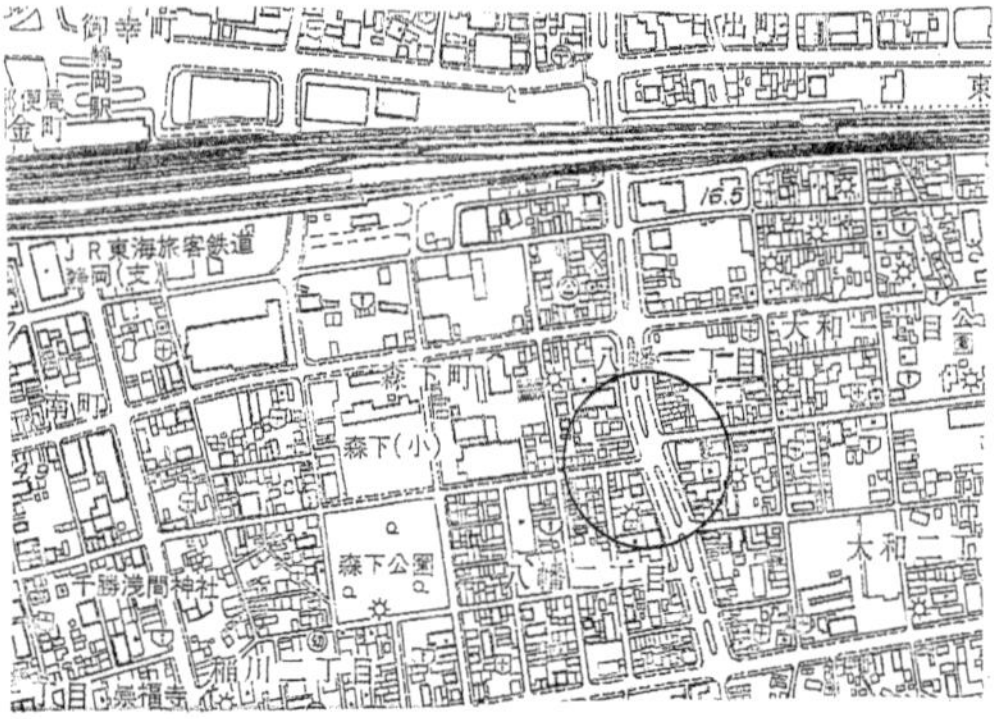

図34　横田駅比定地付近の食い違い路

岡市丸子の的山まで一直線に見通せるほとんど唯一の場所であることから、この間に駅路が一直線に敷かれ、それを基準としてこの地域の条里区画が形成されたことが、矢田勝によって指摘された（矢田「駿河国中西部における古代東海道」静岡県地域史研究会編『東海道交通史の研究』清文堂、一九九六年）。図32はその全体図である。

金田はまた、先の条里区画に沿う駅路路線については、発掘前にすでに図上で予測していた（藤岡『古代日本の交通路Ⅰ』前掲）。

小川駅の次の**横田駅**《よこた》（静岡市大和）は、『和名抄《わみょうしょう》』に安倍郡横田郷があることから、古くから旧駿河城付近とされてきた。横田町の名は、いまもＪＲ東海道本線の北側に残る。金田は、横田駅を現横田町の南で駅路の推定線上に比定した。木下は、横田駅比定地付近における駅路推定線上の幅の狭い現在道路が、これと直交する久能街道と交わる地点で、その前後で食い違っているのは、幅の広い条里余剰帯のそれぞれ片側が狭い道として残ったためではないかとの見解を示している（図34）。前小川駅から横田駅まで一七・四キロである。**駿河国府**《するが》（静岡市駿府町）の位置は確定されてはいないが、横田駅の西北約一キロの駿府城東南部付近が有力視されている。

駅路は横田駅から約二キロほどで前記曲金北遺跡を過ぎ、興津清見寺町までは前述のように一直線で進み、そこからは海岸に沿って近世東海道を追うような形となる。**息津駅**《おきつ》（静岡市清水興津中町）は興津《おきつ》地域であることには異論はない。ここは駅路が薩埵《さった》峠を越えるため、いったん近世の身延《みのぶ》道に沿って北に向けて曲がる角地を駅跡と比定する木下の見解を採る。前横田駅から一五・六キロ。

愛鷹山麓を通った駿河国東部の駅路

息津駅からは近世身延道に沿って北上し、東名高速道路に近い場所で興津川を渡ってから薩埵峠を越える。由比・蒲原の海岸沿いから富士川の手前で北上し、旧国道1号の富士川橋付近で東に向かう。富士川には浮橋が設けられた記録がある。これまでも何度か記した承和二年（八三五）の太政官符に、富士河と鮎河（相模川）は急流でしばしば難船の災厄があるので、それぞれ浮橋（舟橋）を置く命令が出ている。

次の**蒲原《かんばら》駅**（富士市本市場）は、現在の富士市の中心街にあり、近世東海道の吉原宿でもある。蒲原駅には移動があった。『三代実録』の貞観六年（八六四）十二月の条に、「駿河郡には横走・永倉・柏原の三駅があるが、要請により柏原駅を廃止し、富士郡の蒲原駅を富士川の東野に移して行程を平均化した」と書かれている。最初にあった蒲原駅は、現在も蒲原の地名が残る富士川の西にあった。それを富士川の東に移したのである。金田章裕は、源平の富士川の戦いの折に頼朝軍主力が布陣した富士川東岸の「賀嶋」のある旧加島村を、移転した蒲原駅の比定地とした。ここが現在の本市場である。前息津駅から一九・八キロ、次の永倉駅まで二二・八キロで、特に問題ない。

蒲原駅から東へのルートは二通り考えられる。一つは海岸沿いの砂丘を通過するもの、他の一つは愛《あし》鷹《たか》山麓を通過するものである。木下は愛鷹山麓説を採る。廃止された柏原駅と旧路線は海岸砂丘にあったのだが、蒲原駅の移転に伴って山麓路線に移ったと考え、この路線の変更は九世紀後半の世界的海水面の上昇による海進にも関係があったと見ている。

沼津市管内に入ってからは、ちょうど新幹線の三〇〇メートルほど南を走る。新幹線だけではない。駿河国では、駅路東海道は東名高速道路と足柄峠を越えて相摸《さがみ》（後世には相模と書く）国に入るまで、ほとんどルートを一にしている。

黄瀬川を渡った直後が**長倉駅**《ながくら》（長泉町本宿）である。ここは木下の比定に随う。長倉駅からこれまでたどって来た駅路をそのまま東に延長すれば、三キロ未満の地点に**伊豆国府**《いず》（三島市大社町）がある。伊豆国には駅家もなければ駅路もない。駿河国に属する長倉駅から至近の距離にあるので、特に必要としなかったのであろう。なお、承和七年（八四〇）に永蔵（長倉）駅が伊豆国内に移ったという記録（『続日本後紀』）があるが、『延喜式』では駿河国に復している。

図35　横走駅比定地である駒門の風穴

駅路は長倉駅から北に折れ、ＪＲ御殿場線に沿って北上する。駅《うま》家《や》はこのような交通上の結節点に位置するというのが、木下の基本的な考え方である。駅路東海道は箱根外輪山の西麓を上り、**横走駅**《よこばしり》（御殿場市駒門）に達する。ここは『更級日記』に「よこはしり関のかたはらに岩壺といふ所ありけり」として、何ともいえず大きな石の四角になっている中に、穴のあいた中からわき出る水がきれいで冷たかった、と記している。これが駒門の風穴であるとして、古くからこの地が横走関と横走駅に比定されている（図35）。長倉駅から一五・七キロである。この横走駅で駿河国の駅は終りである。ここまでの駿河国の小川・横田・息津・蒲原・長倉の各駅の駅馬数は、伊勢国の河曲駅以来と同じく一〇疋であった。しかし、この横走駅だけは二〇疋で、これは次に東海道本路では足柄越えがあることに起因するものである。

足柄越えと甲斐路

足柄越えの前に、甲斐国府への支路である、甲斐路を見て行きたい。図は同じ図30である。甲斐路が駿河・甲斐国境を通過する位置は、本路の足柄峠越えルート（足柄路）の一時的な変更と関連がある、と木下は見る。『日本紀略』によれば、延暦二十一年（八〇二）五月十九日に富士山が噴火して、噴石が相摸国足柄路を塞いだので、替わって筥荷《はこね》（箱根）路が開かれ、翌年旧に復した。従来、甲斐路は横走駅を出たあと、そのまま北に進み、現在の籠坂峠を越えて山中湖の西岸を通って河口湖方面に抜けたとされてきた。しかし、山中湖西岸に接する鷹丸尾溶岩流はこの火山活動によって生じたとされるので、当時の駅路がもし通説どおり山中湖西岸を通っていたならば、足柄路以上に直接的な被害を受けたであろう。しかしそのことが記録に見られないのは当時の甲斐路が別の所を通っていたのではないか。木下はこのように考え、本路が足柄越えにかかる麓の竹之下から分岐して山中湖東岸を通るルートを想定した（木下「甲斐国駅路についての二、三の疑問点」『一九九七年度人文地理学会大会研究発表要旨』一九九七年）。竹之下分岐は横走駅から一〇・八キロの地点となる。

以下、甲斐路はこのルートに沿って行く。横走駅を出た東海道本路は、すぐ先の御殿場市柴怒田で東北に向きを変え、JR御殿場線の御殿場駅の南を通って高地を少し下り竹之下に至る。本路はここから右折して足柄越えに向かうのだが、甲斐路はここを分岐点（竹之下分岐）として北に進む。富士スピードウェイをよぎり、標高約一〇〇〇メートルの三国山系を越えて甲斐国に入り、山中湖東岸に想定する**水市《みずいち》駅**

（山梨県山中湖村平野）に達する。この駅も従来の通説と異なる。これまでは籠坂峠を越えるという前提に立ったので、籠坂を加古坂と書くこともあることから最初の駅を加吉駅として、加古の誤記とした。しかし九条家本『延喜式』には加吉の振り仮名はカキとあって、加古の誤記説は成り立たない。従来説は甲斐路の駅の順序を加吉・河口・水市とし、表1（第一章）に見る『延喜式』の記載順と逆にしており、最後の甲斐国府に近い駅を水市としていた。しかし、国府に近い御坂町黒駒周辺には関連地名がなく、水市の名は山中湖畔のほうが無理がない。ここは竹之下分岐からは一三・八キロ、横走駅から算定すれば二四・六キロとかなり長くなる。

図36　河口駅に近い甲斐浅間神社

図37　甲斐国衙跡（御坂町国衙）

甲斐路は山中湖東岸の水市駅から石割山の尾根伝いに忍《おし》野《の》村に抜け、鳥居地峠を越えて富士吉田市の東側を横断したのち、河口湖の北東岸に近い**河口《かわぐち》駅**（河口湖町河口）までは湖岸が通りにくいので、山越えで達したと見る。河口駅比定地は河口浅間神社に近い（図36）。水市駅から一七・

七キロである。

甲斐路はさらに北の標高一五〇〇メートルの御坂峠を越える。御坂有料トンネルのほぼ真上に、鎌倉街道の名前が残る旧道が続いている。今はハイキングコースだ。

峠を下り、現国道137号に沿って西北に進むが、ここも御坂道あるいは鎌倉往還の名が残っている。下黒駒で国道からは外れて旧道を直進し、中央自動車道に突き当たる手前付近に**加吉駅**《かき》（御坂町井之上）を想定する。河口駅から一七キロである。そのまま道を延ばして自動車道を越せば、『延喜式』と同時代の『和名抄』に「在八代郡」とする**甲斐国府**《かい》（御坂町国衙）がある（図37）。近くには甲斐国分寺もある。国府は、古くは山梨郡（春日居町国府）にあった。余談だが、ここは筆者が高速道路建設に従事している際に、七道駅路と古代道路の関連性に気付いたヒントの一つでもあった場所である。ヒントはなぜ高速道路がよく国分寺に当たるのかという疑問であり、その一つがここであった。甲斐路の全距離は四八・五キロである。

七　相模、武蔵両国の東海道

相模国の東海道

ふたたび東海道本路に戻る（図38）。竹之下から旧鎌倉街道あるいは矢倉沢往還と呼ばれる道に沿って足柄峠《あしがら》を越え、相模国へ入る。坂道を下り、酒匂川《さかわ》の開析平野（河川の浸食によって生じた平野）に入ったところの**坂本駅**《さかもと》（神奈川県南足柄市関本）については異論がない。相模国最初の駅であり、足柄峠

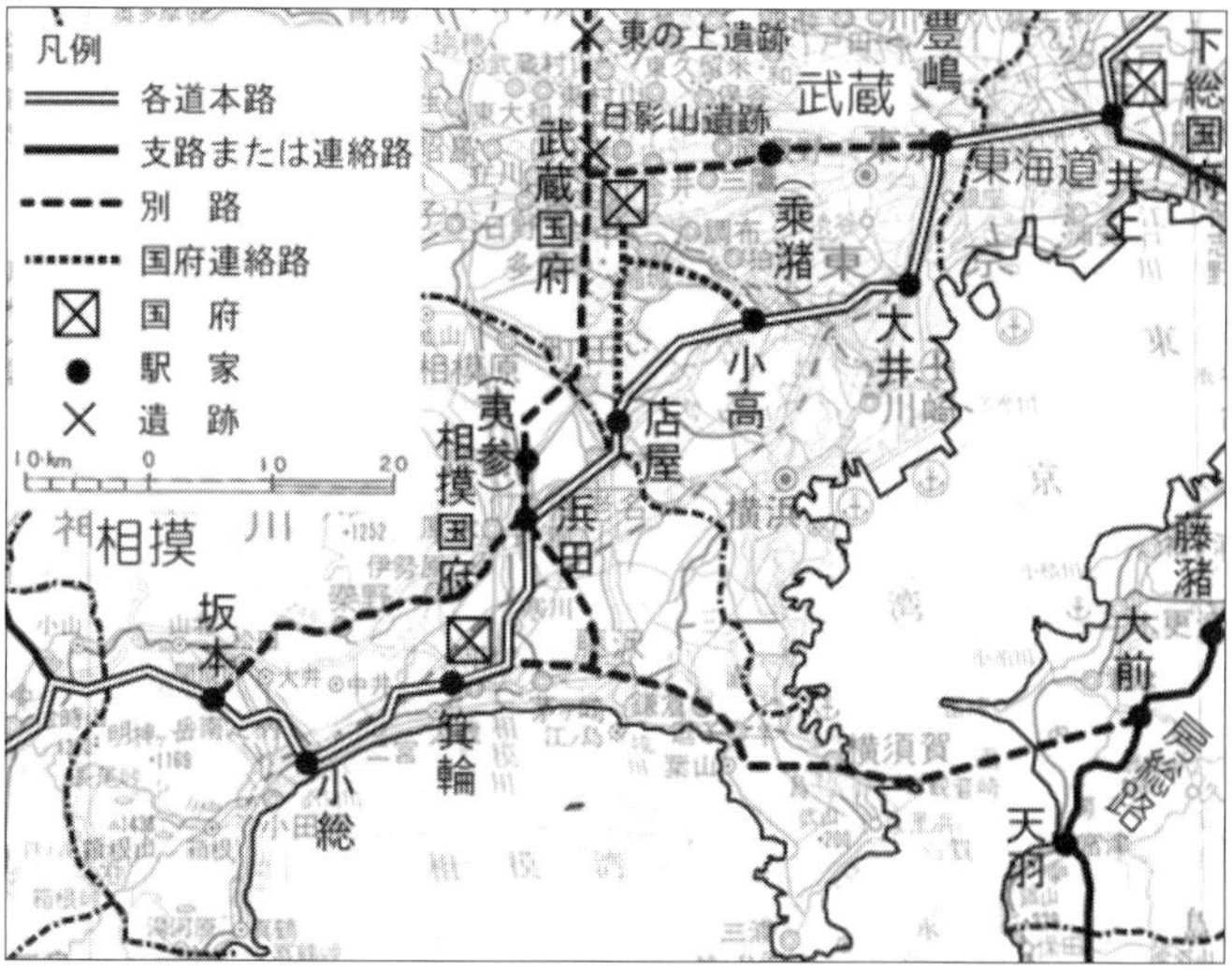

図 38　東海道路線図—6

を越えることがあるので、配備駅馬数は二二疋である。前の横走駅から二三・七キロと長い。

坂本駅の位置は、酒匂川開析平野の西側の山裾にある。一方、次の小総駅は同じ平野の東端にある。どこで平野を横断したかははっきりしないが、ここでは古代の足上郡と足下郡の郡界に沿うとする「神奈川古代交通網復元図」（藤沢市教育委員会『神奈川の古代道』一九九七年）に従う。**小《お》総《ぶさ》駅**（小田原市国府津）は、『大和物語』に「小総の駅《うまや》といふところは、海辺になんありける」とあるところからも、酒匂から国府津にかけての海岸に近い地とするのが通説である。木下は駅路の通ってきた下曽我地区に第一次国府があったと考え、その外港としての国府津に小総駅を比定する。坂本駅から一二・六キロである。

ここから駅路は海岸に沿って進み、第三次相摸国府（余綾《よろき》国府）があったとされる大磯町国府新宿から主要地方道63号相模原大磯線に沿って北上

図39　浜田駅比定地付近の中世建築群遺跡

し、しばらく東海道新幹線に平行した後、東行して**箕輪駅**《みのわ》（平塚市中原）に至る。箕輪とは穀物をふるう箕のような形をした窪地のことで、必ずしも特定の地名ではない。古くは伊勢原市笠窪三ノ輪が有力視されたが、第二次相模国府としての大住国府の存在が明らかになったので、その周辺であることは問題ない。周辺の砂丘上の窪地地形にあるものと推定され、具体的な場所は木下の比定による。小総駅から一三・九キロである。

箕輪駅をそのまま東行すると、五〇〇メートルほどで**相模**《さがみ》**国府**（平塚市四之宮）に至る。ここが大住国府で、ここからは「国厨」の墨書土器も出土している。第三次の余綾国府に移ったのが十二世紀後半とのことであるから、『延喜式』時代の駅路探索の立場からは、大住国府をもって代表した。

駅路は国府付近を通過して東進し、相模川を現在の湘南銀河大橋の北で越える。相模川は古くは鮎川といい、富士川と同じく急流なるをもって、浮橋が置かれていたことは既に記した。銀河大橋から一キロほど行って北に折れ、主要地方道46号相模原茅ヶ崎線にほぼ沿うように北上すれば、途中で相模国の一ノ宮である寒川神社の近くを過ぎる。さらに北上して、東名高速道路の海老名サービスエリアの東端を掠めて**浜田駅**《はまだ》（海老名市国分寺台）に達する（図39）。近辺に上浜田・下浜田の旧小字名もあり、ここも大局的には異論がない。比定地付近には県指定遺跡の上浜田中世建築遺構群がある。

箕輪駅から一四・七キロ、相摸国の駅はこれで終りである。相摸国の駅馬数は、先に見た坂本駅二二疋のほか、あとの小総・箕輪・浜田はいずれも一二疋で、二疋だけ標準より多くなっている。その意味は分らない。

東国における東海道ルートの変遷

相摸国から先の東海道には、歴史的に大きな変遷があった（図38参照）。奈良時代の東海道は、日本《やまと》武尊《たけるのみこと》の東征ルートと同じく、相摸国から東京湾を渡って房総半島の上総国に渡り、そこから半島を北上して下総国から常陸国に達していた。当時は武蔵国は東山道に属し、上野《かみつけ》国から支路によって武蔵国府に連絡していた。東海道ルートが正式に武蔵国経由となったのは、宝亀二年（七七一）十月のことである。『続日本紀』によると、この年十月、武蔵国を東山道所属から東海道所属とするよう、太政官の奏上があり、許可された。その理由は、①武蔵国はもともと東山道に属しているのに、今では東海道の駅路も同時に通っていて公使の往来が多く、応接が大変だ。②東山道の駅路は上野国の新田駅からまっすぐ下野《しもつけ》国の足利駅に行けるのに、武蔵国の国に立ち寄るため、五駅もわざわざ横道を往復しなければならず不便だ。③東海道ならば、現在は相摸国の夷参《いさま》駅から下総国へ直行する経路があり、その間にはわずか四駅しかなく便利だ。④だから武蔵国の所属変更をすれば公私ともに利益があり、人馬も休息できる、というものである。

なお七道の名について、一般に駅路の名前であるとともに行政区域の名前でもあるとされている。そのため、行政区域が先にあり、それに道路をつけたというように誤解をする場合も見られるが、この例でも明らかなように、先に道があり、それに合わせて行政区域が決められたのである。
佐々木虔一は、この所属変更は当時、蝦夷《えみし》との抗争範囲が拡大して、東国の兵士が徴発されたり、兵力や物資輸送も東海道を経由するほうが便利になってきたことに関係がある、としている（佐々木『古代東国社会と交通』校倉書房、一九九五年）。

このルート変更とも関連するが、相模国のルートに関して筆者としての独自の見解がある。駿河国の東の永倉駅あたりから相模国最後の浜田駅までのルートを見ると、大きくS字ルートを描いている（図38）。特に、最初の東京湾口横断ルートの場合を考えてみると、筆者の算定ではもし箱根路を選び、第一次国府が小総駅近くにあるとすれば、足柄回りに比べて一三キロ短くなる（武部健一「高速道路から見る古代駅路の路線位置の検討」『古代交通研究』一一号、二〇〇二年）。

先に見たように、富士山噴火の時には箱根路経由のこともあった。それではどうして箱根路を恒久ルートとして選ばなかったのであろうか。駅路では全国的に見ても、山を越える短絡ルートは基本である。箱根路を駅路として選んだならば、途中の箱根に駅家を置く必要を生じるが、ここは稲作もできず、駅家の維持がかなり難しかったと思われる。しかし、一三キロの短縮ならば多少無理をしても置く価値はある。それをしなかったのは、初期の国府が浜田駅近くの高座《たかくら》郡にあり、そこへ行くために後の『延喜式』ルートのようにS字形にせずに坂本駅から浜田駅に直通する秦野経由ルートがあったからではなかったのか。この場合には、前記の伊勢原市笠窪三ノ輪の箕輪駅が生きてくる。高座国府を想定する場合には、仮に箱根路を選んでも、高座国府に立ち寄るのでは四キロの短縮にしかならず、箱根に駅を設けるほどのメリットはない。つまり、箱根路を選ばなかったのは、第一次国府が高座郡の浜田駅近くに国府があったからである。高座国府説は考古学的な成果がないために現在ではあまり支持されていないが、完全否定されたわけではなく、あえて仮説を提示しておく。

武蔵国の東海道

話が少しそれた。東海道本路は、浜田駅からほぼ旧大山街道（矢倉沢往還）に沿って東北へ進む。小田急江ノ島線の鶴間駅を斜めに横断して境川を渡るところから武蔵国となる。東京都である。そこで真北に折れ、町田街道と交差する地点が**店屋駅**《まちや》（東京都町田市小川）比定地である。今も交差点に「町谷原」の名が残る（図40）。浜田駅から一一・四キロである。ここからほぼ真北に一五キロあまり行った所に**武蔵**《むさし》**国府**（東京都府中市宮町）がある。それでも武蔵国が東山道に属していたときから考えれば、随分と駅路から近くなった。東山道時代には、先述のように東山道本路から五駅もあるような長距離の支路（武蔵路）で連絡していた（次章、図97参照）。国府は一国のうち都に近い側に位置するのが一般的であるという。近いというのは、もちろん駅路を通しての意味である。その点では武蔵国府の位置はもともと例外的に遠かった。武蔵国府が東山道時代にこのように南に下がっていたのは、尾張国府と同様に東海道との連絡の便を考えたからではないか、と木下は推理している。武蔵路のことは、次章の東山道において改めて触れ

図40　店屋駅比定地付近．交差点名は「町谷原」（東京都町田市小川）

る。

この武蔵路は武蔵国が東海道に所属替えになると廃止され、新たに東海道と武蔵国府の連絡路ができた。というより、それ以前に既にあったのである。所属替えより三年前の神護景雲二年（七六八）、『続日本紀』によれば下総国井上《いがみ》、浮島、河曲《かわわ》の三駅、および武蔵国の乗潴《あまぬま》、豊嶋の二駅は東山・東海両道の仕事のため忙しいので、中路並みに馬一〇疋を置くことが定められている。これが武蔵国の所属替え以前、つまり東海道が東京湾口横断ルートの時代にすでに武蔵国府への連絡路のあったことを示すものであった。

しかし、『延喜式』には、ここに名のある五駅のうちの乗潴駅と、また所属替えの上奏文にある夷参《いさま》駅の名前はない。また『延喜式』には武蔵国に新たに店屋、小高、大井の三駅が見えることから、武蔵国では武蔵国府に立ち寄らない直通路ができたと考えられる。それがいま追っている東海道本路である。『延喜式』時代の東海道本路から武蔵国府への連絡路については、坂本太郎の示唆する店屋駅・武蔵国府・小高駅の三角ルートを想定する（坂本『日本古代史の基礎的研究』下、東京大学出版会、一九六四年、「乗潴駅の所在について」『古代の道と駅』前掲再録）。

本路は、店屋駅からはほぼ旧大山街道、現在の国道246号に沿う。次の**小高《おだか》駅**（川崎市高津区新作）は、国道246号からはちょっと東にそれて、現在は国道に直交する市民プラザ通りの橘処理センター近くに比定される。この付近に「小高」の旧地名があった。店屋駅から一四・五キロである。ここで駅路は右に六〇度ほど折れ、市民プラザ通りを二キロほど行くと中原《なかはら》街道（主要地方道45号丸子中山茅ヶ崎線）に合流する。これにしたがってそのまま多摩川を渡り、中原街道の中延付近で東に折れ、ＪＲ京浜東北線大井町駅前が**大井駅**《おおい》（東京都品川区大井）比定地である。前の小高駅から一二・五キロである。多摩川は古代には石瀬河《いわせ》といい、すでに何度も紹介した承和二年（八三五）の太政官符に「武蔵国石瀬河三艘」とあるのが、これに当たると思われる。元一艘に対する二艘の増強である。

大井駅で九〇度左折し、直進する。現在のJR品川駅付近からは近世東海道、現在の国道15号に沿って北上し、JR田町駅付近からほぼ国道1号（桜田通り）の筋で皇居前を通り、名前が変わって本郷通りを北進し、直進路がなくなってもそのまま上野公園の西端を通って行けば谷中《やなか》霊園に達する。ここが木下による**豊嶋駅**《としま》（東京都台東区谷中）の比定地である。豊島というのは現在も東京都に何ヵ所か地名が残っているが、上野付近にはない。中村太一は、神護景雲二年の『続日本紀』に名の見える豊嶋駅と、大井駅から続く『延喜式』の豊嶋駅とは別地で、移転に際して郡内であるので名称を変更しなかったのであろう、としている（中村「古代史と地名」『日本歴史』二〇〇四年一月号）。

ここまで前の大井駅から一三・八キロである。東海道の武蔵国の駅はここで終わる。店屋・小高・大井・豊嶋の四駅の駅馬数はすべて標準どおりの一〇疋である。

直線路の残る東京の下町

豊嶋駅から駅路は東へ一直線に進む。そのことは古代の道が残っていることからも明らかである。それに最初に言及したのは吉田東伍である。吉田は『大日本地名辞書』の「奥戸《おくど》」の項で、「墨田村より立石、奥戸を経、中小岩に至り、下総府に至る一径あり。今も直条糸の如く、古駅路のむかし偲ばる」とする。図41は明治十三年の迅速図（上図・二万分の一）と現代五万分の一地図（下図）を対比したもの

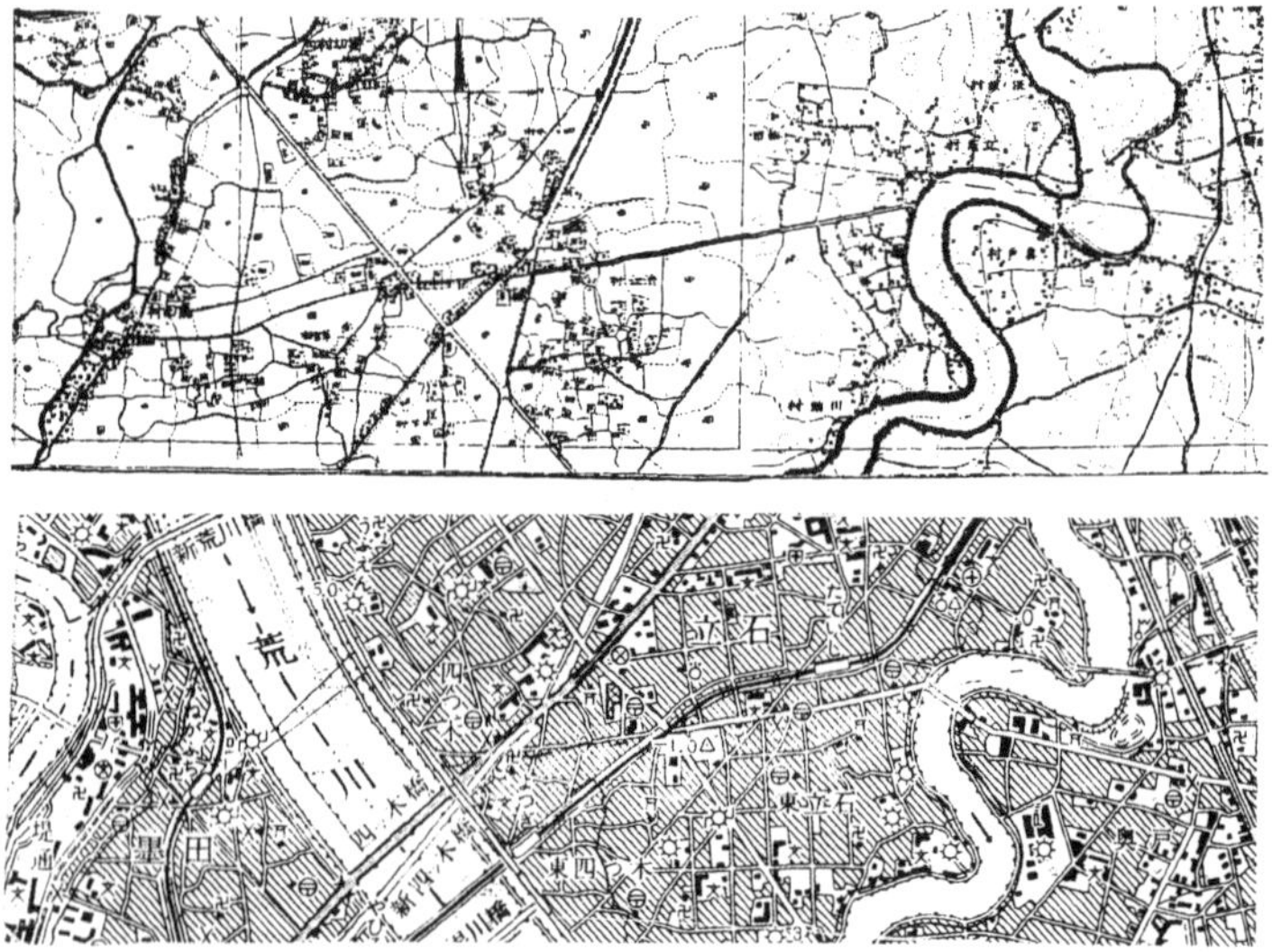

図 41　豊嶋駅〜下総国府間の直線路

図 42　東京東部の古代道路跡と見られる
直線道路(葛飾区四ツ木)

である。迅速図は五万分の一に縮小した。迅速図には荒川放水路はまだない。ここでは隅田川から中川を越えたあたりまでしか示していないが、さらに東方、江戸川畔まで同じ方向でほぼ直線路が続いている。

迅速図を見ると、隅田川河畔からゆるいカーブを描いて古道痕跡があり、四ツ木付近から東は、中川付近まで約二キロ区間で直線路が特に明瞭である。現代図でも、隅田川左岸（東岸）五〇〇メートルほどを除いて、おおむね明瞭な直線道があり、荒川放水路が造られた部分の前後では、東武線鐘ヶ淵駅付近からは中川まで、放水路や新しい幹線道路で分断されながらも、実際に生活路として生きている（図42）。中川を過ぎても同様である。

図43　葛飾区立石地区に残る立石

中川に達するあたりは葛飾区立石《たていし》である。立石は九州・四国はじめ全国各地でしばしば古代道路に沿って建てられている石で、古代の道路標識ではないかとされている。実際にこの地域の立石が中川左岸に近い児童公園に残されている（図43）。すでに石は基部のみが横たわっているに過ぎず、案内板には奇石とのみ記し、古道との関連については特に触れていないが、室町時代の文献に地名として残されているという。いずれにせよ、江戸時代以来開発され続けてきた都市地域に、かくも見事な古代道路の痕跡を追うことのできるのは、まことに冥利といわねばならない。

豊嶋駅比定地の谷中霊園の断崖上から東方を見れば、現在では近くの中高層ビル群のため、まったく見通しを得ることはできないが、五万分の一地形図に古代路痕跡をそのまま延ばせば、この直線路が国府台《こうのだい》の台地の南端付近を目指して設定されたことは明らかである。

豊嶋駅から下総国府の間には、二つの大河がある。すでに何度も紹介した承和二年（八三五）の太政官符には、「下総国太日《ふとひ》河四艘、武蔵国石瀬河三艘、武蔵下総両国の堺住田河四艘」とある。いずれも従来の二艘（石瀬は一艘）に対して二艘ずつを増強したものである。太日河は現在の江戸川、石瀬河は多摩川、住田河は隅田川とされている。古代では武蔵と下総の境は隅田川であり、近世に入って江戸川に移った。

八　房総路に沿う下総、上総、安房三国の駅家とルート

井上駅から下総の房総路を行く

豊嶋駅から来た直線路は、そのまま一直線を延ばすと江戸川を渡ってすぐ国府台の台地の先端付近に達する（図44）。ここには**下総《しもうさ》国府**（千葉県市川市国府台）があった。この区域の和洋学園構内で、国府に関連すると見られる遺構が検出されている。東海道はここに到達した後は二手に分れる。一つは一キロほど南に下がってから海岸沿いに上総国府を経て安房国府へ達する房総路である。もう一つは東海道本路で、ここから北に向かう。

豊嶋駅の次の駅は**井上《いかみ》駅**（市川市国府台）で、下総国府から南に一キロほど下がった地点に想定されていた。井上駅は古くから諸説があったが、一九八六年に下総国府のある国府台で「井上」の墨書土器が

出土して以来、その周辺であることが定説化した。具体的な場所として、山路直充が国府台下の砂州にあるとした（山路「下総国井上駅について〈上〉」『平成三年度市立市川考古博物館年報』一九九二年、同「下総国府における主要道路〈補遺〉」『市立市川考古博物館研究紀要２』一九九八年）。しかし、分岐点は駅に置かれるが一般であるのに、井上駅をこの位置とすれば、分岐点であるべき駅位置としてはあまり適当とはいえない。木下は井上駅を下総国府の付属駅だと考えている。付属駅が必ずしも国府内にあるとはいえないにしても、この場合のように分岐点が国府内あるいは直近にあると考えられる場合には、井上駅そのものも国府内（または直近）にあったと考えてもよいのではなかろうか。そもそも「井上」の墨書土器も台地上で出土したのではないか。あえて仮説を提示し、図44でも井上駅を分岐点の位置とした。豊嶋駅からここまで一二・四キロである。井上駅の駅馬数もこれまでと同じく一〇疋である。

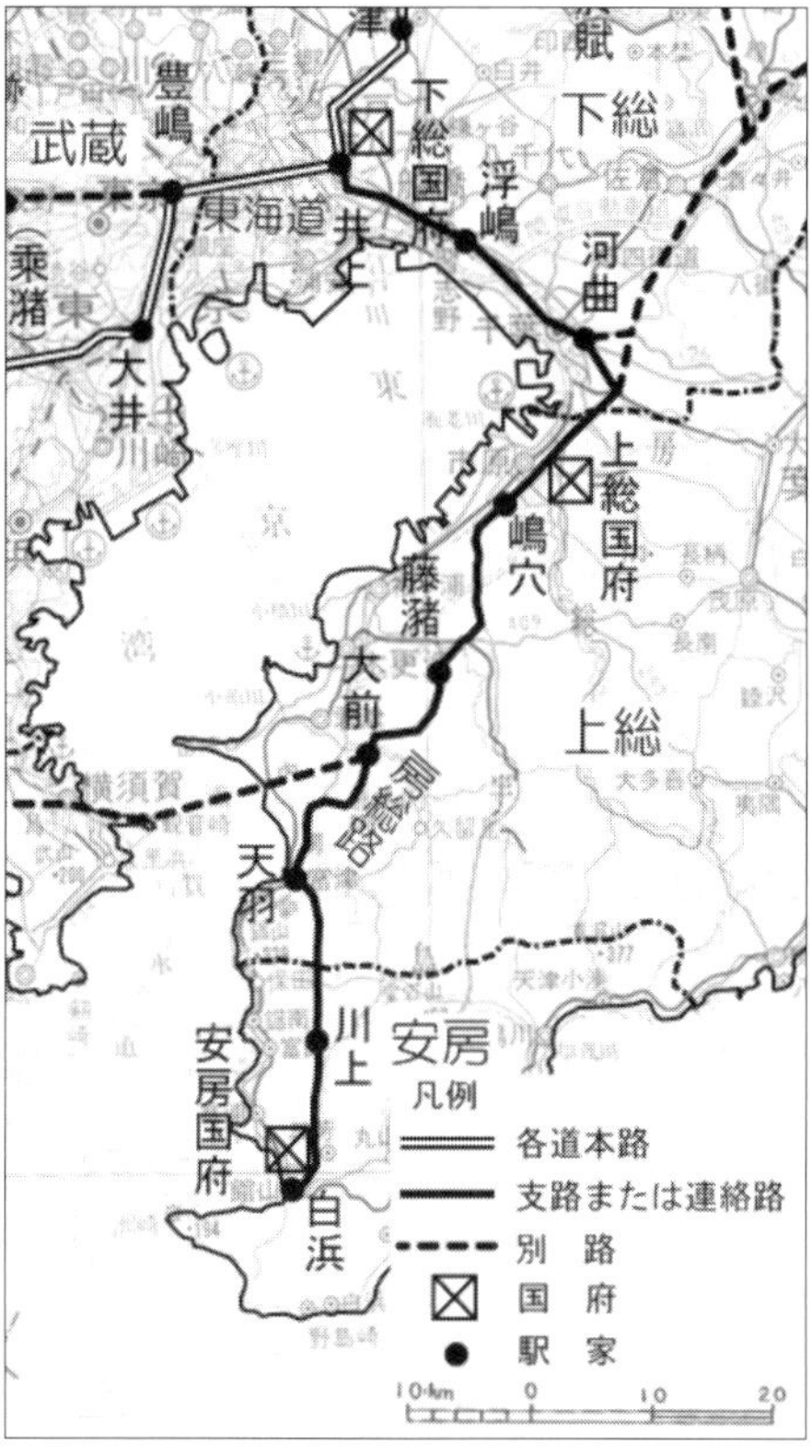

図44　東海道路線図—7

図45　井上駅に近い真間の継橋

ここから東海道は北に変針して進むのだが、その前に房総路についてみておこう（図44）。房総路の名は木下の示唆による。房総路は井上駅（下総国府に同じ）から南に出る。既述のように、初期の東海道は相摸から東京湾を渡って上総に入り、そこから北上した。宝亀二年（七七二）以来、コースが逆になった。まず南に台地から一キロほど砂州に下り、そこから東へ変針する。変曲点は山路の示唆する井上駅の比定地でもある。近くに真間《まま》の手児奈《てこな》堂や継橋の名所もあり（図45）、万葉集の高橋虫麻呂の歌に、「葛飾の真間の井見れば云々」とあるように、泉や井戸は駅を置く好適地ではある。千田稔は真間を下総国府の国府津としている（千田『埋もれた港』前掲）。また、山路はこの地を井上駅として最初に比定したのは、田名網宏（『古代の交通』吉川弘文館、一九六九年）としている。

駅路は変曲点から南東に国道14号に沿って走る。台地下の砂丘上である。**浮嶋駅**《うきしま》（習志野市谷津）想定地までほとんど直線で、井上駅から一二・五キロである。途中の船橋市で台地上の二カ所の遺跡から古代官道に準ずると考えられる道路遺構が検出されているが、房総路と関係があるかどうかは明らかでない（栗原薫子・道上文「千葉県船橋市内検出の複数の古代道路跡について」『古代交通研究』第六号、一九九七年）。

浮嶋駅で駅路はやや右に角度を変え、これまでと同じく国道14号に沿って進む。次の**河曲駅**《かわわ》（千葉市中央区市場町）は千葉県庁の裏手で、千葉県文化会館のある小丘上に想定する。浮嶋駅から一三・五キロである。これまでの井上、浮嶋両駅も、またこの河曲駅でも、木下は路線の屈曲点、台地上あるいは台地下の泉や井戸の存在などを駅間距離と合わせて駅家の比定地としている。河曲駅の名は東海道で二つ目（一つ目は伊勢国）だが、ここもまた東京湾に注ぐ都川が河曲駅のある小丘陵によって屈折している地点である。

ところで、先に武蔵国の所属替えより三年前の神護景雲二年（七六八）に、下総国の井上、浮嶋、河曲の三駅に駅馬増強があって一〇疋となり、これが武蔵国府への連絡路があったことを示すものだと書いた。ということは、その連絡路のほうが三年後に東海道の本路になるのであるから、井上駅はともかく、あとの浮嶋、河曲の二駅が今見るように支路のほうに位置するのはおかしいという疑念が生じる。

これについては、『大日本地名辞書』の時代から、奈良時代の東海道の本路は東京湾を越えて房総半島へ上陸した後、河曲駅から浮嶋駅方面には向かわず、まっすぐ北上するルート（図44参照）であり、井上、浮嶋、河曲の三駅が武蔵国立ち寄りのルート上にあった、とするのが定説である。この北上ルートは延暦二十四年（八〇五）に廃止された。しかし、木下はこの説（河曲駅からの北上説）にも疑問を呈する。それは神護景雲二年当時、河曲駅が既に本路上にあったのなら、井上、浮嶋両駅と一緒に駅馬数が一〇疋に増強されたのはおかしいことになる。そこで木下は、河曲駅より手前（南側）の上総国府付近に、大倉駅という駅があって（後に廃止）、そこから分れたものであろうとする。

こうした駅路の時代的変遷を追うのは、それだけで長くなり、古い駅名なども出して行かねばならないので、この程度で留めておく。なお、駅馬が一〇疋に増強された三駅のうち、井上駅を除く二駅は、『延喜式』では支路に位置づけられたためか五疋に戻っている。

図46　嶋穴駅比定地近くの島穴神社

上総・安房両国の房総路

房総路は河曲駅で右にやや折れ、ほぼＪＲ内房線に平行するように進み、千葉市と市原市の境界が下総・上総両国の境界である。これを越えて、内房線に沿って直線的に進むと**嶋穴《しまな》駅**（市原市島野）比定地に至る。ＪＲ内房線の東側で、近傍に島穴神社があり、駅路は砂堤上を通ったと見られる（図46）。河曲駅から一五・二キロである。嶋穴駅の東方約二キロに**上総《かずさ》国府**（市原市村上）がある。

上総国内の駅路ルートについては、あまり議論されていない。嶋穴駅から先の駅路ルートについて、これまでの通説は、最初が東京湾を越えてきた関係から、房総半島の東京湾沿いに道を採る考え方が多かった。しかし木下は内陸縦貫説を採る。以下これに従って進む。また、上総国における駅順は、『延喜式』における記載順とはかなり異なる（表1参照）。これについて木下は、駅のある郡名を併せ考慮して矛盾のない順序に置き換えている。

嶋穴駅からそのまま内房線に沿って直線的に進んだ後、ＪＲ姉崎《あねがさき》駅前で左折し、おおむね主要地方道24号千葉鴨川線、通称久留里街道に沿ってほぼ南北線上で丘陵地へ上がり、館山自動車道と姉崎袖ヶ浦ICの北で交差する。

その付近で古代道路遺跡が発掘されている。館山自動車道と交差する直前にあるもので、椎津《しいづ》坂ノ上遺跡と呼ばれ、幅九・七メートルで大字界の畑地境をほぼ南北に延びる古代道路にふさわしい遺構である（『市

原市文化財年報　平成7年度』一九九六年）。八世紀代の築造と推定されている。

この先、JR久留里線を東横田駅付近で交差し、小櫃川を渡ってすぐの丘陵の突先に**藤潴《ふじみ》駅**（袖ヶ浦市阿部）が想定される。嶋穴駅から一四・八キロ、ここから次の大前《あまさい》駅までもほとんど同じ一四・三キロで、駅間距離を考えて適地が比定されている。

ここからはほぼ南東に丘陵地を進み、**大前《あまさい》駅**（君津市宮下）想定地に至る。このあたりから次の**天羽《あまは》駅**（富津市数馬）までは建設中の館山自動車道と平行するというか、絡み合うようにして走る。高速道路も古代道路も海岸を避け、山中を縦貫する共通性の一つの表れでもある。大前駅から天羽駅まで一一・五キロである。

図47　白浜駅比定地に近い鶴谷八幡神社（館山市湊）

ただし、天羽駅から先は、高速道路は海岸に平行して一〜二キロ内陸を通るのに、駅路のほうはほぼまっすぐに房総半島の背骨を縦貫する。そのことが分るのは、次の**川上《かわかみ》駅**（富山町川上）がまさに遺称地として残っているからである。天羽駅から川上駅まで一三・二キロ、途中から安房国に入る。安房国の駅路については石崎和夫の論考（「房総半島南部における古代道路と駅家についての一考察」『房総史学』四〇号、二〇〇〇年）があり、示唆に富む。おおむね尾根筋の幅数メートルの林道程度の道は辛うじてランドクルーザーで通ることができる。川上駅の比定地も二ヵ所あり、木下は東西に走る県道鴨川富山線の北側の川上遺跡を採る。

川上駅からは、また南に丘陵を越えれば、平久里《へぐり》川の開析平野に出る。南北に細長い小平野を南下すれば安房《あわ》国府（三芳村府中）である。駅路はここで西に折れ、最終地の白浜《しらはま》駅（館山市湊）に至る。白浜駅の比定地を東京湾に注ぐ平久里川のどちら側と見るかに議論はあるが、木下は、現地名の湊が国府湊であったと思われること、国府から延びる駅路が平久里川を横断しなくても済むことなどから、左岸（南岸）に位置する湊集落に比定する。平久里川辺の砂堆上にあり、近傍の鶴谷八幡神社は安房国の総社とされている（図47）。川上駅から一二・四キロ、房総路全体で一〇七・四キロとなる。

房総路の配備駅馬数は、下総国の浮嶋・河曲両駅はじめ、上総国の五駅、安房国の二駅ともすべて五疋である。

九　下総国北部と常陸国の東海道

下総国から常陸国へ

東海道の本路は、下総国府に近い井上駅から北へ進む（図48）。下総国では、東海道本路は茜津《あかねつ》・於賦《おふ》両駅を経て常陸国最初の榛谷駅に達する。この間のルート探索にユニークな研究手法を用いた論文がある（高田淳『柏市史　原始・古代・中世編　第3編　律令制下の市域』）。高田はこの地域の地形特性から水陸両路を考慮するとともに、路線経路上の古代道路跡を追い、その両端で駅家位置に疑念の少ない井上・榛谷両駅から、古代駅路の駅間距離の標準である一五キロで円を描き、中間の二駅の比定に利用した。なかなか示唆に富む論文である。これによって得られたルートを追ってみよう。

国府から北に進んだあと、一キロほどして東北方向に松戸・市川両市境界線に沿って進むが、行政界を古代路が通ること（実際には古代路が行政界となること）は、どこにも見られることである。その後、主要地方道281号松戸鎌ヶ谷線から県道市川柏線に沿って東北に進んで、**茜津駅**《あかねつ》（柏市藤心）に至る。ここは微高地の端で手賀沼に注ぐ大津川のほとりである。手賀沼水系の津の一つであるこの地を、茜津駅比定地として高田は選んだ。筆者の算定では井上駅から一三キロになる。

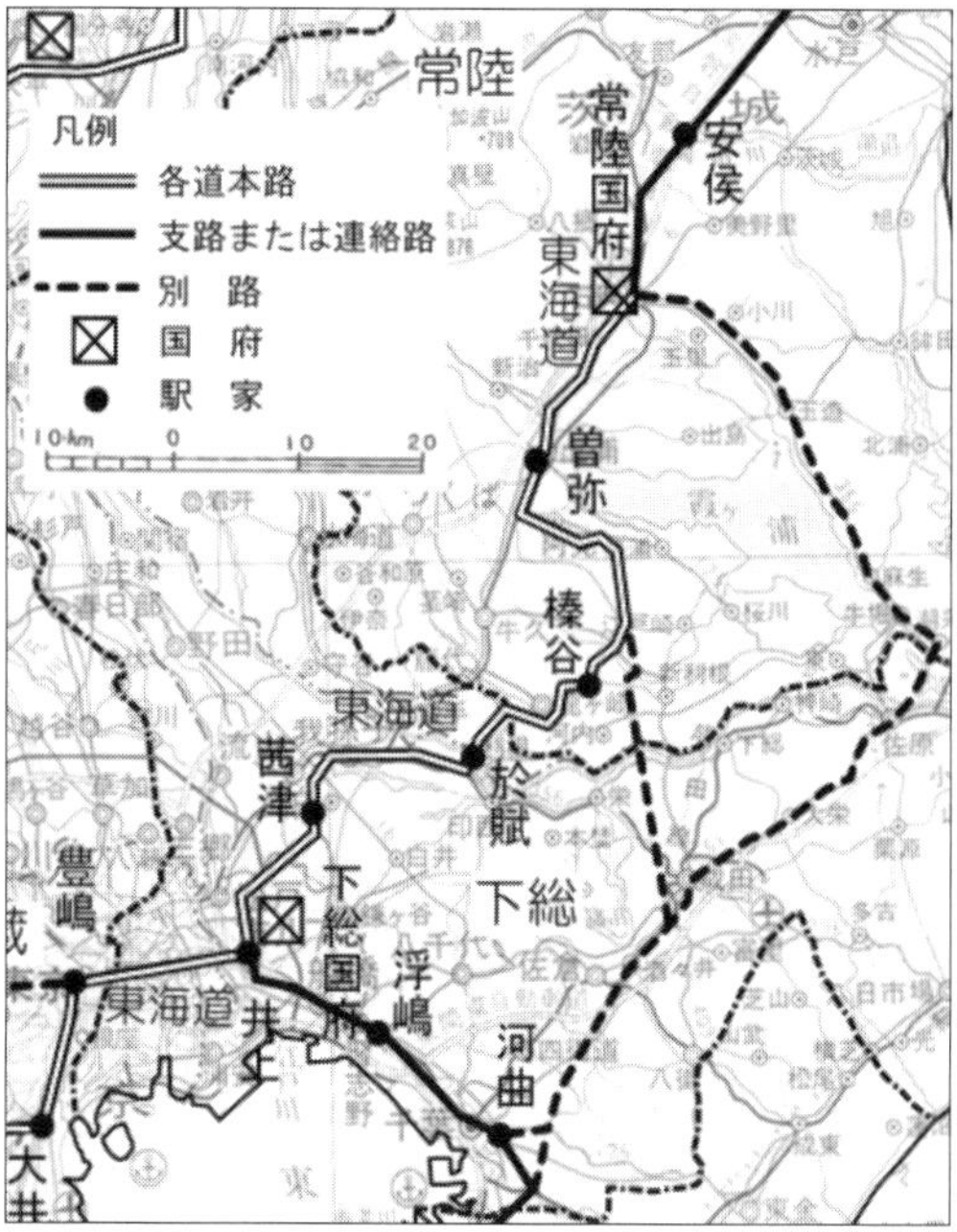

図 48　東海道路線図—8

図 49　於賦駅比定地の利根町役場

ここから左に折れて大津川沿いに進み、手賀沼の西端を回って国道356号にほぼ沿って東進する。ここは東西に発達した我孫子台地上である。高田は駅間距離と古代遺跡からこの台地中間の我孫子市新木《あらき》とする。ただし、これには木下は疑問を持つ。木下の見解では、駅間距離よりもこの場合は、現利根川を我孫子市東端の布佐で渡った対岸を於賦《おふ》駅（茨城県利根町布川）比定地とする。それは、古代の我孫子台地の先端がここであり、船を用いるのもここからではないかと考えるからである。近世以前には、利根川は今の東京湾に流れており、近世初期に関東郡代であった伊奈忠治によって現在の利根川筋に付け替えられたものである。現在は茨城県利根町であるが、古代では下総国管内である。木下の比定する現利根川河畔に近い利根町役場は、高台にあり、周囲の見通しもよい（図49）。古代ではここから北が幾つかの陸地が点在する常陸川・鬼怒川流域の沼沢地であった。前茜津駅から二〇・二キロである。

於賦駅から主要地方道4号土浦龍ヶ崎線に沿って北北東に進み、関東鉄道龍ヶ崎線に突き当たる手前で元常陸川の低湿地を横断して常陸国に入る。その先で龍ヶ崎台地に至り、関東鉄道龍ヶ崎線の終点、龍ヶ崎駅で右折し、二・五キロほどで左折して北へ向かう。元沼沢地をよぎり、大正堀川の先の台地の南辺が、榛谷《はんだに》駅（龍ヶ崎市半田町）比定地である。駅名の榛谷は、「はりがや」あるいは「はんだ」とも読まれ、駅比定地も諸説がある。木下は江戸崎町・牛久市界の古い直線路に連絡しやすい龍ヶ崎市半田町を採用して駅比定地とした。前駅から一四・二キロである。

常陸国内の東海道本路

元常陸川の流路を横断したあたりから常陸国に入るのだが、常陸国内には駅路の変遷がかなりあり、その研究も盛んであった（一部、下総国内も含む）。それというのも、『常陸国風土記』（和銅六年〈七一三〉詔による）の一部が残されており、多くの駅家の名前が記されていたからである。そのほかの記録を含めると、『延喜式』に見られる駅名以外に九ヵ所も駅名が記されていた。木下は既往の研究を参照しつつ、古道痕跡の検出を基本として同国内の駅路を追及した（木下「常陸国古代駅路に関する一考察」『國學院雑誌』八五巻一号、一九八四年）。ただ、本書は『延喜式』駅路を追うのが主体であるので、同国内の駅路の歴史的変遷については駅名も省略し、『延喜式』駅路以外は路線図（図48）に別路として記すに留める。常陸国府までの変遷で言えば、東海道が東京湾を横断していた時代には、房総半島を北上して、先述のように河曲駅の手前から南東に進んだ東海道に霞ヶ浦の東回り線と西回り線の二本あったとされ、これらは延暦二十四年（八〇五）に廃止された。

図50　「常陸国府跡」碑（石岡市民俗資料館屋外）

　さて、榛谷駅からつくばの里工業団地の東を北上し、牛久市の東端に入ったあたりで、江戸崎町との境界線上に古道痕跡があるという。霞ヶ浦西回り線という旧路が合流してくる場所でもあるから、奈良時代からの旧跡であろう。この古代道路痕跡は阿見町まで続き、その先は不明になるが、左に折れて霞ヶ浦南岸を土浦市方面に進み、JR常磐線を越えて国道6号に直角に到達した所で、右折して国道6号の旧道である国道354号を進めば、桜川を渡る手前が曾祢《そね》駅（土浦市下高津）比定地である。ここは吉田東伍によって最初に比定された。前榛谷駅から二二・二キロである。なおこの曾祢駅は、『常陸風土記』に見える曾尼駅と名前が似通っている。しかし、曾尼駅は延暦二十四年に廃止された霞ヶ浦の東回り線（図48で一番右に見える三角状に示すルート）上のものであって、『延喜式』のルートの曾祢駅とは別と考えるべきである。

曾弥駅からは旧水戸街道、現在の国道6号の東一キロほどを若干の曲折を持ちながら、ほぼ直線的に進む。このうち、木下は土浦市街北部で終戦直後の米軍撮影の空中写真に直線の古道痕跡を見出しており、また常陸国府に近い約四キロの直線現道も古代駅路の跡と思われる。

恋瀬川を渡ると石岡市街で、**常陸《ひたち》国府**（石岡市国府）は市中にある（図50）。曾弥駅からは一五・六キロで、駅を置くにはちょうどよい距離である。『延喜式』にはこの周辺の駅名が見られないので、奈良時代には設けられたものが後に廃止になり、国府が代行機能を果たしていたものと考えられる。これまでの諸研究も多くそのように考えている。大槻如電は常陸駅の名さえ与えている。

東海道本路はここで終る。京の羅城門から六一七・七キロを測る。常陸国内の榛谷・曾弥両駅の配備駅馬数はいずれも五疋で、交通量が少なくなったためであろう。本来、中路の一〇疋であるべき本路でも、小路あるいは支路並みの扱いである。

十　常陸国府から先の東山道連絡路

駅路最長の直線路

東海道の本路は常陸国府で終わるが、この先、東山道への連絡路があった（図51）。古くは陸奥国入り口の菊多関を通る陸前浜街道や国道6号に沿う浜通り（海道）がそのルートであったが、弘仁二年（八一一）に陸奥国白河郷に通じる内陸路（山道）に変った（『日本後紀』）。『延喜式』に記されている駅名はこのルートのものである。変更点は常陸国府からおよそ四〇キロ先の地点であり、その手前にある安侯・河内の二駅は弘仁二年に同時に一旦は廃止され、のちに『延喜式』では復活している。常陸国府から先の東山道連絡路の各駅では駅馬はわずか二疋となる。

常陸国府から国道355号およびJR常磐線に沿って北北東（北二二度東）に直線的に進み、常磐自動車道と斜めに交差する。この付近は古道痕跡が残っている所で、木下は常磐自動車道と国道355号がクロスする箇所で自動車道が越えている橋の下が国道幅より広くなっているのは、古道の敷地が残されているためであると見る（図52）。

図51　東海道路線図—9

この直線路は、美野里町大谷付近でわずかに方向を変え、北東（北三三度東）に変針する。ここからの直線路は安侯・河内両駅を超えて那珂町額田まで実に三五キロにわたって、

図52　常磐自動車道とのクロス地点に残る古道痕跡

図53　五万堀古道遺跡（別掲『調査報告書』より）

ほとんど曲がることなく続く。筆者の知るところ、全国駅路の中で最も長い直線区間ではないだろうか。しかもこの間、旧水戸街道（国道6号）は遠く東を迂回し、またJR常磐線は西を迂回し、わずかに常磐自動車道が西側を平行するようにやや蛇行しながら走るのみである。

この直線路の始点の大谷《おおたに》から八キロほど北東へ上り、直線路の直中に安侯《あこ》駅（岩間町安居）比定地がある。ここも研究史上、異論のない地である。常陸国府からここまで一三・二キロである。ここまでの途中に部分的に古道痕跡が残されていたが、開発で徐々に失われているようである。木下の計測によれば、安侯駅から先は直線路がわずかに東に振れるが（北三五度東）、五万分の一図程度ではほとんど見分けがつかない。

この直進路をさらに一キロほど進んだ先に、平成十一年（一九九九）に明瞭な古道遺構が発掘された（茨城県・（財）茨城県教育財団『総合流通センター整備事業地内埋蔵文化財調査報告書』二〇〇〇年）。五万堀《ごまんぼり》古道遺跡である（図53）。

長さ三〇〇メートル、幅六〜一〇メートルで、両側にU字状の側溝を持つ道路遺構で、台地をやや薄い切土をして路面を形成している。その方向は安侯・河内両駅間を結ぶ推定東海道の線上にあり、奈良朝・平安期初頭・平安期の三期の構築が重複して見られ、後の時代ほど幅が広くなっているとされるが、理由は不明である。路面の一部には、一・二一〜一・三五メートルの平行した条痕が見られ、あるいは車の轍《わだち》ではないかとも考えられている。この遺構の南側には、古代路跡と見られる切土部も残っており、五万堀と呼ばれるのも、八幡太郎義家の五万の軍勢の通り道といわれていたからである。

五万堀遺跡をそのまま直進すれば那珂川河畔に達する。**河内《かわち》駅**（水戸市渡里《わたり》町）がその手前にあったことには異論がない。前安侯駅から一五・六キロである。「史跡　渡里廃寺跡」の石柱が立てられている。

ここからさらに約一一キロほど直線路が続く。特に那珂川を渡ってしばらくしてから、三キロほど明瞭な直線道が現存している。常磐自動車道の那珂ICの真南一キロほどの町道五差路と呼ばれる交差点の手前から、那珂町役場を左に見て、主要地方道31号瓜連馬渡線を横切り、那珂町郵便局前先までの町道である。ここでは道路は北東（北三五度東）に進んでいる。

途中、わずかの振れはあったというものの、全体として三五キロも続いた長大な直線駅路は、JR水郡線と常磐自動車道をそれぞれ斜めによぎった後、那珂町額田でようやく終わる。ここでそのまま東北方面にそのまま進むのが、太平洋岸沿いに陸奥国府（多賀城）に達していた連絡路であったが、前述のように弘仁二年（八一一）に廃止された。この時点（弘仁二年）で東山道連絡路のルートが海岸経由から内陸経由に変更になったのである。したがって、これ以北は九世紀の新しい道ということになる。ただし、常陸国内の駅の改廃は、翌弘仁三年（八一二）のこととなっている。つまり、新たな田後・山田・

図54　田後駅比定地付近（金砂郷町大里）

雄薩三駅の設置は弘仁三年の日付である。
　額田坂下交差点で真北に向かい、久慈川を渡ってすぐに左折して、JR水郡線河合駅の南をよぎり、県道186号線に沿って進めば**田後《たじり》駅**（金砂《かなさ》郷《ごう》町大里）に至る（図54）。ここは大脇保彦によって最初に比定された（『古代日本の交通路Ⅰ』前掲）。前河内駅から一八・六キロである。
　田後駅から東山道連絡路はそのまま県道186号線に沿って北上し、途中から主要地方道33号常陸太田大子線とほぼ重なる。西側に山田川が流れている。水府村に入ってから、経路に一つの問題が生じる。山田川が本流と支流の染川に分れる地点から、どちらの道をたどるかという問題である。右の染川筋を県道36号線に沿って行き、小さな峠を越えると国道349号、旧茨城街道（棚倉道）の道筋に出る。これを北に進めば陸奥国（福島県）に入り、矢祭町の高野駅に達する。
　もう一つのルートは、そのまま山田川に沿って主要地方道33号常陸太田大子線およびその先で国道461号を一部経由する、山田川筋のルートである。いずれのルートによっても、途中に山田・雄薩両駅があることになる。このあたりについての既往研究はほとんどない。わずかに大脇保彦の論考（藤岡『古代日本の交通路Ⅰ』前掲）において前者（旧茨城街道）のルートを選んでいるように見えるが、断定はしていない。もう一つ、古くは吉田東伍がさらに西の久慈川筋と想定した（『大日本地名辞書』）。しかし、久慈川のような曲折した渓谷沿いに駅路を想定するのは適切ではない。

木下は、次の**山田駅**《やまだ》（水府村天下野《けがの》）を山田川沿いにあると見て、後者のルートを採る。駅の比定地は舘《たて》という小字名を持つ集落である。前の田後駅から一四・九キロになる。

なおも山田川に沿って北上し、二キロあまり行くと山田川の支流である竜神《りゅうじん》峡を渡る所の左手には、大吊り橋で有名になった竜神湖がある。山田川には渓谷の感じは少なく、道もそれほど険しくない。

さらに進むと道は国道461号となり、小さな峠を越えてゆくと、国道が西に折れる十字交差点付近が、木下の比定する**雄薩駅**《おさか》（大子《だいご》町小生瀬）である。ここには宿の小字名が残っている。山田駅から一二・七キロである。

駅路はそのまま北上するので、現道は主要地方道33号からさらに県道・町道をたどり、大子町外大野で小さな峠を越えると陸奥国に入る。福島県矢祭町である。

陸奥国へ入り東山道へ

再三述べるように、『日本後紀』弘仁二年四月二十二日条に、陸奥国の海道一〇駅が廃止になり、常陸の国に向けて長有・高野両駅を置いた、とある。「機急を告げんがため」であり、海道より山道のほうが安全確実と見たのであろう。常陸国側でこのルートに関しての改廃の話は、翌弘仁三年十月二十八日条にあるので、一年半ほどのずれがあるが、ともかくこの時期に内陸ルートになったのは間違いない。

県境から二キロほどで東に折れ、一キロほどで国道349号、旧茨城街道のルートに移る。この道を約三キロ北上し、JR水郡線東館駅前の矢祭町役場付近を、木下は**高野駅**《たかの》（福島県矢祭町東館）比定地と見る（図

図 55　高野駅比定地付近（福島県矢祭町東館）

55)。このルートの陸奥国側もほとんど見るべき既往文献がない。高野という地名はやや南方に残っているが、矢祭町を含む一帯が旧高野郷であり、交通の要衝たる当地を比定するのは当然であろう。長有・高野両駅のうち、高野駅が都の側からは先に来るのは、『日本後紀』の記述が陸奥国から見たためで、矛盾はない。前雄薩駅から一三キロを測る。

ここから北は、久慈川沿岸のある程度開けた細長い平野を、国道118号およびJR水郡線に沿って北上する。**長有《ながあり》駅**（棚倉町流）は、流《ながれ》の地名に着目し、また両側の駅との距離も考慮して比定したものであるが、棚倉城跡もある棚倉町中心より一キロ半ほど南になる。高野駅から一六・九キロ、次の東山道本路の松田駅まで一五・六キロである。高野・長有両駅の配備駅馬は二疋で、東山道連絡路の常陸国内各駅と同数である。

ここからは小丘陵の間をくぐりながら、東山道本路まで達することになる。棚倉町の天王内までは国道118号および同289号で、それ以北は主要地方道44号棚倉矢吹線に沿って進むと、泉崎村関和久で東山道本路の松田駅に合し、東山道連絡路は終る。常陸国府より一二〇・八キロの行程であった。

III　東山道をたどる

一　東山道のあらまし

最も長い東山道本路

東山道《とうさんどう》は東海道と並んで中路である。大路は山陽道ただ一つ、その他の道は小路である。『延喜式』当時の東山道に属する国は、近江・美濃・飛驒・信濃・上野《かみつけ》・下野《しもつけ》・陸奥《むつ》・出羽の八ヵ国である。東山道は本路のほか、陸奥路、出羽路、飛驒路、北陸道連絡路があり、総延長は、一四二八・二キロである（表5）。東山道の駅路として他に比べての著しい特徴は、一本の駅路の延長が長いことであろう。東山道の起点から最も遠い出羽路の終点秋田駅までは一〇〇六キロに達し、羅城門からの実延長は一〇三八・五キロとなる。ただし、支路を含めた総距離では西海道にわずかに及ばない二番目の長さとなる（表2七道駅路、路線と延長、参照）。

東山道の特徴の第二点は、他の駅路の終点がそれぞれ先端の国の国府であるのに、ここでは陸奥路の終端も徳丹《とくたん》城であり、出羽路の終端も秋田《あいた》城であるように、前線の城柵が終端であった。途中の陸奥国府も元は多賀城である。これは、東山道が東北の蝦夷《えみし》との戦いのための前線基地に兵を送り、連絡通信をするのが主要な任務であったことをよく表している。なお、東山道は陸奥国に入ってから、陸奥路と出羽路に分れる。そのいずれを本路とするかは見方がいろいろあるので、筆者はそのいずれの側も本路として取り扱っている。ただし、路線延長の計算などにおいては、両路の分岐点である柴田駅までを本

表5　東山道　路線，駅および駅間距離

駅　名	駅間距離(km)	駅　名	駅間距離(km)	駅　名	駅間距離(km)
東山道本路		田部	15.6	小野	16.3
草津分岐	0	衣川	17.3	(名取)	18.3
篠原	11.0	新田	12.1	(小野)	0
清水	12.0	磐上	19.4	最上	30.0
鳥籠	16.0	黒川	16.3	村山	22.0
横川	15.0	雄野	13.8	野後	21.6
不破	14.3	松田	11.8	避翼	11.4
大野	11.8	磐瀬	21.0	佐芸	15.6
方県	15.8	葦屋	11.4	飽海	29.9
各務	13.2	安達	13.0	遊佐	24.0
可児	20.3	湯日	12.6	蚶方	15.6
土岐	18.8	峯越	17.3	由理	27.6
大井	12.7	伊達	9.4	白谷	26.6
坂本	9.1	篤借	13.9	秋田	30.6
阿知	34.3	柴田	22.7	合計	289.5
育良	8.0	合計	716.5	飛　驒　路	
賢錐	16.7	陸　奥　路		(方県)	0
宮田	17.1	(柴田)	0	加茂	23.0
深沢	19.0	玉前	10.0	武義	25.1
覚志	19.1	名取	12.6	下留	24.7
錦織	25.8	栖屋	16.5	上留	13.0
浦野	17.6	黒川	13.2	石浦	26.3
曰理	10.4	色麻	15.5	合計	112.1
清水	19.0	玉造	13.4	北陸道連絡路	
長倉	16.2	栗原	16.6	(錦織)	0
坂本	13.8	磐井	19.6	麻績	18.2
野尻	16.4	白鳥	13.8	曰理	14.5
群馬	14.4	膽沢	16.3	多古	18.8
佐位	16.4	磐基	19.7	沼部	15.6
新田	11.1	徳丹城＊	34.6	(水門)	41.2
足利	12.3	合計	201.8	合計	108.3
三鴨	16.2	出　羽　路		東山道合計	1428.2
下野国府＊	15.1	(柴田)	0		

注1：＊は駅に準ずるもの

注2：(　)内の駅名は、他の路線でカウントされるもの

路として計算し、以後はそれぞれ陸奥路、出羽路として算定している。

東山道の歴史は古い。『日本書紀』景行天皇五十五年二月五日の条に「彦狭嶋王《ひこさしまのみこ》をもて、東山道《やまのみち》の十五国の都督《かみ》に拝《ま》けたまう」とある。ところがまだ大和の国を出るかでないかのころに病気で亡くなってしまう。そのとき、東国の人民が王が来ないのを悲しんで密かに遺骸を盗み上野国に葬ったと書かれている。景行天皇といえば、その子、日本武尊の西征、東征が名高い。それより二代前の崇神天皇のときに「四道将軍」の説話がある。『書紀』には北陸、東海、西道、丹波にそれぞれ将軍として使わされたことを記すが、ここではまだ直接、道の名は現れていない。その点、彦狭嶋王の話は道の名としては最も早い記録とも言える。

さて、この歴史ある道を駅家に沿ってたどってみよう。基本の参考文献は、東海道と同じく藤岡『古代日本の交通路II』(前掲)と木下『古代を考える　古代道路』(前掲)のほかに、黒坂周平『東山道の実証的研究』(吉川弘文館、一九九二年)が加わる。黒坂は長野県の郷土史家で、長野県内の東山道の研究からはじめ、「せんどう」という地名が古い東山道と通過地域を表していることに気がつき、それを軸に東山道の全線をくまなく歩いて、多くの場所で路線を実証的に明らかにした碩学で、その業績は学界で高く評価されている。黒坂はそれまでの駅路の研究がまず駅家の位置を想定し、その間をつなぐ形で路線を考えたのに対して、まず動かしがたいと思われる通過地点を何ヵ所か定めて、それを結んで道筋を把握する方法を取って、これまで不明であった路線を明らかにした。

黒坂だけでなく、東山道についてはとりわけ長野県で古くから一志茂樹はじめ多くの人によって熱心に研究が進められていて、極言すれば七道駅路の研究は長野県の史家たちの東山道の研究によって興隆したとも言えよう。

二　近江国から美濃国へ

条里と密接な関係を持つ湖東平野の東山道

では出発しよう（図4〈前掲〉および図56）。東山道は本来、平安京を出発して近江の国に入り、瀬田橋を渡って近江国府に近い最初の駅が勢多駅であり、その先の草津で東海道と分れることは東海道の章で記した。本章では重複を避け、各路の駅家と駅路もすべて重複させることをせず、東山道でいえば、この草津分岐が出発点となる。ちなみに、羅城門からここまで三二・五キロである。

近江国の東山道は琵琶湖東岸に広がる湖東平野を東北方向に進む。足利健亮の詳しい論考にあるように（足利『日本古代地理研究』前掲）、湖東平野では東山道は条里に沿った場合が多い。その大部分は駅路のほうが先にあり、それを基準にして条里を定められた。湖東平野では各所で条里の里界線に沿った直線であったことがはっきりしている。だから湖東平野では、曲線的なところはほとんどなく、折れ線をつなぎ合わせた形であることが明瞭に分る。

さて、東山道の分岐点付近のルートは、その手前の岡田野路遺跡で古代道路跡が二〇〇一年に発掘され、東山道の路線位置がこれまで足利が推定していたラインと少し変わった。そのため、東海道との分岐点も再検討する必要が出て、木下は東海道の章で説明したように、JR草津駅の東北七〇〇メートルで東山道が分岐するものとした（草津分岐）。勢多駅から八・八キロの地点となる。

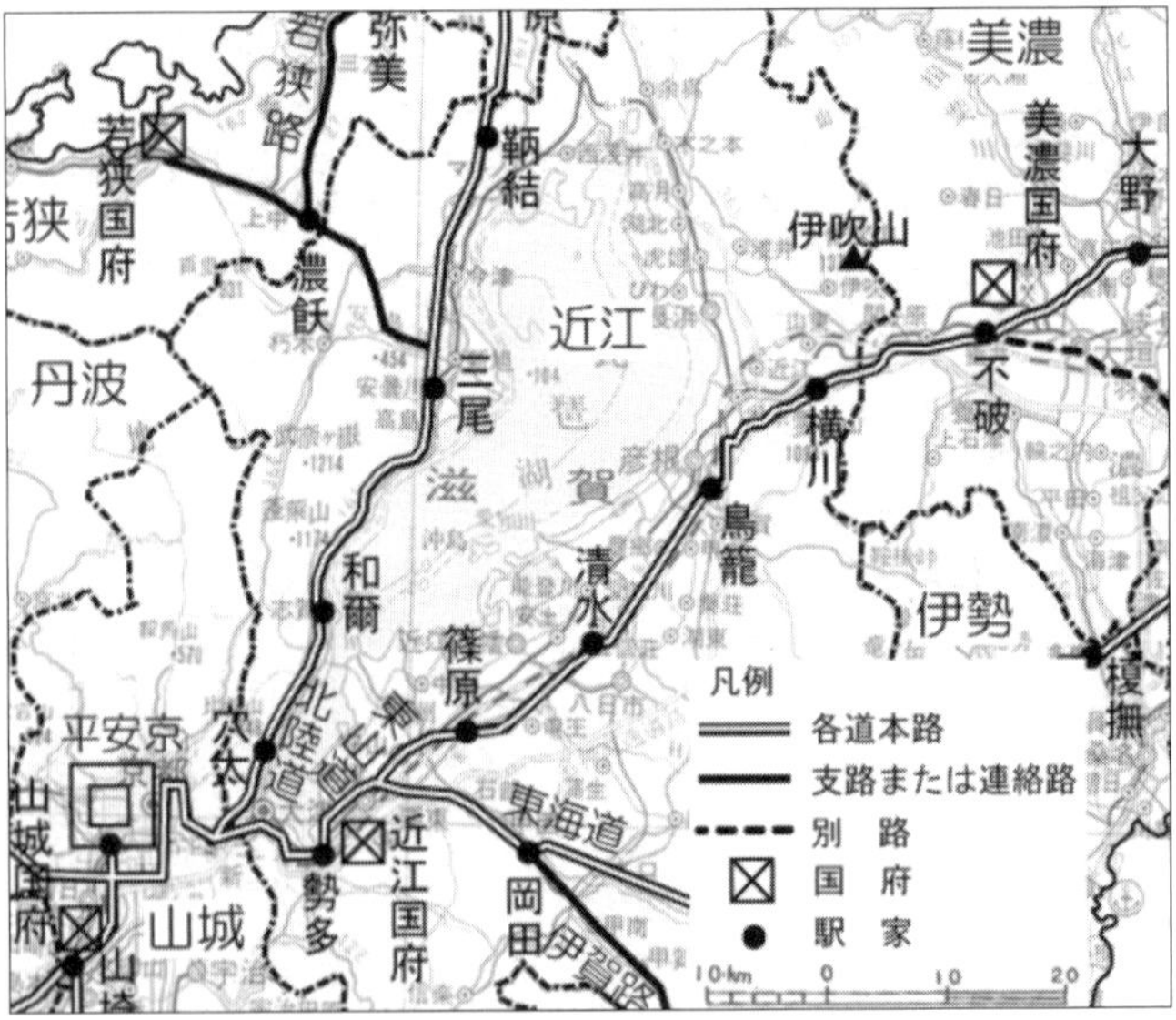

図 56　東山道路線図—1

図 57　篠原駅比定地付近から東北方を望む(野洲町小篠原)

分岐点から東北に進む東山道は、近世の中山道《なかせんどう》に沿っていると考えられる、つまり、近世中山道が東山道を踏襲したことを意味する。野洲川の手前で東北東に変針し、足利が比定した**篠原駅**《しのはら》（滋賀県野洲町小篠原）に直線的に達する。篠原駅の位置は琵琶湖の東に横たわる水口丘陵西端の三上山の袂に当たり、中世の旅日記、『東関紀行』にも篠原の地名が見られる（図57）。草津分岐からは一一キロ、前勢多駅からは一九・八キロである。篠原駅を含み、近江国の東山道四駅の配備駅馬数はすべて一五疋で標準より多い。

ここからは二キロほど丘陵の間を国道8号に沿って蛇行して進む。丘陵地を抜けたところは鏡集落で、中世の旅日記『十六夜日記《いざよいにっき》』は、ここに宿駅があったことを記している。古代路の駅とは少し距離が離れているが、東山道の通過点であったことを物語っている。念のために言えば、『十六夜日記』の著者である阿仏尼《あぶつに》は、鎌倉を目指しているのであるが、中世では京から不破までは東山道を用い、不破から尾張まで美濃路により、尾張から旧来の東海道によって鎌倉まで旅したのであった。阿仏尼は京からこの鏡まで来て泊る予定だったところ、夕暮れが迫り手前の守山《もりやま》で泊ったと記されている。

丘陵地を出外れたところから、次の**清水駅**《しみず》（五個荘町清水鼻）まで直線的に進む。この間の直線路が条里に沿っていることが確かめられている。ほぼ現国道8号に沿う形にもなっている。篠原駅から一二キロである。清水駅の位置は、繖山《きぬがさ》（観音寺山）東麓で地峡のようになっている地点である。

東山道は伊吹山を目指す

清水駅から次の鳥籠《とこ》駅までもほとんど直線なのだが、清水駅から長く直線を取るためか、清水駅を転換点にして一旦右にちょっと振って五〇〇㍍ほど進んでから、左に変針して一挙に一六㌔あまりを直線で進むのである。なぜ一度右に振るかというと、そうしないと清水駅からでは、その袂にある西の轍山の鼻が邪魔をして見通しが利かないからである。今は新幹線によって一部は消滅しているが、この清水駅から右に振れ、新幹線を越してすぐまた左に振れて、そこから発する直線路が現存している。

この直線路が目指す先は、『中津川市史』（一九六八年）がつとに指摘するように遠く伊吹山であり、静岡平野と同じく、ここもまた古代駅路を基軸として条里が形成されたことが明瞭に看取されるのである。清水駅の近くで始まった伊吹山を目指す直線路の延長は、約一六㌔に及ぶ。愛知《えち》川を越えるあたりからは近世の中山道が踏襲した。愛知川町内から次の豊郷《とよさと》町の町境を流れる宇曾川を越える歌詰橋あたりまでの中山道では、今も正面に伊吹山が見える（図58）。

歌詰橋から先の豊郷町で、昭和六十年（一九八五）ごろ東山道を実地踏査していた黒坂周平は、「千《せん》堂《ど》」という地名を発見した。よく調べると、江戸時代からの中山道の両側に「北千堂」「南千堂」といった小字《こあざ》がある。これは既にこれまでの研究で東山道沿線の各地で見つかっている「山道《せんどう》」からの転化であると直感し、さらに追及して、中山道が東山道をほぼ踏襲していることを確認した。

黒坂が地名から確認した東山道に乗る中山道は、このあたりから先は直線路をそれ、北西側一〇〇㍍ほどをやや弓なりに進む。このため本来の東山道の直線路は田圃の中に残された。

平成六年（一九九四）にそこで大規模な東山道の遺構が発掘された。尼子西遺跡である。両側に一・五〜三㍍の側溝を持ち、両側の側溝心心間隔約一五㍍（路面幅一二㍍）で、三一八㍍にわたって検出された。当時の路面が見つからなかったのは、後世の水田化によって削平されたためと見られる。近接して道に平行して建てられていた奈良時代中期の竪穴住居や平安時代前期から中期の掘立柱建物の存在から、この道路は少なくとも奈良時代中期には造営されていたものと考えられる（滋賀県教育委員会『尼子西現地説明会資料』一九九四年）。廃絶年代は十二世紀頃と見られる（図59）。

この遺跡における道路遺構の方位は北三三度東で、足利が図で示していた東山道推定ライン上にぴたりと一致する場所であった。東山道を踏襲した近世中山道がこの前後三キロほどが一〇〇メートルほど北西側にずれていたために田地として残り、圃場整備のために発掘が行われたものであった。

尼子西遺跡を中間に持つこの東山道の直線ルートの終端手前に**鳥籠《とこ》駅**（彦根市正法寺町）がある。地

図58　東山道を踏襲した旧中山道から伊吹山を望む（愛知川町沓掛）

図59　尼子西遺跡より東北方，彦根市方面を望む（『古代交通研究』第7号，1997年）

図60　横川駅比定地付近（山東町梓河内）

図61　不破駅に比定される「垂井の泉」

峡の手前であり、今も多くの交通路が通る地峡にかかる手前に置かれたものと見られる。大槻如電は『駅路通』で、正法寺の山号を鳥《ちょう》籠山《ろうさん》というとしてこの地に比定した。国道306号と交差する付近が正法寺の集落である。前の清水駅からの距離は一六キロである。

国境を越え美濃国へ

鳥籠駅は湖東平野の北端にあり、次駅の横川駅までは山越えである。東山道は摺針《すりばり》峠から番場を名神高速道路と平行するように醒井《さめがい》に至る。中山道もこのルートを踏襲していた。明治になって東海道本線と国道8号は北陸方面への分岐点として発達した米原町の中心へ移ったが、名神高速道路がふたたびこのルートに帰ってきた。長距離交通路の共通性を見る場所のひとつである。醒井は、中世の『東関紀行』や『十六夜日記』にも名水によってその名を知られ、近世の醒ヶ井宿があった。

ただし**横川《よかわ》駅**（山東町梓河内）はここではなく、二キロほど進んだ地点で、ここに流れ込む梓川の河谷に馬屋谷の小字名のあることにより比定されている（図60）。鳥籠駅から一五キロちょうどである。横川駅で近江国の駅は終りなので、駅馬数をもう一度確認しておくと、四駅いずれも一五疋である。

横川駅から四キロほどで近江・美濃国境（滋賀・岐阜県境）である。国境にまたがって集落がある。ここは両国の人が寝物語ができるほど近いというので「寝物語の里」の異名があり、現地には義経の愛妾、静御前にまつわる伝説などを記した石碑「寝物語の由来」が地元の山東町によって建てられている。国境を越えれば、美濃国府がほど近い。

横川駅から国境を越え、関ヶ原をへて**不破《ふわ》駅**（岐阜県垂井町垂井）までは、それまでと同様、東山道は近世中山道およびその後継である国道21号とルートを同じくする。関ヶ原町には古代の三関の一つである不破関が置かれていた。駅と関は名前は同じ不破でも、関は現関ケ原町にあり、駅は関とは六キロも離れた垂井町にある。不破駅は古くはこれより東で中世に栄えた青墓宿に置かれたとする見解が強かったが、『古代日本の交通史II』は、国府のある垂井としている。木下は駅は国府に近いところにあるという基本に立ち、かつ名泉として知られる垂井の泉のある地に比定する（図61）。横川駅から一四・三キロである。ここから北へ五〇〇メートルほどに**美濃《みの》国府**（垂井町府中）がある。

三　美濃国の東山道

濃尾平野の北部を行く東山道

不破駅を東へ進むと間もなく、中山道から美濃路へ分岐する追分がある（図63）。『日本書紀』の国名記載順が美濃・尾張と続くことから、七世紀末ごろまでは尾張国が東山道に属していた可能性が高いこ

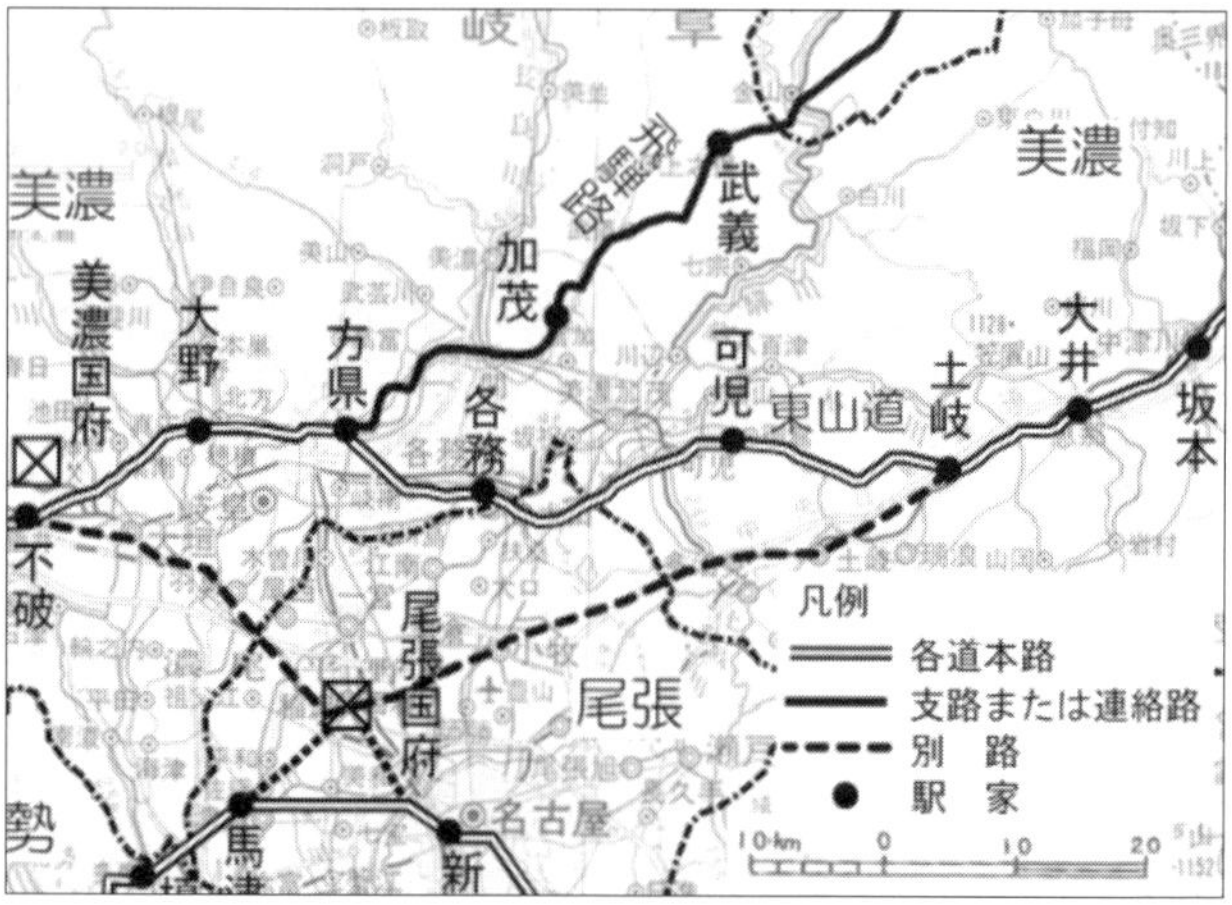

図62　東山道路線図—2

とを先に述べた（前章「遠く離れている尾張国府」の項参照）。そのルートが後の美濃路となった。その分岐点である。現在でも中山道と美濃路との追分として残っている（図63）。この道は墨俣《すのまた》の渡しを越えている。承和《じょうわ》二年（八三五）六月の太政官符に東海・東山両道の浮橋と渡船について命令が載っており、そのなかに「尾張・美濃国境の墨股河に四艘（元二艘に今二艘を加う）」とあるように、重要な通路であった。古くはここで木曾川と長良川が合流していた。この道は鎌倉時代になると東海道の本路となる。尾張国が東山道に属していた時代には、このルートは墨股の渡しを越えて尾張国府（あるいはその前駆的施設）に立ち寄ったあと、この先の土岐駅付近でふたたび東山道本路に合流していた（図62参照）。しかも後述のように、その後もこの尾張廻りルートは別路として生きていたようである。

美濃路追分から東山道は東北東に変針して、旧中山道の現道に沿って直進すると、左（北方）に美濃国分寺跡がある。北から張り出す山稜の裾にある旧赤坂宿までは、ほぼ中山道とルートを同じくしていると見られるが、そこから先は中山道がほぼ真東に進むのに対して、東山道はおおむね東北四五度の方向にまっすぐ進んだと見られる。次の大野駅が揖斐川と根尾川の合流点の北にあったと見られるからである。この両川に挟まれた三角地の現大野町は、古くは大野郡郡家郷や駅家郷があったところであり、およその地域は特定されていたが、具体的な場所は絞りきれていなかった。

一方、大野駅から東は黒坂の詳細な調査で明らかになったように、仙道の地名が東西の線上に点在し、また旧来からの道が行政境界を通ることなどから、ほぼ確定してきた。そこで仙道地名によって確定される東西に通る東山道ラインと、旧赤坂宿から東北に進む推定東山道ラインとの交点に**大野《おおの》駅**（大野町下磯）を比定することとする。今は何の変哲もない一面の田圃である。不破駅から一一・八キロになる。

図63　美濃路の分れ道（岐阜県垂井町）

図64　岐阜県旧糸貫町・北方町境の東山道の標柱と案内板（立つは筆者）

大野駅から東に進むと、根尾川を渡った東の本巣市旧真正町地域、同市旧糸貫町地域および北方町から岐阜市北部にかけて「仙道」という地名が八ヵ所もあり、前記黒坂は地元の史家の意見も参照して、古代駅路のルートを推定した。旧糸貫町と北方町の町境の古い東西の道には、かなり前に立てられたと見られる旧糸貫町の「東山道推定地」の標柱と看板がある（図64）。この標柱は再度調査に訪れた時には新しくされていた。

なお、近世中山道の赤坂宿付近で、東山道は東北に向けて針路を変ずるのに、中山道はまっすぐ進むと記した。この中山道ルートと同様に、北へ上がらずにまっすぐ東へ進む古い東山道ルートがあったとする説が、竹谷勝也によって報告されている（竹谷「美濃国西部における広域条里の再評価と計画道」『人文地理学会大会研究発表要旨』二〇〇三年）。本書は『延喜式』ルートを追っているので、省略する。

次の**方県駅**《かたがた》（岐阜市長良）は長良川右岸河岸に比定されている。大野駅から一五・八キロである。ここから東山道本路は「日野の渡し」で長良川を渡るのだが、ここから北に分れる飛驒路もある。これはあとで見ることとしよう。

東山道は長良川、木曾川を渡って東へ

方県駅の比定地である長良川の川岸に立つと、東南方向に向けて金華山と船伏山の間を、次なる木曾川の鵜沼の渡しを狙うには格好の場所であることが分る（図65）。古代道路の推定線の西側に新しい県道の岐阜環状線鵜飼大橋が架かっている。東海北陸自動車道の権現山トンネルの入り口の下を交差したのち、東山道は権現山に沿うように東に向きを変え、各務山の南を鵜沼に向かう。JR高山本線の各務原駅南三〇〇メートルほどを東南東に走る直線路がある。周囲の区画道路とはまったく異なった方向で二キロほど続いていて、その先が**各務駅**《かかみ》（各務原市鵜沼）比定地である。あるいはこれが古代道の跡かもしれな

い。各務駅比定地は木曾川の渡河地点に近くはあるが、河岸ではなく、少し手前の段丘の端にあったと見られる。方県駅から一三・二キロである。

各務駅比定地の一キロほど先に「鵜沼《うぬま》の渡し」があった。現在はライン大橋が架かっているあたりである。中山道はここでは木曾川を渡らず、木曾川右岸（北岸）を遡上し、太田の渡しで渡河することになるが、東山道はこの崖の迫っている木曾川右岸は通りにくく、南回りの道筋を選んだと見られている。木曾川を越えた地点は犬山城の南縁である。東山道は、ここから木曾川南岸の可児市までは、ほぼ名鉄広見線のルートに近い。この広見線の善師野駅の近くに「伏屋」の地名が残っていることに注目したい。伏屋は布施屋に通じ、古代に僧侶が旅人の難儀を救うために設けた施設である。ところで、木曾川を渡ってから善師野あたりまでは現在の愛知県犬山市域であるので、昔は尾張国であった。つまりこの部分だけは東山道が東海道の区域を通っていることになる（図62）。これも当初は尾張国が東山道に属していたことと関係があるかもしれない。

可児市で近世の太田の渡しの南を過ぎる頃から、中山道およびその後継である国道21号とほぼ同じルートになる。**可児《かに》駅**（御嵩《みたけ》町顔戸《ごうど》）の比定についてはあまり問題がない。前各務駅から二〇・三キロになる。可児駅から四キロほど進んだ地点の左に和泉式部廟所の古碑（図66）がある。和泉式部の墓と称するものは全国各

図65　方県駅比定地の河岸から長良川を越えて東山道の進行方向を望む

図66　和泉式部廟所の碑（御嵩町井尻）

地にあるが、いずれも古代交通路線に沿っている。ここから中山道は北に折れ、東山道で言えば二つ目の大井駅のある恵那市まで中山道は北の筋を行き、東山道は南の土岐川沿いに行く。東山道は和泉式部廟所からそのまま国道21号に沿い、国道が御嵩町次月で大きくU字形に曲がって次月峠へ向かうところで、そのまま変曲しないで中街道と呼ばれる旧道を進み、瑞浪市日吉町宿を経て、日吉町芹生田で国道19号へ出て、土岐川沿いに東北方向に進む。国道19号のルートが近世の下《した》街道で、上《うわ》街道は中山道のルートである。その中間の中街道を東山道が通ったことになる。

次の**土岐《とき》駅**（瑞浪市釜戸町宿）は東山道が国道21号に出た所に近い場所である。これは従来からの通説である。桑原公徳はこのルートは後代のもので、これより土岐川下流の現瑞浪市中心街に近い小田町馬屋とするが（『古代日本の交通路II』前掲）、木下はこれは尾張国が東山道に属していた初期のルート（図62の別路）の場合であって、『延喜式』ルートの場合は、小田町馬屋では回り道過ぎるとして通説を採る。前可児駅から一八・八キロである。

東山道は西行塚を通る

土岐駅から次の大井駅までは土岐川の右岸（北岸）を通る。中央自動車道と国道19号が右岸を走り、JR中央本線は左岸を走る。特に問題はないようにも思えるが、一つだけ、これまで研究者が言及していないルート問題を提起しておく。JRの中央本線の新線（下り線）が、武並駅を過ぎた先で土岐川右岸に移り、中央自動車道や国道19号の下を斜めにくぐって新槙ヶ根《しんまきがね》トンネルという長いトンネルに入る。ちょうどその上を東山道は進んだと見たい。少し丘に上がるルートで、近世の下街道が同じ道筋である。なぜ東山道がここを通ったと考えるかというと、その先に西行塚があるからである（図67）。これまで西行塚は中山道のルート上にあるものと理解されてきた。とするならば、中山道ルートが東山道であった可能性も考えてみなければならない。しかし、中山道ルート全体は、実際に歩いてみても小起伏が多く、駅路にはなじまない地形のように思える。つまりやはり東山道は中山道（上街道）ではなく、近世の中街道から下街道のルートを通っていたのではないか。西行塚は、西から来れば下街道（東山道）と上街道（中山道）が合流してから先にある。こう考えると、和泉式部廟と西行塚という平安時代の旅好きの人々の遺跡地を通る『延喜式』時代の東山道のルートが極めて自然であることが分る。

図67　西行塚（恵那市長島町中野）

次の**大井駅**《おおい》（恵那市大井）の位置には特に異論はない。前土岐駅から一二・七キロである。この大井駅は九世紀中ごろにその機能が停止したと考えられている。『続日本後紀《しょくにほんこうき》』承和《じょうわ》七年（八四〇）四月の太政官奏に「大井駅家、人馬共に疲れ、官舎顛仆《てんぼく》す。坂本の駅子尽く逓走し」とあり、また嘉祥三年（八五〇）五月廿八日の太政官符に「土岐・坂本二駅は程途悠遠にして行李難渋し、肩擔《きたん》の辛、他処に剰倍す」（『類聚三代格《るいじゅうさんだいきゃく》』）とあるなど、大井駅が無くなり、また両側の二駅が過重な負担を強いられている様子が知られる。しかし、その後編纂された『延喜式』には大井駅が記載されているので、『延喜式』の記載は必ずしも当時の実態を示すものではなく、あくまでも制度上の建前を示したに過ぎないと考えられる。

さて、大井駅を後にした駅路は、おおむね近世の中山道と大きく変わらないルートで坂本駅《さかもと》（中津川市駒場）に達する。中津川を渡る手前の小段丘上にある。前の大井駅から九・一キロときわめて短い。この坂本駅比定地は通説に従ったものであるが、従来から疑問を呼んでいる。桑原公徳は、坂本駅から次の阿知駅の間隔が規定の二倍半にも及んでいるのに、なぜもっと神坂峠寄りに置かなかったかという問題を提起した（藤岡『古代日本の交通路II』前掲）。もしそれが可能なら大井駅との距離のバランスも解消する。『中津川市史』（前掲）は、湯舟沢（中津川市神坂）初め幾つかの候補地は土地が狭小であったり、河川災害の恐れがあるなどから不適として、駒場を比定地とした。桑原は神坂地区を遺称地名などからも適地とし、災害などによって駒場に移転したと見る。木下も神坂を初期の坂本駅の比定地とする。坂本駅比定地の駒場は河岸段丘上で、現地を見た限りここが坂本駅であった可能性は高い。

坂本駅で美濃国の駅家は終りである。美濃国各駅家の配備駅馬数は、東から不破一三疋、大野・方県・各務三駅がそれぞれ六疋、可児八疋、土岐・大井が各一〇疋、坂本三〇疋となっている。このうち、大野駅とその後の三駅が中路に規定する一〇疋に充たないことについて、足利健亮の見解では、不破駅で分れて尾張国府を経たのち、土岐駅付近でふたたび合する別路が『延喜式』当時も実質的に機能しており、この別路相当分の駅馬が削減されているとしている（足利「6東国・交通」藤岡謙二郎編『日本歴史地理総説』古代編、吉川弘文館、一九七五年）。前述のように七世紀末ごろまでは尾張国が東山道に属していて、そのために尾張国回りの道があったとされているが、その道が残ったものと考えられる。また坂本駅の三〇疋はこれから神坂峠の難関を控えているためであり、峠を越えた先の阿知駅も同じく三〇疋である。

ここからいよいよ東山道最大の難所、神坂峠《みさか》を越えることになるが、それは信濃国で語るとして、その前に美濃国から飛驒国へ通じる飛驒路を見ておかねばならない。

四　飛驒路に沿う美濃国北部と飛驒国の駅家とルート

方県駅から分れて飛驒路へ

飛驒路は美濃国の東山道本路から分れて飛驒国府に至るものである（図68）。現下呂市金山町以北について、大筋では近世の飛驒街道に沿うとすることに異論はないが、そこまでを方県《かたがた》駅から分かれて近世の飛驒西街道の道筋を採るか、各務駅で分岐して、飛驒街道の道筋を採るかの二説がある。ここでは桑原の見解（藤岡『古代日本の交通路Ⅱ』前掲）を主として、方県駅から分れたとしてルートを追う。筆者の計測では一一二・一キロとかなり長く、しかも河谷伝いの難路である。美濃国内に二駅、飛驒国に入って三駅がある。飛驒路を方県駅から分れたとすれば、その道筋はまず長良川の右岸には沿わず、駅の東北にある丘陵の峠を越えて北に出て、岐阜市太郎丸付近で主要地方道79号関本巣線に沿って東行し、武儀《むげ》川と長良川を渡ると見たい。どのルートを選んでも長良川とその支流の二本は渡らねばならず、特に長良川右岸は絶壁が迫り古代路として適切な道ではない。

そのまま関市の中心街を通過し、美濃国内の飛騨路の駅は、『延喜式』諸国駅伝馬の記載順序からすれば、武義・加茂となるが、これも桑原に従ってまず**加茂駅**《かも》（富加《とみか》町加治田）が来ると見たい。武義駅のほうが先に記されているのは、『延喜式』民部上の郡名記載順序で武義が先になっていることによるものと思われる。

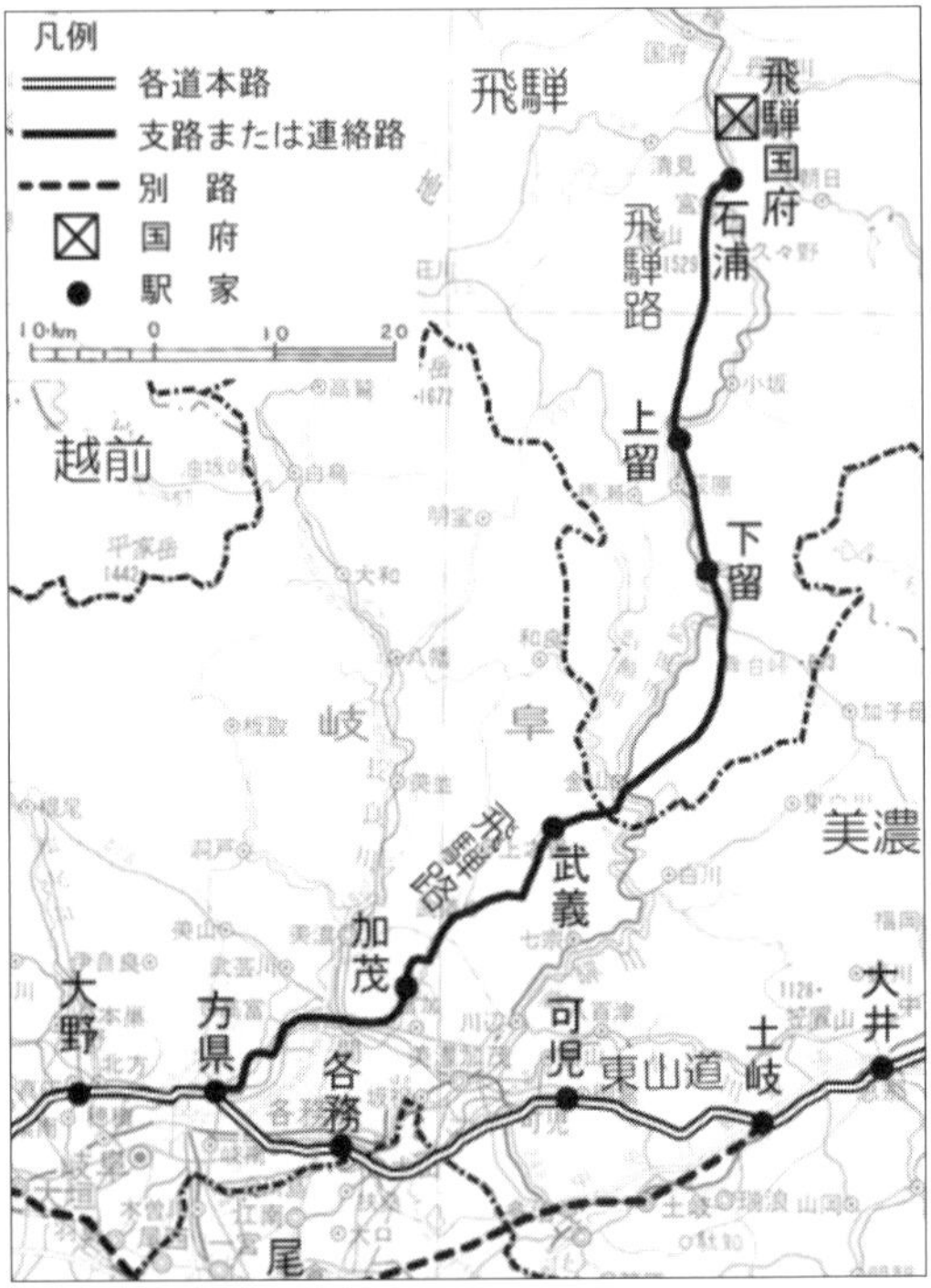

図 68　東山道路線図—3

図 69　加茂駅比定地付近（富加町加治田）

分岐点の方県駅から二三キロとやや長い。このあたりは、調査時には駅路をクロスするように東海環状自動車道が工事中だった。その富加関ICも近い（図69）。

加茂駅からは北東に津保川とその岸に沿って走る主要地方道58号関金山線沿いに遡行する。この道筋は、近世の飛驒西街道から金山街道に当たる。急激な屈曲部などは川沿いに行かず、尾根をショートカットして進んだであろうが、細かい点は不明である。袋坂峠を越え、次の**武義《むげ》駅**（下呂《げろ》市金山町菅田桐洞）も桑原の比定による。加茂駅から二五・一キロで、これ以後も飛驒路の駅間距離は総じて長い。

飛驒国府への道

武義駅から四キロほどで飛驒川沿いの下呂市金山町に至る。ここが国境で、ここから飛驒国に入る。ただし現在では同じ岐阜県である。国境を過ぎて飛驒川を東に渡る。ここまで金山街道を踏襲してきた県道58号も、国境の手前で国道41号に合する。ここからが一般にいう近世の飛驒街道であるが、岐阜県教育委員会の『歴史の道調査報告書』（飛驒南街道・北街道）では、下呂までを飛驒南街道、それより高山までを飛驒北街道としている。

もっとも、ここからは飛驒南街道およびそれを踏襲する国道41号が飛驒川沿いに中山七里の難関を通るところを、古代の飛驒路はほぼ直線的に東側の山越えの道筋を選び、下呂市の夏焼を経て、**下留《しもつとまり》駅**（下呂市森）に至ったと見られる。武義駅から二四・七キロである。現地名は、もともとこの駅名を音読みにして訛ったもののようだ。

ここからは飛驒北街道に沿って北上し、**上留《かむつとまり》駅**（下呂市萩原町上呂）に至る。下留駅からは一三キロ

図70　上留駅比定地手前の直線旧道(下呂市萩原町上呂)

図71　位山官道跡(下呂市萩原町山之口)

と、飛驒路中では最も短い。この上留駅比定地の手前の飛驒川沿いの狭い河岸沿いの段丘地に、改良された国道とは別に一キロほどの長さで直線の旧道が残っている。古代路の跡ではないかと思わせる(図70)。

　上留駅から北は宮村一之宮まで、また国道41号(飛驒北街道)の道をはずれ、位山《くらいやま》峠を越える位山道のルートを取る。さきの中山七里を外れるところもそうだが、みな古い道筋であった。いまは位山官道「匠《たくみ》の道」として中部北陸自然歩道のハイキングコースになっている。古代官道であったこの道は、天正十四年(一五八六)に飛驒を治めた金森長近によって飛驒川沿いの河内路が開かれると里道として残るのみであった(図71)。

　宮村の一宮でふたたび飛驒北街道に合し、最後の**石浦《いしうら》駅**(高山市石浦)は、飛驒国府が現高山市域の中心部にあるのに、市域内ではあるが南端にあった。前の上留駅からの距離が、一六・三キロもあることもその理由の一つかもしれない。飛驒路全体で一一二・一キロになる。飛驒路の各駅の駅馬数は美濃国内の二駅は各四疋であるのに、飛驒国内の三駅はすべて五疋であった。山岳地で負担が大きかったためと見られる。飛騨《ひだ》国府（高山市上岡本町・下岡本町）は石浦駅比定地からおよそ三キロあまり、高山市街の中心にある。

五　信濃国西部の東山道

東山道最大の難所、神坂峠を越える

美濃国最後の坂本駅の位置が問題になった理由の一つは、神坂《みさか》峠を越える坂本・阿知両駅間の距離があまりに長いことである（図72）。斉衡《さいこう》二年（八五五）正月二十八日の太政官符に、「美濃国恵奈郡坂本駅は信濃国阿智駅を距《へだ》てること七十四里、一駅の里程尚数駅に倍す」（『類従三代格』）とあることは無視できない。七四里とはおよそ四〇・四キロである。『阿智村史』（一九八四）は、阿知・坂本駅間距離を二万分の一地形図によってキルビメータ（地図上で道路・海岸線などの曲線の長さを測る道具。曲線計）で計測し、坂本駅・神坂峠間を二〇キロ、神坂峠・阿知駅間を一八キロ、合計三八キロ（六九里四町、一里＝五四五・四メートルで計算）として、ほぼ古記録の七四里に近いとしている。この場合、坂本駅は前述のように中津市駒場とし、また阿知駅も後述のように阿智村駒場としている。筆者はこれまで一里を五二九メートルとして換算してきた（第一章　古代の道とその歴史、参照）。それによれば七一里三〇町になる。なおまた、筆者のこれまで行ってきた駅間距離の図上算定は、五万分の一図上で細かい曲折を省略して算定しているので、坂本・阿知両駅間距離は三四・三キロとなる。いずれにせよ、全駅路中でこれだけ長い駅間距離は他に例がない。

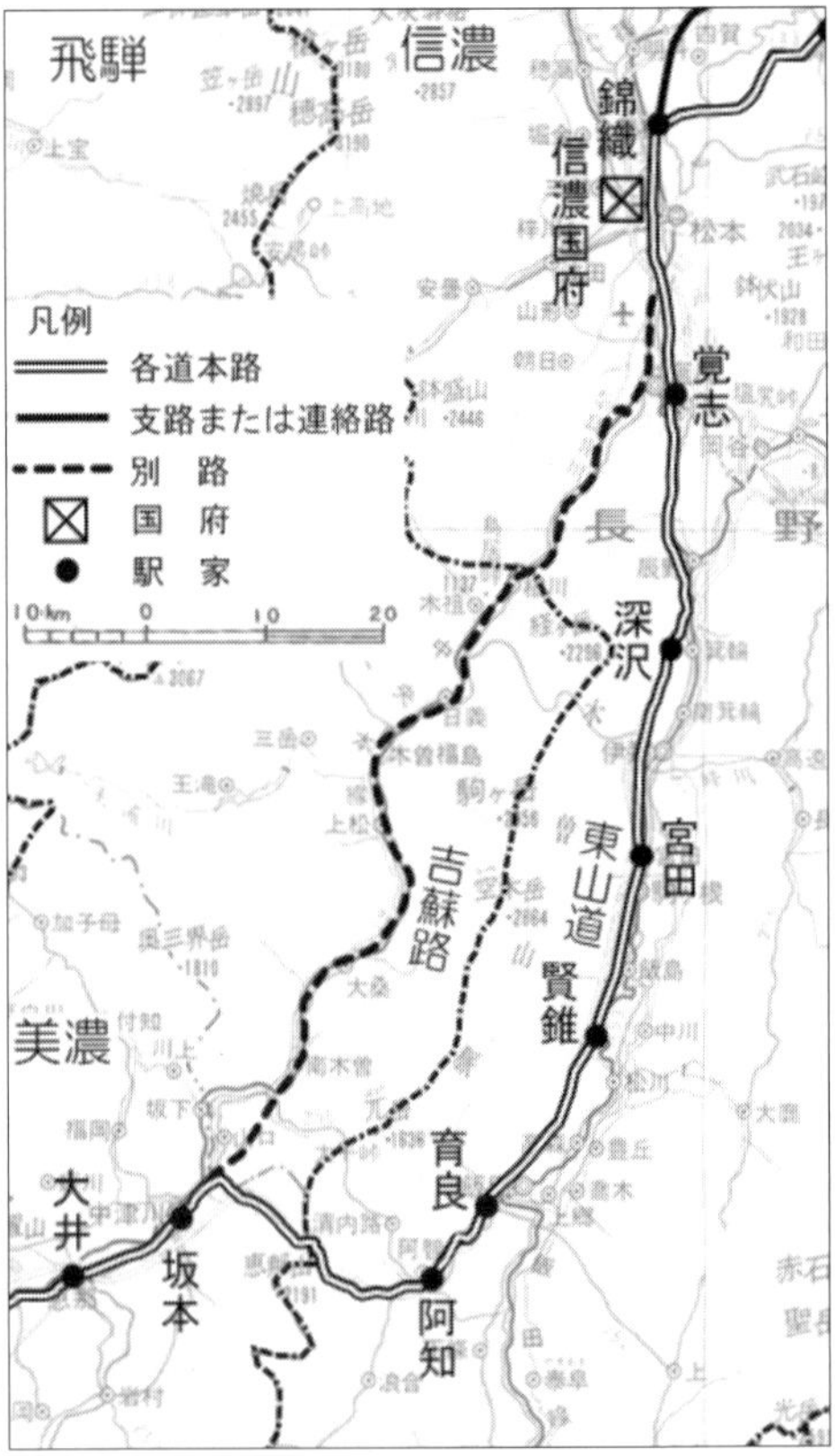

図 72　東山道路線図―4

この七四里の記事のある斉衡二年（八五五）は駅路開設からほぼ二世紀近く過ぎた時代であり、『延喜式』の記録はそれよりさらに後であるから、坂本駅を初めは麓に近い場所に駅を置いたものの、三〇疋という多数の駅馬を置く必要が生じると、駅田の確保等の困難が生じて、より広い駒場に移ったものと解したい。

坂本駅から神坂峠までのルートの探求は『中津川市史』（前掲）が詳しい。落合から東の湯船沢川の渓谷の断崖が通れなかったとして、坂本駅を駒場とした場合は、①南の屈曲の多い谷と丘の連続を直行するか、②あるいは旧中山道筋を迂回する北回りかの二つがあるとし、北回りは「岐蘇山道」あるいは「吉蘇路」の場合はともかく、神坂峠へ行く場合には疑問だとしている。この「岐蘇山道」あるいは「吉蘇路」というのは、後述する八世紀初頭に開かれた別路のことである。

しかし木下はこの吉蘇路建設の問題と絡めて、旧中山道経由ルートを採る。すなわち、駒場の坂本駅からほぼ中山道のルートに沿って近世の馬籠宿手前まで進んだ後、反転して木曾川支流の湯船沢川を渡る。この付近が初期に坂本駅があったのではないかとされる神坂地区である。川を渡ってから徐々に山に上がる。ほどなく伝教大師が設置した布施屋跡とされる広済院《こうさいいん》遺趾がある。このあたりから自動車の通れる道は神坂峠まで続いているが、古道もそれに近い位置を通っていたものと思われる。中腹の強清《こわし》水《みず》辺り（図73）から上は谷沿いであったと考えられる。柳田國男は一般論として、峠の登り口（表口）は渓谷沿い、降り口（裏口）は尾根伝い、と言っており（「峠に関する二三の考察」『定本柳田國男集』第二巻、一九六二年）、ここも都から来た方向が表口であろう。

図73　神坂峠の岐阜県側上り坂中腹の強清水付近

図74　神坂峠（岐阜・長野県境）

神坂峠（標高一五九五メートル）は、全国駅路中最高の地点である（図74）。『日本書紀』による日本武尊通行の故事を初め、神坂峠越えは非常に古い歴史を持っており、古墳時代からの石製模造品と呼ばれる鏡・円板・剣・勾玉・管玉などを石で模造した祭祀遺物は、かなり早い時期から発見されており、峠の一帯は国の史跡に指定されている。古くは信濃坂と呼ばれ、万葉集の「千早《ちはや》ぶる神の御坂《みさか》に幣《ぬさ》まつり斎《いわ》ふ命は母父《おもちち》がため」（巻二〇、四四〇二）の歌、凌雲集の坂上忌寸《いみき》今継の「渉信濃坂」詩、「源氏物語」にその名をとどめる箒木《ははきぎ》、源義経が奥州下向の際の「馬つなぎの桜」など歴史文化の影も濃い。

神坂峠はまた古代駅路探求の聖地ともいうべき場所である。大正十年（一九二一）八月、わが国考古学の先覚者、鳥居龍蔵は下伊那教育会の要請で峠を探索して祝部《いわいべ》土器（須恵器の当時の呼び方）を採集し、「ここは原始時代から平安朝に至って盛んな往来があった」と初めて考古学的な見解を述べ、昭和二十七年（一九五二）には坂本太郎もこの峠を越えて多大の感慨を催した（阿智村教育委員会『神坂峠』、一九八三年）。

峠から東への道は徒歩で探索可能で、所々に古道跡と思しき道筋も残されている。中央自動車道恵那山トンネルの換気塔の工事に先立つ発掘調査で、東山道の路趾が検出された。神坂神社周辺にも旧跡があり、伝教大師の阿智側の布施屋である広拯《こうじょう》院跡などもある。園原で一度谷筋に下りたのち、ふたたび網掛峠を越えて**阿知《あち》駅**（長野県阿智村駒場）へ至る。同じ神坂越えでも、美濃国側に比べて信濃国側のルートは、研究の進展によってかなり明らかになっているといえる。坂本駅から阿知駅まで、先述のように細かい曲折を省略して測って三四・三キロ、駅馬は三〇疋である。

伊那谷を北へ

信濃国の東山道は伊那谷を北上する。阿知駅から東北東に向かう東山道は、春日神社の付近から約一キロにわたって現在の飯田市と阿智村の直線境界線に沿って進む。国道153号の右を走る旧道である。これは黒坂周平が最初に推定し、やはり地元史家の原隆夫がフォローして実際に見出した（原隆夫「東山道とその成果」『伊那』一九九〇年）。直線的な土地の境界を走るのは、古代駅路の特長の一つである。次の**育良駅**《ゆくら》（飯田市北方）は中央自動車道の飯田ICの近傍に想定されている。三駅手前の土岐駅からまた三駅先の深沢駅まで七駅間およそ一一三㌔、その間、高速道路は東山道とほとんど並行して走り、神坂峠の下は長大な恵那山トンネルで抜け、インターチェンジの数も八で、位置もかなり近い。高速道路と古代路の相似性の典型的な区間の一つである。

阿知駅からこの育良駅までの距離は八㌔で、神坂峠の向こう側の坂本駅とその先の大井駅との間も同じように約九㌔と短く、それぞれ標準の半分近い距離である。これについて『中津川市史』は、坂本・阿知両駅の隣接駅（大井・育良）が近距離に置かれているのは、神坂峠を控えた難駅を援助する意味があったものであろうとしている。

伊那谷を北上する東山道は、全般に天竜川の右岸（西岸）の河岸段丘を通る。阿知駅から次の賢錐駅《かたぎり》を経て宮田駅までは近世の伊那街道（三州街道）のルートに近く、宮田駅付近から次の深沢駅までが春日街道と呼ばれる直線道に沿い、深沢駅から北は再び伊那街道に沿う。現在の国道153号とＪＲ飯田線はもっと天竜川に近い。

育良駅から次の**賢錐駅**《かたぎり》（松川町上片桐）までは三州街道に近いといっても多少の曲折があるから、中央自動車道に沿うという表現のほうが適切だろう。賢錐駅比定地も高速道路に近い段丘上にある。育良駅から一六・七㌔である。そのまま北に進むが、中田切川の横断では少し東に低く下がって、ＪＲ飯田線の屈曲部付近を通過する。この付近からはＪＲ飯田線の西側に沿い、**宮田駅**《みやた》（宮田村宮田）はＪＲ宮

図75　宮田駅比定地付近（長野県宮田村宮田）

図76　東山道の面影を残す道（この先に切通し遺構がある，蓑輪町松島）

田駅のすぐ西側に想定される。賢錐駅から一七・一キロである（図75）。

宮田駅から先も左側〇・五〜一キロに高速道路がほぼ平行する。次の深沢駅に近い深沢川横断地点手前に、深沢川の田切り地形に向けて徐々に道路を切り込んで造成された切通し遺構がある。上面幅約一五〜一六メートル、底幅約三・五メートルの逆台形状をなしている。その少し南にも、それに連なる別の東山道遺構が平成六年（一九九四）に発掘された。この付近は春日街道（春日道）と呼ばれるかなり直線的な旧道が通っており、黒坂周平によって、大道・古大通りなどの地名が発見されていて、東山道遺構と確認された（『東山道の実証的研究』前掲）。なお、黒坂の論考の内、「信濃の東山道」の章は、『長野県史』「通史編第一巻」（一九八九年）の文章の再掲である。黒坂とほぼ同じ時期（一九八六年）に、蓑輪町に住む松崎岩夫も春日街道東山道説を発表した（松崎『長野県の東山道』信濃古代文化研究所、一九九七年）。春日街道というのは、飯田を起点として松本に至る道として十六世紀末から十七世紀初頭にかけて飯田城主によって造られた道で、蓑輪町から先はすでに出来ていた伊奈街道が利用された。東山道でいえば特に宮田・深沢両駅間がこの春日街道に等しく、これは春日街道自体が東山道の残された古道痕跡を利用したものと考えられている（図76）。奈良・平安時代に存続した、その中道遺跡からは、鍵・馬具・帯金具などが出土している。宮田駅から一九キロである。

深沢駅《ふかざわ》（蓑輪町大出）はこの先の深沢川を渡った地点の中道遺跡に比定されている。

深沢駅の先で、長く付き合ってきた中央自動車道は辰野町付近で交差して岡谷方面に抜け、東山道はそのまま北に、今度は伊那街道とＪＲ中央本線の旧線に沿って進む。善知鳥《うとう》峠を越えて塩尻盆地に入った所が**覚志駅**《かかし》（塩尻市上西条）比定地である。直進する東山道が近世中山道と交差する地点で、近世塩尻宿の東端あたりとなる。深沢駅から一九・一キロである。なお、信濃国のここまでの各駅の配備駅馬数は、阿知駅の三〇駅を別としてすべて基準どおりの一〇疋である。

吉蘇路開発の意味

さて遅ればせながら、ここで美濃国から信濃国に入るルートとしての吉蘇《きそ》路について見ておきたい。『続日本紀』大宝二年（七〇二）に、「始めて美濃国に岐蘇《きそ》山道を開く」とあり、また一一年後の和銅六年（七一三）に「美濃・信濃二国の堺、径道険隘《けいどうけんあい》にして往還艱難《かんなん》す。仍《よっ》て吉蘇《きそ》路を通ず」とある。この二つの関連を二本の道（一つを神坂越え）とするか、同じ木曽筋の道と見るかの問題はあるが、ここは前者を工事着手、後者を工事終了とする説に従い、同一の吉蘇路ルートが一〇年かかって竣工したとして論議を進める。『中津川市史』（前掲）は吉蘇路開設の理由として、神坂峠は冬季の積雪が深く、交通途絶するので、難路ではあるが冬季に降雪が少なく年間を通じて交通不能に陥ることのない吉蘇路を選

図77　吉蘇路，寝覚の床の景観

定したとの見解を示した。

ただ問題はそれだけでは終らない。工事竣工の翌和銅七年（七一四）閏二月にこの工事の論功行賞が行われ、工事責任者の美濃守笠朝臣麻呂《かさのあそみまろ》には封《ほう》七〇戸と田六町が与えられ、そのほか工事担当者もそれぞれ位階を進めるなどの恩賞を賜っている。ところがこれほどの大工事でありながら、『延喜式』には伊那谷ルートの駅家しか記されていないし、過去に吉蘇路に沿った駅家があった記録も見られない。『中津川市史』もそのことへの説明はない。木本雅康は積雪時通行が困難だったと思われる神坂越えのバイパスのようなものでなかったかと推測した（木下編『古代を考える　古代道路』前掲）。

しかし、『令集解《りょうのしゅうげ》』「考課令殊功異行条」は、責任者の朝臣麻呂が伎蘇道を作り、封戸増のあったことを「殊功」の一例として挙げている。これほどの大工事が、冬季のバイパス程度のために造られたとは思えない。ここで神坂越えの伊那谷ルートと吉蘇路ルートの距離を比較してみよう。吉蘇路ルートは坂本駅から木曾谷を北進し、松本市の信濃国府付近で伊那谷経由の『延喜式』ルートと合する（図72参照）。その間一一〇キロ、『延喜式』ルートに対して約一二キロ短い（二〇万分の一地勢図による概算）。それではなぜ駅路は初めから木曾谷を選ばなかったのか。それは信濃には駅路以前に、一志茂樹が名づけた古東山道という古道があり、それは上田（後に松本）にあった信濃国府を通らず、伊那谷から碓氷峠に直接進む近世の中山道にやや近いルートであったため、そのときは神坂峠経由が一番の捷径路（近道）であったのである。

しかし、駅路として国府を経る必要が生ずるようになると、木曾谷経由のほうが捷径路になった。そこで吉蘇路開削が行われた。しかし、完成したものの吉蘇路は険しい渓谷沿いに桟道を渡す箇所もあり、増水などの気象上の変化に不安定で、絶えず修復の必要があったのに対して、冬季を除けば神坂越えのほうが安定的であったと思われる（図77）。また耕作地も少なく、駅家の機能維持も困難であったに違いない。そのことから、昔の神坂越えの伊那路を再び使い、鎌倉時代になってようやく木曾路（吉蘇路）が神坂越えに代わって幹線道路になり、のちの中山道になったのではなかろうか。以上は筆者の推論である。

信濃国府への道

東山道はこれからさらに北へ上がり、松本平に至る。黒坂周平はこれをほぼ直進する近世の五千石街道をほぼ直線的に進んだと見る。しかし木下は、現松本市街部の南では少し東に迂回したと見る。JR中央本線の南松本駅の東南に中山という小さな独立峰（標高八三六㍍）がある。その東に平安時代の埴《はい》原《ばら》牧（律令時代の牛馬の放牧・飼育場）があった。延暦十六年（七九七）六月七日の太政官符によれば、信濃国の御牧を監督する牧監に「埴原牧田」の六町が賜与されている。現地には「牧監庁跡」の標示木柱が立てられている（図78）。東山道はこの牧を通り、中山の東をまわるように北進した、と木下は見る。現在は「しののめの道」と呼ばれている道筋である。

東山道はその後も現松本市街の東辺を北上する。松本市には**信濃《しなの》国府**（松本市惣社）があった。信濃

図78　「牧監庁跡」の木柱（松本市中山）

図79　刈屋原峠付近の景観

国府は、当初は現上田市（元小県《ちいさがた》郡）にあったが、八世紀以降に松本市（元筑摩郡）に移ったとされる。覚志駅から次の**錦織《にしごり》駅**（四賀村刈谷原町）まで二五・八キロもあるが、途中の国府に駅家代行施設があったとは議論されていない。筑摩郡における国府の位置が明確ではない点もあろうが、仮にその一つの比定地である総社とすると、覚志駅から総社まで一六キロ、総社から次の錦織駅まで九・八キロとなるから、途中の国府に駅家代行機能があったと考えてもおかしくはない。

東山道は現松本市街の東辺をそのまま北上し、浅間温泉の前を通過して刈屋《かりや》原《ばら》峠（図79）を越えて、国道143号が刈屋原トンネルを抜けて東西に進んできた道と交わるあたりに錦織駅が比定される。近世善光寺道（北国脇往還）の刈屋原宿のあった処でもある。

ここから東山道本路は向きを変えて東進し、分岐する北陸道連絡路のほうが直進する。まず連絡路のほうを見ておこう。

六　北陸道連絡路を行く

錦織駅から北へ

信濃国には、東山道本路のほか北陸道への連絡路があった（図80）。坂本太郎は、初めは北陸道の支路として扱い（坂本『上代駅制の研究』前掲）、のちに東山道の北陸連絡路と位置づけた（同『古代日本の交通』前掲）。大槻如電は北陸道の別路として信濃路の名を与えた。しかし、この連絡路上にあったと見なされる駅名が、『延喜式』では信濃国内には見えるのに越後国内には見えないことからすれば、東

図80　東山道路線図—5

図81　旧善光寺道の「大切通し」

山道を基本とすると考えたほうが適切であろう。

北陸道連絡路は本路の錦織駅から分れる。この路線と駅家の位置については、黒坂はじめ先達の研究を踏まえた間室江利子の論考があるので、主としてこれによって追ってゆこう（間室「古代信濃国北部の駅路について」『古代交通研究』第八号、一九九八）。松本平の信濃国府付近から北は、近世の善光寺街道のルートにほぼ近いと考えられる。

錦織駅から北に向かった連絡路は本城村会田に出てからは、次の麻績《おみ》駅から曰理駅までの間は、全体として長野自動車道のルートに近い。連絡路が立《たち》峠を越える部分は、自動車道では立峠トンネルで抜ける。坂北村から麻績村にかけては、近世善光寺道・国道403号・長野自動車道・JR篠ノ井線がひしめく狭い谷筋を行く。善光寺道には両村の境に「大切通し」という岩石の切通し道が今も残っている（図81）。道幅三・三メートル、長さ二六メートル、高さ六メートル余で、天正八年（一五八〇）に青柳伊勢守頼長によって、旅人の難儀を救うために開かれた。

麻績《おみ》駅（麻績村麻）は、現麻績村中心地から一キロほど東北の現筑北中学校付近の旧地名「馬ノ口」付近とする黒坂の説（『東山道の実証的研究』前掲）を採りたい。ここからさらに北上して一キロほどに「真《ま》米《ごめ》」地名がある。真米は馬籠《まごめ》に通じ、駅路になにがしかの関連のある施設があったのかもしれない。麻績川を挟んだ南の対岸に長野自動車道の麻績ICがある。七道駅路の駅名とまったく同じ名（文字）のインターチェンジ名はきわめて珍しい。麻績村もご多分に漏れず町村合併が進行中だが、せめて麻績ICの名だけは残して欲しいものだ。分岐点の錦織駅から一八・二キロである。

麻績駅からはほぼ直線的に猿ヶ《さるが》馬場《ばば》峠を越え、善光寺平の西南端に入った後、千曲川左岸を進み、**曰理《わたり》駅**（長野市篠ノ井御幣川）に至る。千曲川が北上してきて東に折れる場所に近いので、千曲川の北岸に位置することになる。間室は、信濃国府が上田にあった奈良時代の支路（北陸道連絡路）は千曲川の右岸（東岸）沿いに進んだので、その道が北上して千曲川を渡った地点に曰理駅があったと見る。その見解を採りたい。前麻績駅から一四・五キロである。

駅路は曰理駅でほぼ直角に折れ、六キロほど真北に進んで犀川を渡る。この直線区間に、間室は米軍撮影の空中写真から、古代路痕跡を見出している。犀川を渡ってからは善光寺の東南辺を斜めによぎり、三登山の山裾を東北方に進んで**多古《たこ》駅**（長野市田子）に至る。多古駅については、JR信越本線の三《さん》才《さい》駅近くの田子遺跡を通るという見解がある。黒坂もそれを採っている。しかし、これはやや迂回路で、田子遺跡も

図82　多古駅に想定される田子神社付近（長野市田子）

図83　古代路の面影を漂わせる旧北国街道（牟礼村小玉）

駅家である積極的な証拠は出ていない。ここも間室が指摘する近世北国街道ルートに近い田子あるいは吉あたりとする見解の方を採りたい。田子には、明治十一年（一八七八）九月の明治天皇北陸東海巡幸のときに御膳水を提供した田子神社があり、清水が湧いているので、田子を多古駅比定地とする（図82）。曰理駅から一八・八キロである。

多古駅からはほぼ北国街道沿いと見られる。旧牟礼宿の北で小玉坂付近は急坂なので、国道18号は迂回するが、北国街道はそのまま北に向けて直進し、古代道の跡であることを思わせる（図83）。峠付近には、浅い直線的な掘割も残されている。

次なる**沼辺駅**《ぬのへ》（信濃町野尻）は上信越自動車道の信濃町ICに近い。前多古駅から一五・六キロである。ここで北陸道連絡路の駅は終りである。ルートとしては、この付近は野尻湖に近く迂回するよりも、真っ直ぐに北上したと見たい。ここから北で越後の国に入り、越後にはこの連絡路に属すると見なされる駅名は残されていない。信濃国の麻績・曰理・沼辺三駅の駅馬はいずれも五疋であった。

越後国の北陸道連絡路

沼辺駅から四キロほど北上すると越後国に入る。越後国の北陸道連絡路については、ほとんど研究資料がなかった。平成期に入って、『新潟県歴史の道調査報告書』（第二集　北国街道I　一九九一年）は、北陸道連絡路にはいくつもの道筋が考えられるとし、第一は東の山麓に沿って柿崎町から新井市に至るもの、第二は直江津から妙高山麓に沿って妙高村関山に至るもの、第三は関川に沿って中央地帯を走るものとする。この中央コースには、国府関連遺跡とされる今池・子安遺跡（上越市）があり、笹沢正史

（上越市教育委員会）は一九九三年〜九五年の調査により、九世紀前半から十世紀前半まで機能したと考えられる道路幅約六メートル、側溝幅約一メートル、深さ約〇・二メートルの古代の道路状遺構が発掘された、と報告した（笹沢「新潟県上越市子安遺跡の道路状遺構」『発掘された中世古道Ｐａｒｔ２』中世みちの研究会　第２回研究集会、一九九九年）。

　さらに高橋勉（新井市教育委員会）も郡衙遺跡と目される栗原遺跡（新井市）の前後において、古代道路の痕跡と思われる道筋を発見している（図84）。これらはいずれも東山道の北陸道連絡路ではないかとされる。この推定古代道路ルートは、今池・子安遺跡付近にあった可能性の高い越後国府付近を通り、そのまま北上して海岸線に近い北陸道本路に連絡したと考えたい。その場合、今池・小安遺跡は関川右岸（東岸）に位置し、地形的には北陸道本路との接点も関川右岸と考えるのが自然である。しかし後述の北陸道で改めて言及するように、この付近にあると考えられる北陸道本路の水門《みと》駅は、関川の左岸にあると考えられるので、北陸道連絡路は直接には水門駅に接してはいなかったかもしれないが、わずかな隔たりであるので、図面上では水門駅を接続点と仮定する。

図84　栗原遺跡（新潟県新井市）付近に見る古代道路状跡

　この北陸連絡路の信濃国最後の沼辺駅から水門駅までは、筆者の計測では四一・二キロであるから、途中に少なくとも一駅があっておかしくない距離である。大槻如電は、水門駅からおよそ一八キロ手前の地点である新井市小《お》出雲《いずも》に、大冢《おおつか》なる一駅を想定した（『駅路通　下』前掲)。大槻は『延喜式』「諸国駅伝馬」の越後国における大家《おおや》駅を北陸道本路でなく、東山道の北陸道連絡路上にあるとして、この地の旧称老津《おいづ》は大家の転訛であるとし、『延喜式』の大家駅を大家駅と改めるとしている。この地は、先に『新潟県歴史の道調査報告書』が北陸道連絡路の想定路線の一つとしてあげた柿崎と結ぶルートの起点でもあり、なかなか面白い着想であるが、北陸道の大家駅をここへ考えるのは、本路上に有力な推定地があり(二三七ページ参照)、やや無理であろう。

七　信濃国東部の東山道

保福寺峠を越えて東へ

また東山道本路に戻る。錦織駅で北陸道連絡路を分離した本路は、保福寺峠《ほふくじ》へ向けて進む(図85)。近世には保福寺道あるいは江戸道と呼ばれ、上田と松本を結ぶ幹線道路の一つであった。保福寺峠は標高一三四五メートルで、万葉集にある「信濃道《しなのじ》は今の墾道刈株《はりみちかりばね》に足踏ましなむ履《くつ》はけわが背」(巻一四、三三九九)の歌碑がある(図86)。一志茂樹による比定地ではあるが、ここで詠まれたものかどうかは定かではない。

保福寺峠には、もう一つ日本アルプスを開いたウォルター・ウェストンの記念碑もある。「日本アルプス」の命名者として知られるウェストンは、明治二十四年(一八九一)八月、東京から人力車で上田を経て松本へ赴く途中、この保福寺峠で西に大連峰を目の当たりにして感動した。この一事は近代的な交通機関のない時代に、江戸から松本へ至る経路がどのようなものであったかをよく示している。峠か

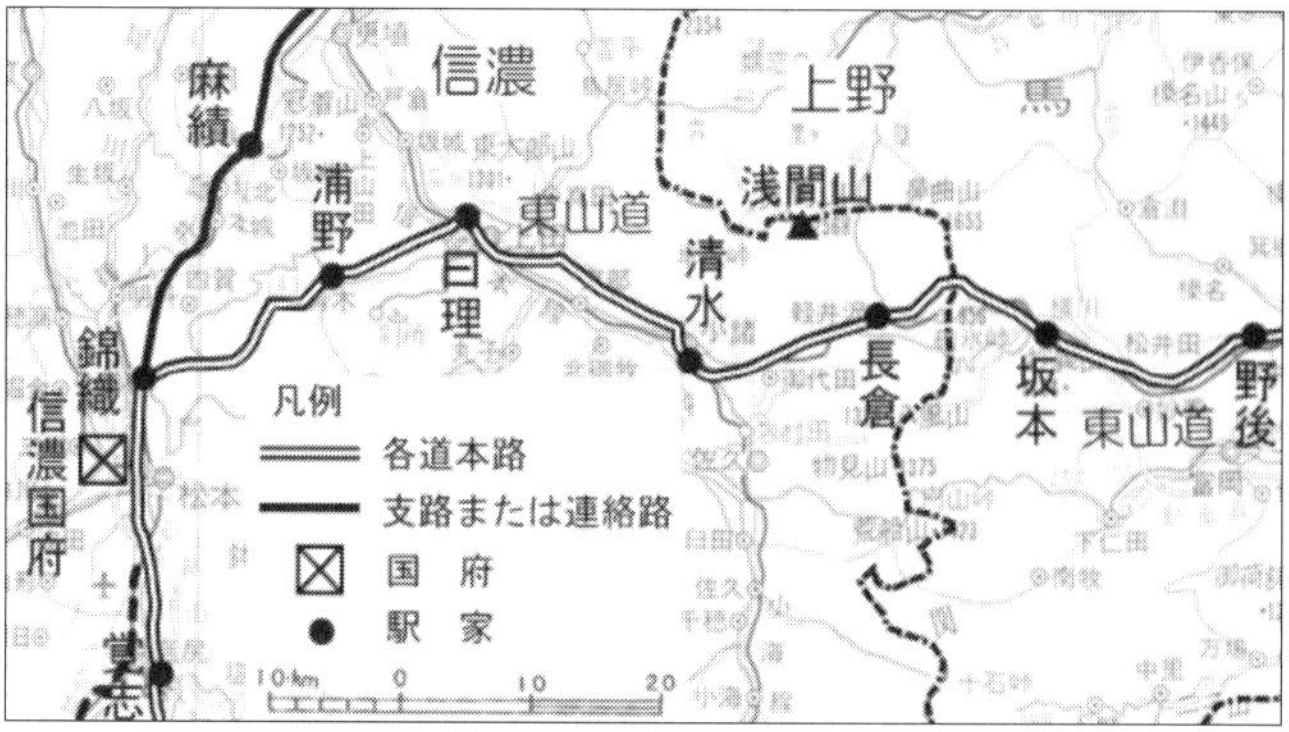

図 85　東山道路線図—6

図 86　保福寺峠の万葉歌碑

ら東への坂道は、地元の研究者によってかなり明らかにされている。

峠を下りて最初の**浦《うら》野《の》駅**（青木村田沢）を、木下は、駅家を思わせる「やっか」地名がある現在の青木村役場のある小丘付近に比定する。青木村には、これより二キロほど東に行った当郷に幅六メートルの東山道駅路が復元され、青木村・長野県上小地方事務所の手によって浦野駅跡（推定）の表示もある。この駅路跡は、山麓筋の東山道の道筋

図 87　清水の湧く清水駅比定地

と推定されている場所に造られたものであるが、遺跡が発掘されたわけではない。また浦野駅とされるのも確実な証拠はない。駅趾の決め手となる遺構・遺物も出土していない。ここは旧字浦野ではあるけれど浦野の地名は古代ではもっと広い地域を指した。木下は、峠下の駅はもっと峠に近く位置するはずであること、および前後の駅間距離のバランスから、村役場近辺であると考える。黒坂も同意見である。この場合、前の錦織駅から一七・六キロ、また次の曰理駅まで一〇・四キロである。

浦野駅から東への道は先の復元駅路跡の付近を通り、千曲川の渡河点はJR上田駅より二キロほど下流で、渡河してすぐに新幹線と交差したあたりが**曰理《わたり》駅**(上田市諏訪部)とされている。黒坂は、この曰理駅に向けて千曲川の渡河点の手前で斜めに直線的に走る字界線を見出し、東山道の道筋と見ている。

曰理駅は信濃国に二ヵ所あり、一つが北陸道連絡路上にあることは既に見た。あちらは支路であるので駅馬は五疋、こちらは一〇疋である。

東山道本路は、曰理駅で右折して千曲川右岸(北岸)を東行する。松本に移る前の信濃国府は、上田市街地の東端にあったと考えられている。それを左手に見て、おおむね国道18号に沿うように進む。次の**清水《しみず》駅**(小諸市諸)に比定される諸《もろ》は、豊富な清水の湧き出ることをもって知られていた。実際の清水の湧出場より三〇〇メートルほど南の平地に国道に沿って、巨大な「東山道清水駅跡」の石碑が立っている。

しかし木下は国道沿いではなく、それより三〇〇メートルほど北の、文字通り清水が湧出している場所に比定する（図87）。日理駅から一九キロちょうどである。

碓氷峠を越える

清水駅から東は、中山道や国道18号、しなの鉄道などが千曲川とその支流に沿って南に迂回するのに対して、東山道はほぼ東北東の方向に、石峠から塩野を経て次第に標高を高めて進む。ほぼ現在の主要地方道80号小諸軽井沢線が踏襲している古い道筋である。軽井沢町追分から東は、現国道18号のルートで**長倉《ながくら》駅**（軽井沢町中軽井沢）に至る。近世中山道の沓掛宿に近い。長倉駅は標高約九五〇メートルで、全国の駅家のうち最も高い標高を持つ。前清水駅から一六・二キロである。駅比定地には長倉神社がある（図88）。

図88　長倉駅比定地付近の長倉神社

　長倉駅を発して碓氷峠へ向う。その場合、近世中山道のように中間にある離山《はなれやま》の南を通過するのではなく、北を回ったと見られる。国境の碓氷峠には熊野神社がある。

　碓氷峠も歴史は古い。『書紀』は日本武尊が甲斐、武蔵、上野を巡って碓日坂に至り、そこで弟橘《おとたちばな》姫をしのんで「吾妻はや」とのたまわったと記す。この碓日坂は碓氷峠のこととされるが、しかし碓氷峠も広義のものであって、一番北には熊野神社がある近世中山道の通っていた碓氷峠があり、次に明治初期に開かれた現国道18号の通る碓氷峠、さらに

図89　坂本駅比定地の上信越自動車道高架橋

その南の碓氷バイパスの通る入山峠までを含み、それぞれの時代でどこを通っていたかは、必ずしも確定しているわけではない。

信濃国の東山道の説明で、古東山道という律令制時代の駅路としての東山道より古い道のあることを述べた（「吉蘇路開発の意味」の項）。入山峠において古代の祭祀遺跡が発見されるなど、古東山道はこの入山峠越えであるとされ、さらに駅路東山道も入山峠ではないかとの一志茂樹の唱えた説が強かった。これに対して木下良は、入山峠には古墳時代の遺物はあるものの、奈良・平安時代の遺物が出ないこと、原の坂本駅から入山峠に向かうには入山川の河谷を通ることになり不適当なこと、駅路の軍用道路的性格からも稜線伝いである近世中山道に近いルートが駅路東山道としては適当だとしている（木下「上野・下野両国と武蔵国における古代東山道駅伝路の再検討」『栃木史学』第4号、一九九〇年）。

碓氷峠から東はおおむね中山道筋と見られ、部分的には地元の岡村知彦らによってそれらしい道筋が発見されているが、まだ完全な解明には至っていない。

峠を越えた最初の**坂本駅**《さかもと》（群馬県松井田町原）は、近世中山道の坂本宿の東端に近い。昭和六十三年（一九八八）に上信越自動車道と中山道の交差地点のすぐ西の原遺跡で、自動車道の工事にかかわる調査により八世紀の大型建物跡が発掘され、ここが坂本駅であったのはまず間違いないとされている。遺跡保存のために、自動車道の橋脚の位置が変更されている（図89）。前長倉駅から一三・八キロである。この坂本駅の比定地は、入山峠へ向かう谷筋とは異なり、明らかに碓氷峠へ向かう谷筋に位置していることからも、東山道の碓氷峠通過の有力な傍証である。

これまでの信濃国での東山道本路一一駅の駅馬数は、中路標準の一〇疋は七駅で、あとは阿知駅三〇疋のほか錦織、浦野、長倉の各駅がそれぞれ一五疋である。阿知はもちろん神坂越えのため、その他一五疋の駅も、保福寺峠の前後や上野国との国境の碓氷峠を控えているためである。

八　上野国の東山道

浅間山を目標とした奈良時代の東山道

上野《かみつけ》国の東山道ルート（図90）については、木本雅康によって既往研究を概観した分りやすい解説がされている（木下編『古代を考える　古代道路』前掲）。坂本駅から次の野後駅までは、おおむね近世中山道に近いルートと考えられる。現在の松井田町市街部中心に松井田宿があった。ここは宿場の中心部の直線を西へ延長すると浅間山に達し、実際に浅間山が遠望できる。これまでこのことに言及した研究者はおらず、考古学的な確認もできていないが、この宿場中心の直線部が東山道を踏襲したものであるならば、後述の関東平野での明瞭な例に同じく、浅間山を目指して駅路設定がされたと考えることができる。

野後《のじり》駅（安中市安中）は旧字名を上野尻とする地点付近と推定されている。坂本・野後両駅間のルートは、九十九《つくも》川と碓氷川に挟まれて西から延びる舌状の台地の中央を進んでおり、災害にも安定的なルートが選ばれていることが看取される。坂本駅から野後駅まで一六・四キロである。

野後駅からは、九十九・碓氷両川の合流点の手前で、東山道は九十九川を横断して板鼻《いたはな》へ出る。近世中山道では合流点付近北側の急崖を避けるため、先に合流前の碓氷川を渡り、その東で合流後の碓氷川を渡っており、急崖の下を通ることを避けている。しかし東山道の場合には、川を二度渡らずに、直線

図90　東山道路線図―7

図91　碓氷川・九十九川合流点付近の状況
（東山道はこの斜面の上を通過したと見られる）

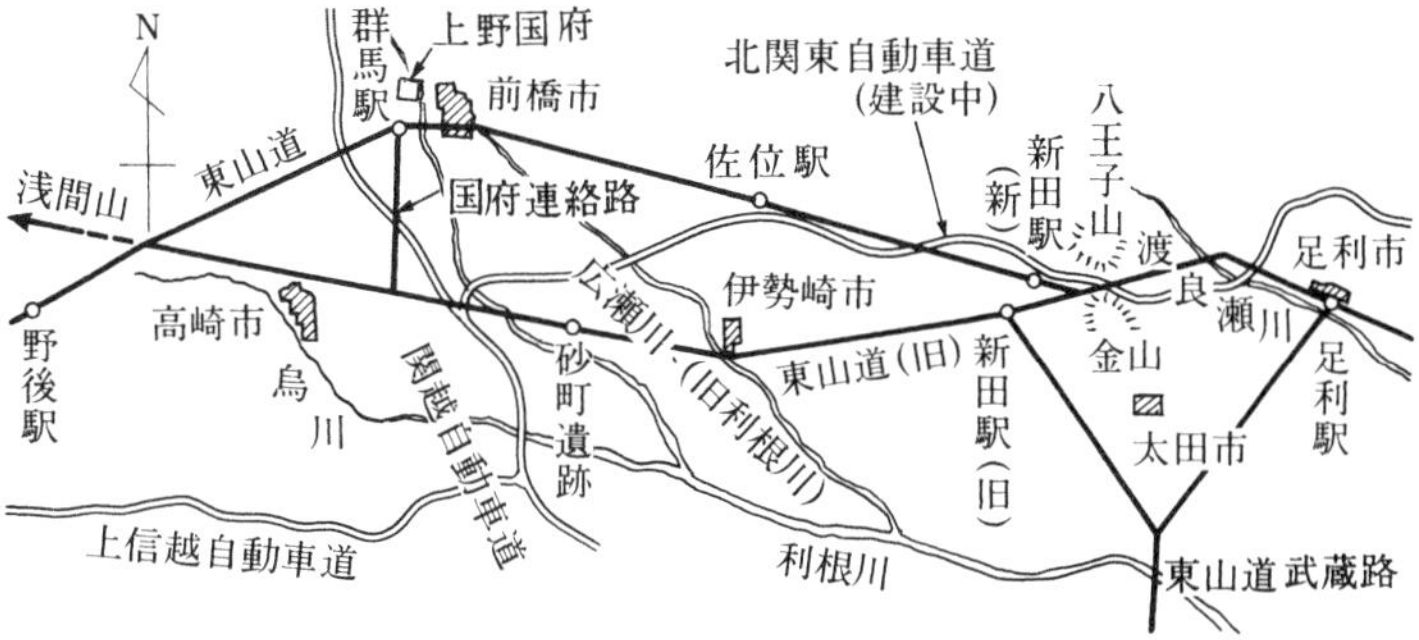

図92　上野国の東山道新旧駅路図

的に急崖の上を通過したものと見られる（図91）。

さらに烏《からす》川を斜めに渡った後、東南東方向にほぼ直線的に進む。この付近でも既に駅路は直線状を呈しているが、烏川渡河点から東は段丘が尽きて利根川流域の関東平野に入るので、上野国の駅路は実に見事な直線形を示す。次の**群馬《くるま》駅**（前橋市元総社町）は、**上野《かみつけ》国府**（前橋市元総社町）のすぐ南側に比定されている。このあたりは今は前橋市の町の中である。野後駅から一四・四キロである。

そこまでは、前の野後駅からほとんど一本の直線になっている。この途中の高崎市域と群馬町域の数ヵ所で両側に側溝を持ち側溝心々距離六メートルの道路跡が検出されている。これはそれ以前に金坂清則が古道跡を現地で検証し、図上にはっきりその位置を示していたものである（藤岡編『古代日本の交通路II』前掲）。

六メートルというのは、これまで見てきた一二メートル幅の古代路のイメージからすれば狭いように見える。実はこの道は『延喜式』の駅家を結ぶ道ではあるが、最初からの駅路ルートではない。この付近の東山道は、奈良時代に別の道があった。このことを含め、上野国の中心部の駅路を少し拡大して模式的に示そう（図92）。

図92の菱形の上側の二辺は『延喜式』の駅路である。地元の研究

図93　玉村町砂村遺跡の初期東山道遺構は，まっすぐ浅間山を目指している（玉村町教育委員会提供）

者は国府ルートと名づけている。これに対して、下側の二辺はそれ以前の奈良時代の駅路（同じく、牛堀・矢ノ原ルート）である。古いほうから説明する。なぜならば、この二ルートのうち古い奈良時代と見られる駅路のほうは古道遺構が各所で検出されているのに、『延喜式』ルートのほうは、先述の群馬駅までの直線ルート上のものを除けばまだ発掘による検証はなされていない。

さて、下の左の直線を西側にそのまま延ばすと、浅間山に達する。図93がそれで、駅路遺構が発掘された玉村町の砂町遺跡の直線状道路遺構からまっすぐに浅間山が見える。その見通し線上の六キロほど先の高崎情報団地遺跡でも、同じ方向に向かう道路遺構が見つかっている。これは、当時この山を見通して道路を造ったことの明らかな証左である。道路の幅は、側溝心々距離で前者は九〜一一メートル、後者では一〇・五メートルであった。

相次ぐ道路遺構やソイルマークの発見

この直線の東側の変極点は伊勢崎市南部の旧利根川水路である。これから東の境町、新田町でも直線上に幾つもの道路遺構が発見されている。これらはすべて両側に溝を持った幅一三メートルの規模である。その途中には、ソイルマーク（土に覆われた地面下の道路や建物跡の痕跡が地上に陰影で現す印）まで発見された（図94）。筆者も発見者の小宮俊久の案内で一九九二年に実際に現地で見ることができた。刈取り後の麦畑に、やや斜めに二本の黒い帯が地上に立っていてもはっきり分る。心々の距離は一三メートルである。側溝の中に溜まった土はやわらかいので水を含みやすく、周りの地面が乾いても、溝の部分だけは濡れていて黒く見えるのである。群馬県の平野部は、律令制時代の駅路の展示場のようなところである。いま新田町の東山道遺構の一つが、東山道公園として二〇〇メートルにわたって保存され、当時の壮大な規模を目の当たりにすることができる。なお、南側ルートの東側変曲点より東の新田町部分では、駅路はほぼ平行して二本発掘されていて、奈良時代にも作り直されていることが明らかになっている。駅路の幅は、飛鳥奈良時代の最初の建設では、平野で一二メートルが基準であり、それが九メートルになり、平安時代に改築された場合には、六メートルとなった例が多い。当初は軍団輸送の必要性や中央政府の権威の象徴として造っては見たものの、いささか広すぎ、実用上も不必要になって次第に狭くしていったのではないか。

図94　新田町で見られたソイルマーク（『古代交通研究』創刊号，口絵より）

上の二辺は『延喜式』ルートで、右辺ではまだ道路遺構は見つかっていないが、それでも中間の赤堀町五目牛《ごめうし》の独立した小さな丘の洞山は、その前後の路線の目標になっていたようで、市町村境に沿った「古あづま道」と呼ばれる古道も一部残っている（図95）。洞山付近で駅路の直線は若干の折れ線になっており、群馬駅の次の**佐位《さい》駅**（赤堀町五目牛）は、このあたりが比定地として有力である。前群馬駅か

図 95　佐位駅比定地付近の洞山
（赤堀町五目牛）

図 96　大道西遺跡（太田市東今泉町）

ら一六・四キロとなる。

次の新田《にゅうた》駅（新田町小金）もこの線上にあると見られるものの、その位置は定かではない。奈良時代の駅路において新田駅が後述の東山道武蔵路の都側分岐点に位置したと考え、駅路が北へ移動した場合も大きくその位置を動いていないとみれば、新田町と太田市との境界付近となる。その場合、前の佐位駅から一一・一キロとなる。

このあと、東山道『延喜式』ルートは奈良時代の駅路と同じ路線になると考えられ、太田市市街部北の金山とさらにその北の八王子山との間の地峡を抜けて下野国境に入り、渡良瀬川を越えたと見られていた。佐位駅あたりからこの地峡を抜けるまで、現在建設中の北関東自動車道が東山道の『延喜式』ルートに絡むようにやや蛇行しながら走っている。そのため、いずれ高速道路の調査期間中に駅路遺構が見出されるのではないかと思われていたところ、果たして平成十四年（二〇〇二）十一月にこの地峡の南で東山道遺構が発掘され（大道西遺跡）、さらに引き続いて平成十六年一月にはそれよりおよそ一キロほど東にもその延長と見なされる道路遺構が明らかになった。幅が一二メートル以上あり、奈良時代のものと見られるが、その西側の路線推定位置が地峡よりは七〇〇～一〇〇〇メートルも南の小丘陵を横断しており、またその走行方向も図90の模式図で示した方向よりやや東に傾いており、この地域における従来の東山道の路線想定位置の再検討も必要になってきた。今後の調査の進展に期待がかけられる（図96）。

新田駅は上野国の最後の駅である。上野国の駅馬の配備数は、信濃国境の坂本駅の一五疋を除き、あとは規定どおり一〇疋である。

九　奈良時代の東山道武蔵路

発掘で年代が明らかになった武蔵路

上野国の駅路が時代を分けて菱形に構成されているのには理由がある。先に宝亀二年（七七一）、それまで東山道所属であった武蔵国を東海道所属に変更して欲しいとの太政官奏上が許可されたことを記した。その理由の一つに、武蔵国に立ち寄るため五駅もわざわざ横道を往復するのは不便だ、というのがあった（第二章　六　相摸、武蔵両国の東海道、参照）。この武蔵国府への支路（武蔵路）は、新田駅付近で分岐し、南に下がっていた。奈良時代の東山道ルートは図92に見るように上野国府を経由せず、そちらには国府連絡路を出して、本路は南によった下辺のルートを採ったものと見られる。この下辺ルートが上辺ルートに変わったのは、宝亀二年に武蔵への支路が廃止されたことに伴うものと見られている。奈良時代の新田駅は、新田町小金井あたりが有力な比定地である（図92）。

武蔵への支路（東山道武蔵路）は奈良時代のもので、何度も言うように宝亀二年の武蔵国所属替えに

図97　東山道路線図―8

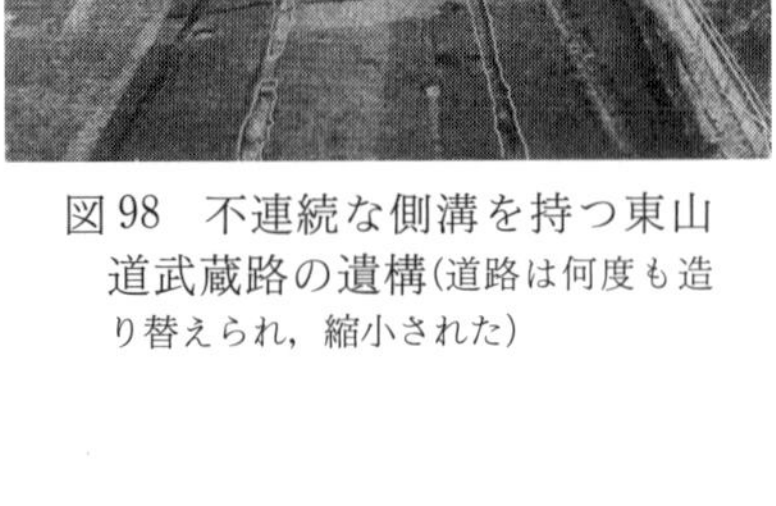
図98　不連続な側溝を持つ東山道武蔵路の遺構(道路は何度も造り替えられ，縮小された)

伴って廃止になった。したがって『延喜式』ルートとは直接の関係はないものだが、重要な道路遺構の検出があったこともあり、簡単に触れておきたい。図97に見るように、武蔵路の本線分岐部はY字形を形成していた。一つは奈良時代ルート上にあった旧新田駅あたりから南東に分岐する。もう一つは下野国の足利駅から分岐するもので、その二本の分岐路が合するのは、太田市からまっすぐ南下する国道407号が利根川を渡る刀水橋の手前付近であって、一本となってから西南に利根川を越えた。その先でおおむね真南に下りて武蔵国府に向かう。太政官奏上書には五駅とあるので、名前は分らないが、どこにあったか研究が進められてきた。ここではルートや駅家のことは省略し、この支路で重要なことを二点挙げておきたい。

第一は埼玉県所沢市で平成元年（一九八九）に発掘された東の《あづま》上《うえ》遺跡（図97）での道路の建設年代が、遺物や建物遺構から七世紀第3四半期のものとされたことである。この時期のものと確認された古代道路遺構はほかにほとんどなく、駅路建設の最初の頃のものとして貴重な発掘事例である。幅一二メートルで、波板状凹凸面と呼ばれる路面も確認された。

もう一つは東京都国分寺市の日影山遺跡と呼ばれる、平成七年（一九九五）に発掘されたやはり幅一二メートルの東山道武蔵路の遺構が、延長約三〇〇メートルにわたって新しい住宅団地の中に遊歩路として全面保存措置がされていることである。遺構そのものは一メートルほど下層にあり、覆土した上面に側溝位置などが分るように、カラー舗装で処置されている。東京のJR中央線、西国分寺駅近くにあり、誰でもが触れることができる貴重な遺構である。ここでも路面上に波板状凹凸面が観察された。

この遺跡での重要な発見の一つに、側溝の「土坑連結式掘削工法」がある（図98）。これは丘陵上の駅路において側溝が連続せず、数メートルごとに独立しているもので、これでは排水の役目は果たせない。つまりこのような側溝は、路面の排水という本来の目的を離れて、道路境界を示す柵の役割を持っていることになる。このことは道路幅が必要以上に広いことと合わせて、律令制国家の権威を示すという駅路の別の側面を表していると見ることができる。また、この遺跡では当初の道路幅一二メートルが時代が下がると九メートルに縮小された状況も明瞭に看取される。

十　下野国の東山道

万葉集にも名を残す下野国南部の東山道

渡良瀬川の手前で国境を過ぎ、下野国に入った東山道は、おおむねJR両毛線に近いルートで東方に向かった（図99）。渡良瀬川の渡河地点は、先述のように太田市で新たな東山道遺構の発見もあって、まだ定かではない。下野国では金坂清則の論考（藤岡『古代日本の交通路II』前掲）がベースであり、木本雅康も既往研究の紹介のみならず、独自の見解を述べていて示唆的である（木下編『古代を考える　古代道路』前掲）。最初の**足利《あしかが》駅**（栃木県足利市国府野）は、金坂によってJR両毛線足利駅のすぐ東南の国府野遺跡が最初に比定された。この地はその後の発掘で、足利郡家《ぐうけ》であった可能性も指摘され、郡家と駅家が併置されていた可能性もある。前新田駅から一二・三キロである。

東山道は、足利駅からはさらに東へJR両毛線およびこれと平行する主要地方道67号桐生岩井線に沿って東行し、佐野市の中心部を通過すると、やがて正面右手に三《み》毳《かも》山が見えてくる。このあたりは関東平野に北から足利山地が張り出してきており、三毳山はその突出端にある。東山道は突出しすぎた三毳山の北辺の地峡を東西に横断する。

次の**三《み》鴨《かほ》駅**（岩舟町新里）は、三鴨の地名によって、早くから三毳山の周辺とされてきた。三毳山（標高二〇九メートル）はこのあたりを象徴する山で、万葉集に次の歌がある。

下野《しもつけ》の三《み》毳《かも》の山の小楢《こなら》のす　ま妙《ぐわ》し児《こ》ろは　誰《た》が笥《け》か持たむ（巻一四、三四二四）

最初に三鴨駅を三毳山付近に比定したのは、『駅路通』の大槻如電で、下津原村（現岩舟町下津原）とした。地峡の東南に当たり、如電は三毳の丘の北にあるとする。円仁《えんにん》（慈覚大師）の父が三鴨駅の駅長を務めたとの話もあり、その円仁の生地とされるのが、この岩舟町下津原である。駅路が可能な限り直線的に進むと考えれば、地峡周辺にあると考えるのが妥当で、ここでは高崎寿によって指摘された岩舟町新里《にっさと》とする（高崎「東山道」奥田久編『栃木の街道』栃木文化協会、一九七八年）。前後のバランスからもこの比定は妥当である。前足利駅から三鴨駅まで一六・二キロを測る。なお、三鴨駅を「みかも」と読まず「みかほ」とするのは、『延喜式』の九条家本の読みにしたがっている。

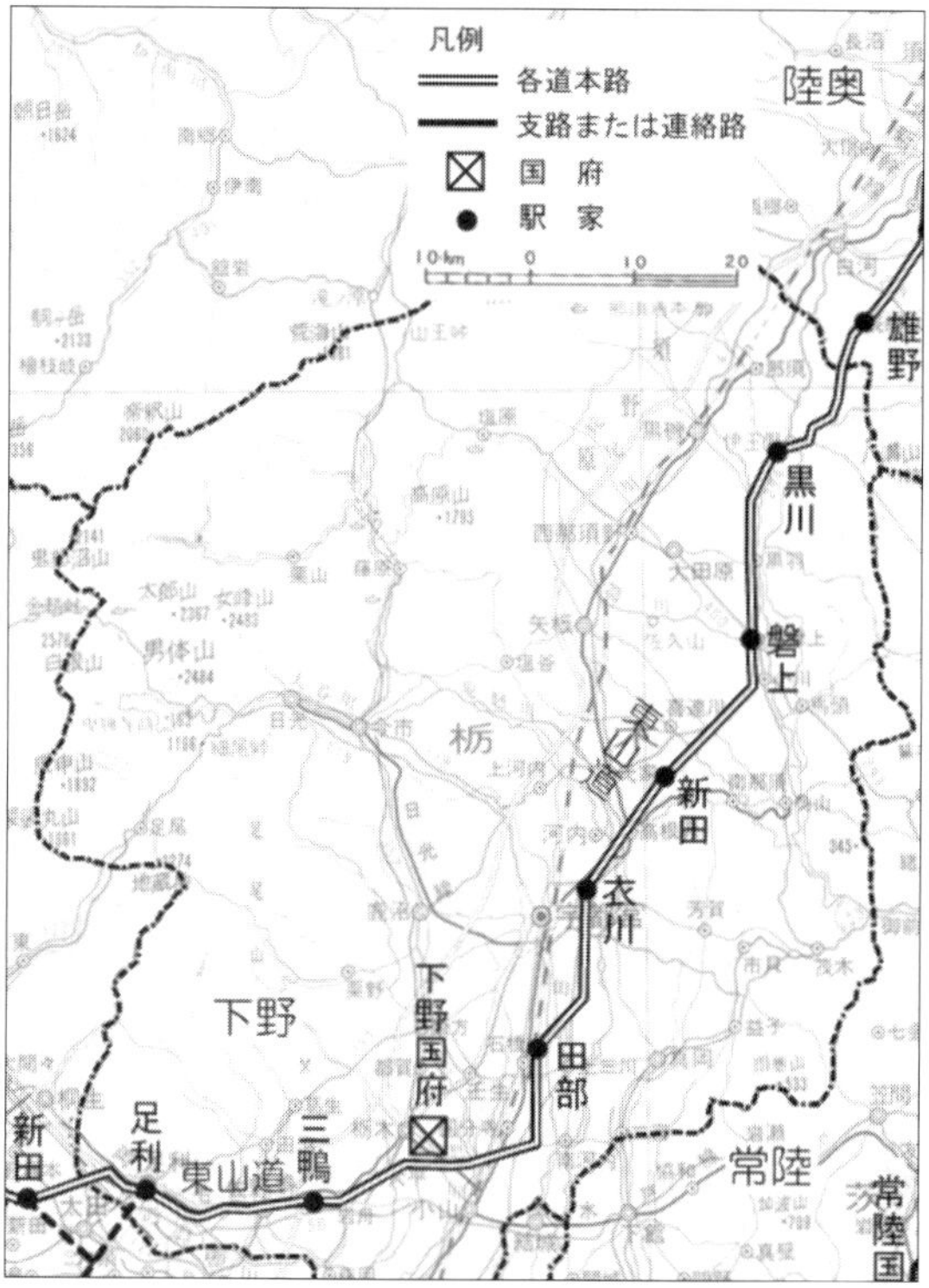

図 99　東山道路線図—9

三鴨駅の付近は両側を山に挟まれた土地であるが、ここを出た東山道が三キロほど東進すると、ふたたび関東平野の北端に出る。岩舟町和泉付近で、ここから東山道は東北方へ変針して、**下野《しもつけ》国府**（栃木市田村町）の西南端まで一直線に走る。このとき、大平町の永野川のほとりに、それほど高くはないがやはり独立峰の磯山がある。これも群馬県の赤堀町五目牛の洞山と同じく、木本が路線の目標にしたと指摘した丘で、いかにもそれらしい形状をしている（図100）。

図100　路線設定の目標となった磯山（大平町真弓）

図101　復元された下野国庁前殿（栃木市田村町）

下野国府は発掘によって国府跡が検出され、中心地域は国の史跡に指定され、国庁（中心の役所）の一部の堂宇が復元されている（図101）。東山道はその南面を東西方向に通っていたと見られている。また、次の田部駅との距離関係から、国府付近に最初は駅家があり、それが後に廃止されて国府にその機能が代行されたと見なされている。東海道の常陸国府と同じケースである。三鴨駅から下野国府まで一五・一キロとなる。

発掘でルートが明らかな下野国中部・北部の東山道

東山道はさらに東北方に進む。下野国府から南那須野町の将軍道あたりまでは、図102に▲で示したように、確認された東山道遺構が連続していて、自ずからルートが明らかになってゆく。平成九年（一九九七）に国道新4号バイパスと北関東自動車道の交点である宇都宮上三川《かみのかわ》IC周辺の杉村遺跡で、大規模な東山道遺構が発見され、平成十二年（二〇〇〇）にまた、杉村遺跡とその南西方向約三キロの上神主《かみこうぬし》・茂原《もばら》遺跡でも同様な東山道遺構が見つかった。駅の位置で疑問もあった次駅の**田部《たべ》駅**（上三川町上神主）も、上神主遺跡付近にあった可能性が強くなった。なお、下野国府からは常陸国府への連絡路など複数の路線があった可能性もあり、まだまだ研究の進展が期待される。下野国府から田部駅までは一五・六キロで、公式に名が残っている三鴨・田部両駅間のまさに中間点に下野国府があり、かつ両側の駅との間隔もほぼ三〇里に等しい。

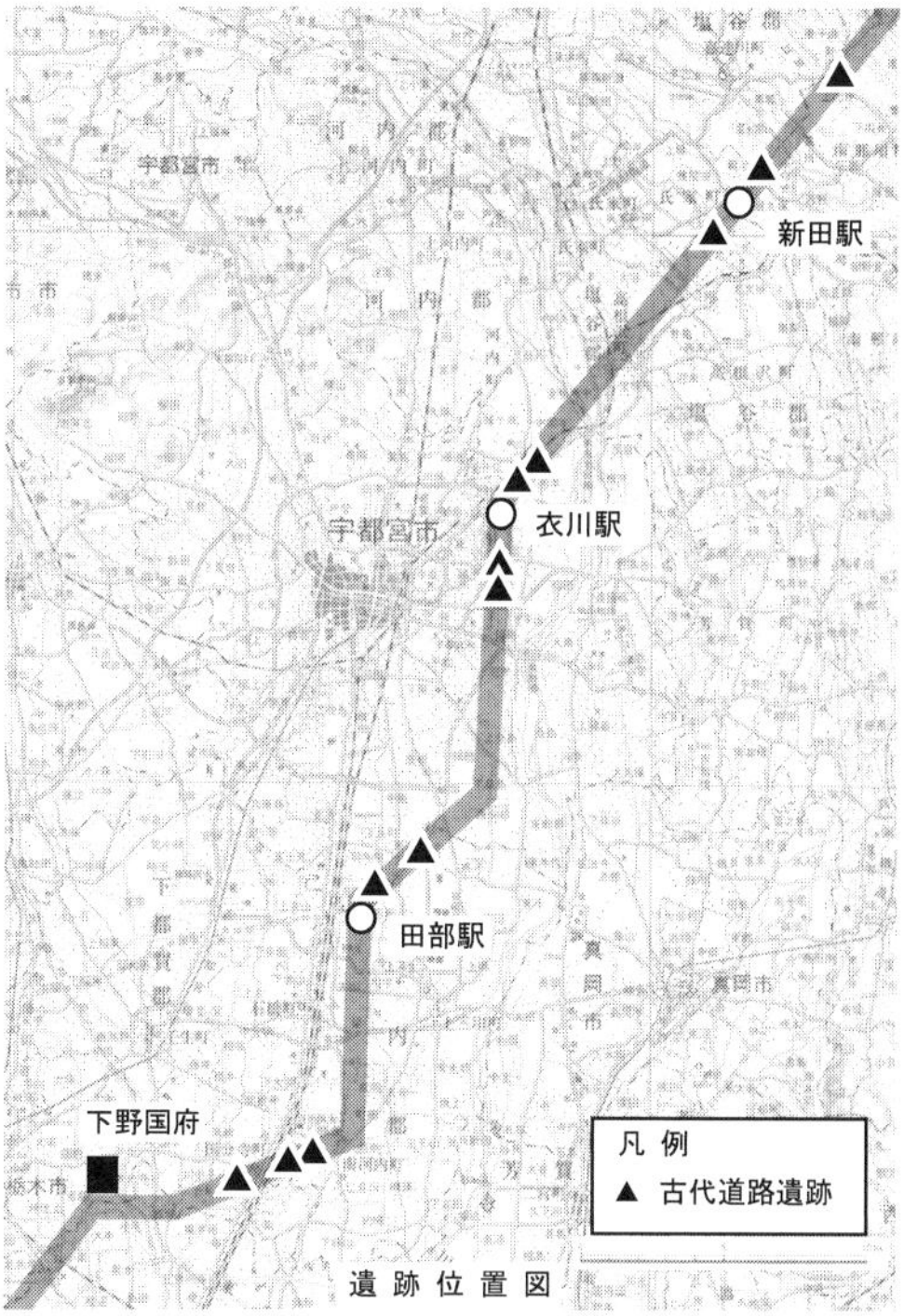

図102　下野国中心部の駅路と関連遺跡（栃木県埋蔵文化財センター資料を元に作成）

古代駅路の研究は実に日進

図103　宇都宮杉村遺跡で発掘された深い波形状凹凸面（深くえぐれているのは，すべり止めのために土を入れ替えた跡と見られる）

月歩で毎年のように新事実が現れるので、絶えず目を配らねばならない。杉村遺跡の発掘では、路盤構造にも新しい発見があった。さきに東山道武蔵路の二つの遺跡でも見られたような波板状凹凸面が、どのような原因で発生したのかについては、人工的な地盤改良説と、橇《そり》などのような運搬用具を円滑に移動させるために置いた枕木の圧痕であるとの両説があった。杉村遺跡で見られたものは、これまでよりずっと深い人工的な路盤改良の跡が見られ、地盤改良説の一つの裏づけとなった（図103）。

田部駅から杉村遺跡を経て約六キロにわたり北東方向にまっすぐ進んだのち、東山道は真北に変針して約九キロ進み、国道4号がバイパスと旧道とに分れる平出交差点付近で、そこからはほぼ国道4号に沿うように東北東に直進する。次の**衣川《きぬがわ》駅**（河内町下岡本）は平出交差点から約二キロ進んだ地点で、JR東北本線岡本駅に近い。平成元年（一九八九）に発掘調査された日枝神社南遺跡から側溝心々距離幅一一メートルの古代道路遺構と墨書土器の出土から、比定されている。ここでは国道4号と東山道ルートとはややずれて、国道の北側に平行するJR東北本線との中間の道路に沿っている。田部駅から一七・三キロである。

駅路研究の原点のひとつ、将軍道

衣川駅を通るこの直線は、さらに鬼怒川を越えて十数キロ続くことになる。鬼怒川から八キロほどで関東平野は終わり、東山道は那須の丘陵地に入る。ここに直線状の切り通し道があり、地元では古くから「将軍道《しょうぐんみち》」と呼ばれていた。源義家の奥州征伐にちなんでいる。この切り通し部は南那須町と氏家町および喜連川《きつれがわ》町との町境線上で三キロほど続く（図104）。

この町界線上の道路を金坂清則は東山道と断定し、この線上の厩久保を、水利に恵まれた地形や前後駅との距離関係から**新田駅**《にゅうた》（南那須町鴻野山字厩久保）に比定した（藤岡編『古代日本の交通路II』前掲）。平成元年（一九八九）に、一部が将軍道とほぼ重なるような新道建設に伴う調査で、ここで平安時代の幅六メートルの両側溝つきの古代道路跡が発掘された。古代駅路としては比較的早い発掘例であるが、それでも『古代日本の交通路』公刊後一〇年以上を経ている。筆者もその当時現場をひとりで踏査したことがある（図105）。

この丘陵地の南側には、新田駅に比定される厩久保をはじめ、馬場ヶ原、長者ヶ原といった地名が残っており、かねてこのあたりに古代路の駅家があったのではないかと考えられていた。最も古くは、大槻如電が『駅路通・上』（一九一一）で、「葛城村に長者平といふ所あり。土中より焼米を出す伝云ふ。鴻野長者とて後三年の役に清原氏に心を通じ、八幡太郎を害せんとせしが事顕れ焼打にせられ、其の墟より焼米を出すなりと。即ち駅長の墟なり」と記し、長者原を新田駅に当てた。平成十三年（二〇〇一）の長者ヶ原遺跡の発掘で、大型のコの字型掘立柱建物跡が検出され、駅家か郡家ではないかとされている。また炭化米が出土し、義家伝説を裏付けた。町界の将軍道からは三五〇メートルほど横に外れているが、伝路の一部ではないかと言われているタツ街道に面しており、新田駅家である可能性は高い。衣川駅から一二・一キロとなる。

将軍道で丘を越えた南那須町上川井あたりまでは前述のように直線道だったことが確認できる。上川井からは、大筋で東山道を踏襲したと見られる国道293号沿いに小川町に出て、ここで真北に変針して、

図104　将軍道(5万分の1図)

図105　将軍道(南那須町鴻野山)

今度は国道294号のルートを次駅の磐上駅《いわかみ》（湯津上村湯津上）まで北上する。ここに国宝指定されている那須国造《くにのみやつこ》碑（図106）があり、そのすぐ北西に小松原遺跡という奈良・平安期の大集落が検出され、この地点が磐上駅の所在地と見なされている。新田駅から一九・四キロとやや長い。

磐上駅の手前の小川町付近から、東山道は那珂川の右岸（西岸）を北上してきた。磐上駅以降も那珂川の上流右岸をそのまま北上する。木本は、小川町に出てから磐上駅に比定される那須国造碑を通るルートは、本来は伝路であって、最初の駅路は将軍道が終った地点から、次の黒川駅方面に直通するようなルートだったのではないかと推測し、『延喜式』ルートで那須国造碑の近くを通る場合には、次第に狭くなる那珂川の渓谷沿いではなく、黒羽町では一・五キロほど西に寄った南金丸を経て、丘陵地を若干迂回したルートを選んだと見る。しかし、那珂川左岸（西岸）も比較的平坦で特に険しくもないので、ここは高崎が推定する国道294号にほぼ沿う直線ルートで黒羽町寒井に至り、ここで那珂川を渡り、以後はおおむねまた国

図106　磐上駅比定地付近の那須国造碑のある笠石神社

図107　黒川駅比定地付近の道の駅「東山道伊王野」

道294号のルートで北上して、**黒川駅**《くろかわ》（那須町伊王野）に達すると見たい。駅の具体的な位置としては、奈良川と黒川の合流地点である伊王野字大秋津・釈迦堂付近と比定されている。ちょうどその対岸の国道294号に沿って道の駅「東山道伊王野」があり、古代路にちなむ命名をしている（図107）。道の駅付近に古代路の駅家が比定されることは、全国にいくつかの例がある。磐上駅から一六・三キロを測る。

黒川駅からは三蔵川に沿い、現在は主要地方道76号坂本白河線となっているルートを進み、栃木・福島県境を越えて、いよいよ陸奥国へ入ってゆく。ここまでの下野国の七駅の駅馬数はいずれも標準どおり一〇疋である。

十一　陸奥国の東山道（福島県管内）

陸奥・出羽両国の駅路の大要

陸奥国に入ると、東山道はこれまでとかなり様相が変る。ここまでの東山道沿線の各地では、次々と遺構が発見されて、歴史を書き換えるのが忙しいほどであった。しかし、奥州では古道の遺跡発掘事例もほとんどなく、もともと古墳や古代寺院跡、条里遺構などが連続していないので、古代交通路の推定が甚だ難しく、文献も少ない。幸い黒坂周平の『東山道の実証的研究』（前掲）は、黒坂自ら全線を走破して研究されているので、それをベースにして、たどって行くことにしよう。

本書冒頭の図1に見るように、奥州の東山道は多賀城の少し手前の柴田駅で二つに分れ、一路はそのまま北上して、多賀城をへて現盛岡市南方の徳丹城まで達し、他の一路は西方に出て出羽国に入り秋田城に至る。坂本太郎はどちらを本路とも支路ともしていないし、名前も付けていない。ここでは黒坂が志波城あるいは徳丹城へ向かう道を陸奥東山道と呼び、秋田城へ向かう道を出羽東山道と呼んでいるのを参考に、陸奥路、出羽路と呼ぶこととする。どちらが本路かというと、駅馬数では下野国以後もずっと各駅一〇疋の配備であり、それが分れ道から先は出羽路の各駅の配備駅馬数は同じ一〇疋であるのに、志波城へ向かう陸奥路は、駅馬数が五疋となっていて、こちらのほうが支路の格である。駅路全体の設置時期も出羽路のほうが早い（中村太一「陸奥・出羽地域における古代駅路とその変遷」『国史学』第一七九号、二〇〇三年）。しかし、養老三年（七一九）に按察使《あぜち》の制度が作られ、陸奥国にも按察使が置かれ、のちに出羽山道の話で見るように、陸奥按察使の大野東人は出羽国も管轄していた。これらのことを考え合わせ、ここでは両路とも本路の扱いとしておきたい。

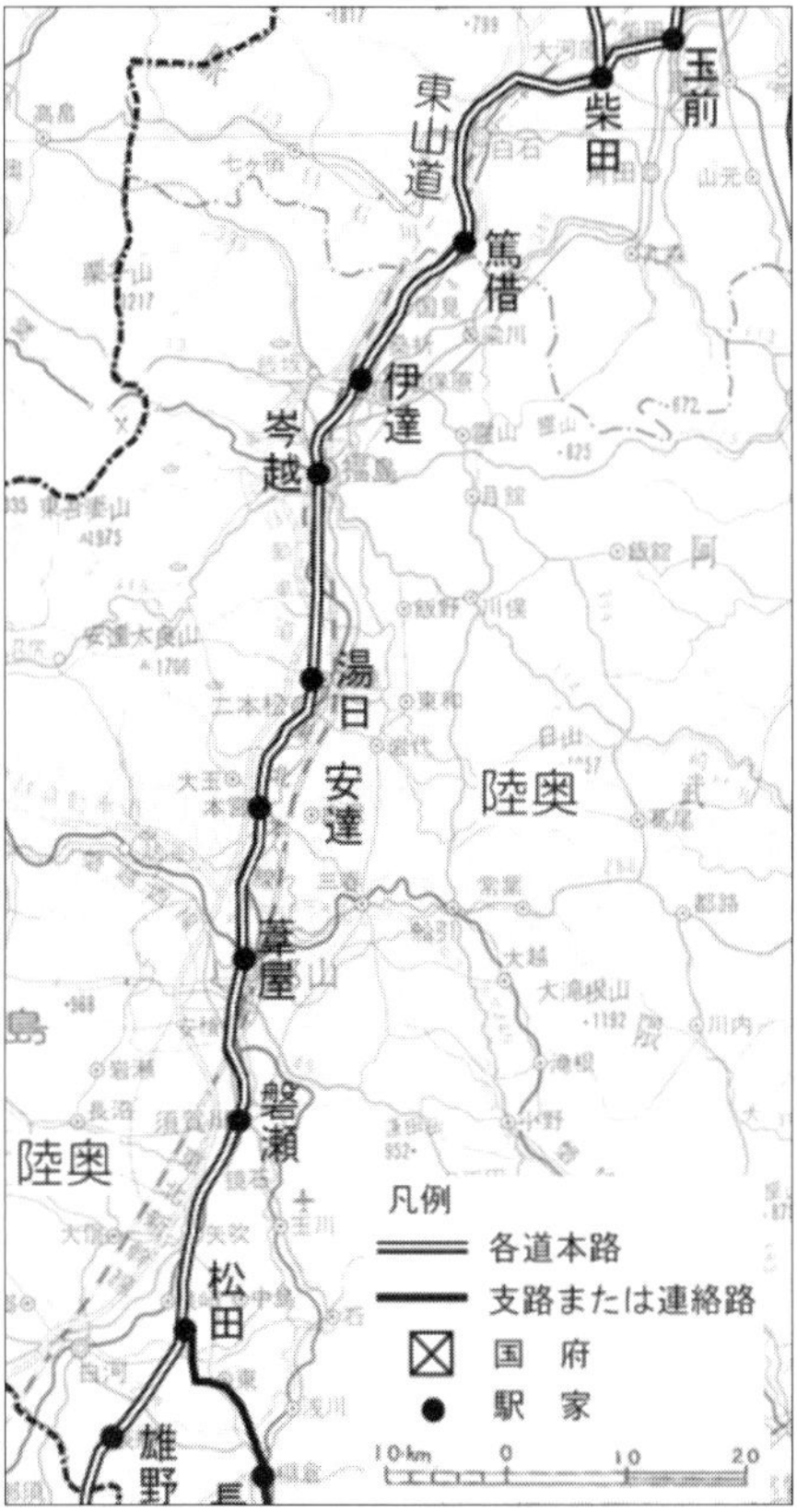

図108　東山道路線図—10

ここで近世の東北地方の幹線街道である、いわゆる奥州街道の名称について言及しておきたい。陸奥国に入ると、奥州街道と東山道はかなり密接な関係を持つようになるからである。まず、近世の五街道の一つとしては、「奥州道中」という呼称が正式であるが、それは道中奉行の支配した白河までのことであって、一般には白河以北の津軽三厩《みんまや》までがその延長として認識されていた。南部藩（盛岡）では、『奥州道程記』（元禄十五年〈一七〇二〉）には「宇都宮海道」と記され、『増補行程記』（宝暦元年〈一七五一〉）では何も記していない。このほか、仙台・松前街道などと称される場合もある。本書では奥州街道とする。

明治期になって、政府は明治六年（一八七三）、東京より福島・仙台・盛岡を経て陸奥国野辺地より大間に至る路線を「陸羽街道」と称した。それは必ずしも旧街道のままではなく、そのあと福島県や栃木県の県令を歴任した三島通庸《みちつね》によって改良されたルートなどもそれに含まれる。これがおおむね現国道4号の筋になった。古代路の研究でも陸羽街道なる名称の使用が見られることがあるが、これは奥州街道あるいは奥州道中の名を使用しないと、近世街道との比較をする場合に誤解を生ずる恐れもあろう。

白河関を越えて北へ

これからは図108によってルートを追う。下野の国境を越えて、主要地方道76号坂本白河線のルートで陸奥国へ入ると、ほどなく白河関跡（白河市旗宿）がある（図109）。このあたりは近世以降の交通幹線の通る道筋とはやや異なり、現白河市の中心からは一〇キロほど東の山中を通っている。東山道はこの国境を挟んで、宇都宮市の先で鬼怒川を越えたあたりから福島県の須賀川市あたりまでは、近世以降の交通幹線、すなわち奥州街道や陸羽街道、国道4号、東北自動車道、JR東北本線、東北新幹線などの道筋からは外れている。

陸奥国最初の**雄野《おの》駅**（福島県表郷《おもてごう》村旗宿）は、『和名抄』の白河郡に小野郷・駅家郷があるところから、白河関のある地域に古くから比定されている。しかし具体的な位置比定の根拠には乏しいので、ここでは白河関跡から三〇〇メートルほど北に行った関ノ里に一丁仏が現存しているところから、この付近に比定したい。一丁仏とは、奥州平泉の藤原清衡《きよひら》が「白河関より外ヶ浜（陸奥海岸）に至る二十余日の行程なり。その路一丁ごとに傘塔婆を建て、以って行旅の目標とせり」（『吾妻鏡』）としたもので、ここ以外にはその遺物は残されていない（図110）。いうまでもなく駅の設置よりは後世のものであるが、何らかの指標として選んだ。前の黒川駅から一三・八キロである。

これまでルートを同じくした主要地方道76号坂本白河線は左にそれ、駅路は小丘陵を数ヵ所横断

図109　白河関跡

図110　一丁仏（表郷村旗宿）

図111　磐瀬駅比定地付近の状況
（須賀川市森宿）

して次の松田駅まで北東方向に直線的に進んだと見られる。一部には車で通れない部分もある。**松田駅**《まつだ》（泉崎村関和久《せきわく》）は東海道の東山道連絡路との合流点でもある。これも『和名抄』に白河郡松田郷とあり、現在の東村に相当するとされるが、その位置は明確ではない。木下はその両道路の方向性から白河郡家跡のある泉崎村関和久に比定した。雄野駅から一一・八キロである。

山田安彦は、松田駅を含めて東山道のルートを阿武隈川に近い位置と想定しているが（藤岡編『古代日本の交通路II』前掲）、これはやや東山道連絡路に引きずられた見方で、関和久からまっすぐ北上して矢吹町からは現国道4号およびJR東北本線に近いルートをたどって、次の**磐瀬駅**《いわせ》（須賀川市森宿《もりじゅく》）に達したと見たい（図111）。磐瀬駅は古くからこの森宿が近くに「うまや」地名があることから比定されており、黒坂周平も詳しく分析していて問題はない。松田駅から二一キロとやや長い。

森宿は約一キロ間を隔てる国道4号とJR東北本線とのほぼ中間に位置しており、そこから次の**葦屋駅**《あしや》（郡山市清水台）までも、その中間を行くと見る。葦屋駅比定地の清水台は廃寺跡があり、『福島県史』によるもので、黒坂も東山道の直線性から肯定的な見方をしている。磐瀬駅から一一・四キロを測る。

陸奥国にも見る古代路の直線性

葦屋駅から次の安達《あだち》駅（本宮町立石）までは大筋ではほぼ直線で、近世奥州街道と重なっている。ただ、丘陵地など二ヵ所でやや弓なりに迂回している。現国道4号は、くの字型に大きく西に折れる形で中間が離れている。この概略の直線区間のうち、本宮町の仁井田地域で、木下が、旧街道が迂回している区間に、空中写真によって古代の道路痕跡を発見した（木下良『日本古代律令期に敷設された直線的計画道の復原的研究』國學院大学、一九九〇年）。安達駅には諸説があるが、ここでは木下に従い、この直線道が本宮町市街区域を抜ける部分にある字立石に比定する。立石については、すでに東海道の武蔵国の豊嶋駅から下総国府に至る途中で説明したように、古代路に特有な道路指標である。

図112　岑越駅比定地付近から北方，信夫山を望む（福島市森合町）

黒坂は、郡山市の南から本宮町までに三ヵ所の顕著な直線性のあることについて、「これはもともと奥州街道は、全般的に中世からのいわゆる〈奥大道〉の上に重なっており、その〈奥大道〉は古代からの〈東山道〉に名づけた名であることから生じた現象ではなかろうか」と分析している。

なお、この安達駅については、これより先の二本松市北杉田に比定する説も古くからある。しかしさらに次の湯日《ゆひ》駅（安達町油井）の位置については問題があまりないので、そうすると安達・湯日両駅間の距離はわずか六キロ程度しかなく、葦屋・安達・湯日三駅間のバランスがひどく悪くなる。前記の立石に比定することで、葦屋・安達駅間が一三キロ、安達・湯日駅間が一二・六キロとなって、バランスもよい。

信夫山を越えて直進する

安達駅から湯日駅までは、地形がやや複雑なので、直線で一挙に結ぶのは難しいと見られるが、これまでと同様、近世奥州街道あるいは現国道4号のルートと大きくは外れないと見られる。

湯日からは国道4号やJR東北本線はやや東を迂回するように走っているが、東山道は近世奥州街道のルートに近く、ほぼ真北に向って進み、松川町付近でJR東北本線を横断して、JR福島駅付近で東から来て北に向かって右折する国道13号のルートにほぼ重なり、福島市の中心街をまっすぐ信夫《しのぶ》山に向って進む。細かく言えば、国道の一筋東の街路が東山道に当たろう。国道はトンネルで直進するが、その手前が**岑越**《みねこし》**駅**（福島市森合町）である（図112）。この駅については黒坂がつぶさに分析し、駅名の文字通り正面の信夫山を越えて北方に達するものと解釈した。湯日駅から一七・三キロである。

信夫山を越した東山道は、ほぼ現国道4号の西を北上する近世奥羽街道に沿って直進したものと見られる。次の**伊達**《いたち》**駅**（桑折《こおり》町成田）は、まず「こおり」の地名が郡家の所在地と考えられており、さらに黒坂は街道を軸とした地割りから比定した。福島県『歴史の道調査報告書』（一九八三年）も同様な見解である。岑越駅から九・四キロと比較的近い。

十二　東山道陸奥路その一（宮城県管内）と出羽山道

陸奥・出羽両路に分れる

東山道は伊達駅から先も、旧奥羽街道にほぼ沿って北上し、国見町の厚樫《あつかし》山の鼻の先を過ぎる。ここは交通上、あるいは戦略上の要衝であり、現在も国道4号、東北自動車道、JR東北本線が摺り合うように通過する。まもなく宮城県に入り、**篤借駅**《あつかし》（宮城県白石《しろいし》市越河《こすごう》）に至る。図108をそのまま参照されたい。越河も地域は広く、黒坂は馬場台・馬場前・上馬渡戸・海道下など旧小字の地名が集中しているJR越河駅付近に篤借駅を比定する。なお大槻如電は、篤借は熱借・厚樫などと同じく借字で、北海道の厚岸《あつけし》と同じ蝦夷語であるらしい、と論じている。伊達駅から一三・九キロである。

篤借駅からも同じく旧奥羽街道の筋を北上し、白石《しろいし》市街の中心を抜けて白石川を渡り、以後は白石川左岸に沿って東に向い、**柴田駅**《しばた》（柴田町船迫《ふなはざま》）に至る。ここも大槻如電が『駅路通』で示した場所が比定地として定着している。如電はここに立石長者の遺墟があり、源頼朝の軍勢が舟迫に宿泊した事実（『吾妻鏡』）などにより、最初に比定したもので、異論は出ていない。篤借駅からは二一・七キロとかなり長い。既に記したように、陸奥国へ入った東山道各駅の駅馬数は一〇疋であった。

陸奥路と出羽路の生成の歴史

ここから陸奥路と出羽路に分れる。これ以降の全体図として図113を掲げる。どちらが先でどのように延びて行ったか、中村太一が詳しく論じている（中村「陸奥・出羽地域における古代駅路とその変遷」前掲）。

中村の所論をごくかいつまんで述べれば、駅制最初の時代（七世紀後半から八世紀初め）にまず陸奥国

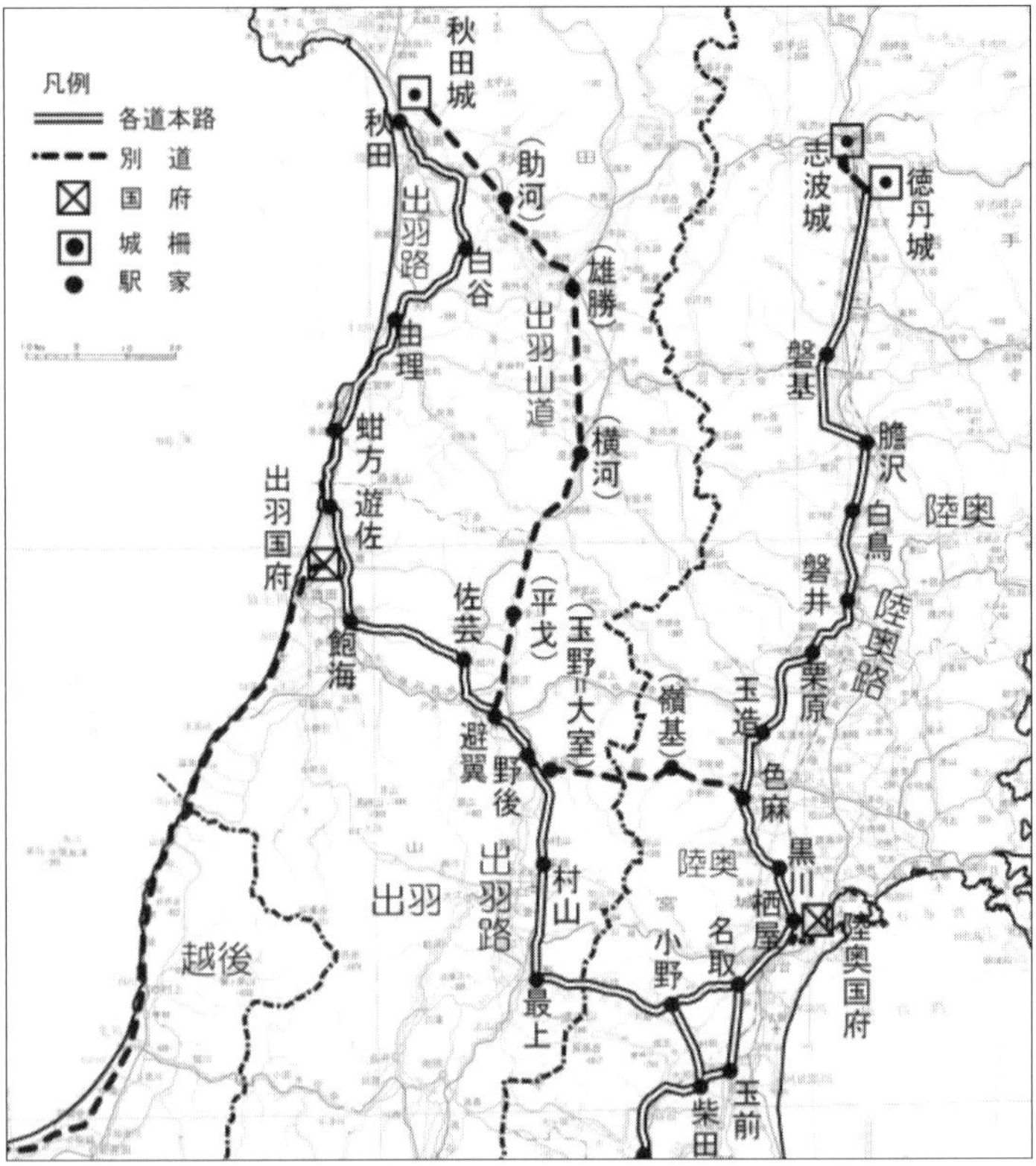

図 113　陸奥路・出羽路と出羽山道

府（多賀城）まで東山道が造られ、やや遅れて北陸道が出羽国府まで延び、さらには出《で》羽柵《わのき》（秋田城）まで進んだ。出羽地域は、最初は北陸道の越後国の一部であった。和銅五年（七一二）に出羽国が分立されたとき、それまで陸奥国に属していた最上・置賜両郡を編入し、北陸道の一国となった。

　そののち、色麻柵《しかまのき》（後の陸奥路色麻駅付近）から分れて出羽国府までのルートが連絡路として造られ、さらに雄勝を経る出羽山道が秋田城まで開かれた。天平九年（七三七）以前に出羽国は東山道の管轄となり、八世紀末に色麻柵からの出羽山道が反乱で危機に瀕したため、笹谷《ささや》峠越えの連絡路が設けられた。後にはこれが出羽路の本道になる。

平安期に入って九世紀初め、陸奥路が志波城まで延びる。その後、『延喜式』に記載される十世紀には、それまで連絡路として残されていた北陸道から出羽国府へのルートは廃絶した。

直路としての出羽山道

概要は以上であるが、後の陸奥・出羽両路の駅路とも関連があるので、陸奥・出羽連絡路と出羽山道について少し詳しく説明する。天平九年（七三七）、鎮守府将軍であり陸奥按察使の大野東人《おおののあずまひと》が多賀柵《たがのき》（陸奥国府）から出羽柵（現秋田市）まで行くのに道が遠回りなので、男《お》勝《かち》（雄勝）を征伐して「直路」を開きたいと奏上し、裁可を得た。東山道の陸奥の拠点である多賀柵からは、出羽国府を経る海岸沿いのルートでは遠回りなので、内陸の雄勝を経由する道を新たに開くこととしたのである。その年四月に東人は俘虜を含め六〇〇〇名近くの兵を従えて自ら出陣し、道路の開削に成功した。この道は後の陸奥路の色麻駅に近い色麻柵から東北山脈を横断して玉野に至り、そこから北上して平矛山《ひらほこ》を経て雄勝に至るものであった。奥羽山脈越えのルートは、銀山越えといわれる近世の軽井沢越最上街道にほぼ近いとされる。

出陣の日、色麻柵から出羽国の大室駅まで来ると、出羽の国守らが迎えに来ていた。つまり、その時点で少なくとも出羽柵（出羽国府）から大室駅までは連絡路が通じていたことを示す。また、この奥羽山脈越えの道路開削で、陸奥・出羽直通連絡路が通じたことになる。このときの「直路」開削は、雄勝止まりで、秋田城まで通じたのは天平宝字三年（七五九）のことである。そのとき出羽山道と呼ばれるこの雄勝ルートに、玉野・避翼《さるばね》・平戈《ひらほこ》・横河・助河・雄勝・陸奥国嶺基の七駅が設けられた。その一つの玉野駅は先の大室駅と同じといわれ、大槻如電によって現在の尾花沢市玉野原に比定された。出羽山道がいつ廃絶したのは分からないが、『延喜式』にはもはやそのルートの駅家名は、避翼を除いて記載されていない。図113中、出羽山道の駅家の位置は、木下の比定による。

関連遺跡の多い陸奥国府までの道

柴田駅からは、まず陸奥路のほうから見てゆこう（図114）。白石川の左岸をそのまま東に進めば、白石川は間もなく右から流れて来た阿武隈川に合流する。その阿武隈川の左岸沿いに東へ進んで**玉前《たまさい》駅**（岩沼市南長谷）に達する。ほぼ現在の国道4号に近い。ここは旧地名に玉崎があることと、当初の東海道からの連絡路がここで接続していたであろうことから、駅の所在地と比定されている。東海道からの東山道連絡路については、菊多関を通る浜通り（海道）を経てこの地に至るものであったとされている。これが弘仁三年（八一二）に廃止されて陸奥国白河郷に通じる内陸路（山道）に変り、松田駅に合流するものとなったことについては東海道の章で記した。玉前駅比定地とされる南長谷には、太平洋戦争直後（昭和二十年代）にはまだ渡し舟が経営されていたという。柴田駅からは一〇キロと、比較的短い。この駅の配備駅馬数は五疋で、これは陸奥路の最後まで続く。

ここから東山道陸奥路はほとんど直角に左折して北上する。西側の丘陵台地の裾に沿って、現在は主要地方道39号仙台岩沼線がほぼ直線的に通っている。この道筋は長徳四年（九九八）、陸奥国守として下ってきた藤原実方《さねかた》中将が、この地で奇禍に遭って不慮の死を遂げ、その墓も残されている（図115）。のちに芭蕉が奥の細道で訪ねたが、少し別の道を歩き墓は見当たらなかったという。またその北には熊野神社があるなど、古代路に関係深い遺跡も少なくない。黒坂は「もしこれが東山道であることが認められてくれれば、ほぼ直線的に延々一一キロ、という東北地方で最も典型的な東山道の遺構ということになる」と述べている。ただ丘陵地の出入りがあり、平坦地のような完全な直線性を保つのは難しかろう。

実方中将の墓からさらに北上すると、名取川の右岸（南岸）近くに平安朝の建造と伝えられる熊野神社があり、**名取駅**《なとり》（名取市高舘熊野堂）はこの周辺に比定される。玉前駅から一二・六キロである。

図114　東山道路線図—11

ここから北に名取川を渡り、陸奥国府（多賀城）方面に向かう。現在は仙台市の中心地域を通過するので、古代道路の痕跡を求むべくもない。しかし、熊野堂対岸の名取川北岸から陸奥国府まで直線を引いてみると、ちょうどその中間に陸奥国分寺跡があり、東山道陸奥路が東北方向にほぼ

図115　東山道路側の実方中将の墓（名取市愛島塩手）

図116　多賀城碑拓本

直行したであろうことは疑えない。ただし、多賀城跡の発掘によって、多賀城外郭南辺から南に幅約二三メートルの南北道路が八四〇メートルにわたって確認されており、これに交わる幅一二メートルでわずかに斜めの東西道路が西方に延びているので、それが東山道につながると推定される。つまり、東山道は国分寺跡からJR貨物線に沿って東北に延びた後、石巻街道およびJR東北本線に沿って多賀城を東に見ながら進み、利府町付近で北に向かう。**陸奥《むつ》国府**（多賀城市市川）へは、多賀城前面から来る東西の道で連絡できる。

ちなみに多賀城跡には、天平宝字六年（七六二）の銘のある多賀城碑が残されており、これには各地への距離が書かれている（図116）。たとえば「京を去ること一千五百里」とある。換算するとちょうど八〇〇キロである。筆者がこれまで算定してきた数字を基にすれば、平安京の羅城門から多賀城まで七八〇キロである。七六二年は平城京の時代であり、その場合は東山道は平城京から北上して勢多駅へ出ていた（第一章　五　畿内の六道とその変遷、参照）。その場合、羅城門・勢多間が二四キロ、平城京（北門）・勢多間が三六キロであるから、その差を加算すると、平城京から多賀城まで七九二キロとなる。このことからしても、当時の計測の正確さを見ることができる。なお、同じ碑に蝦夷国界までは一二〇里（六四キロ）とあり、これだと仙台平野の北辺あたりか、せいぜい一関、衣川あたりまでで、奈良朝当時の律令国家の東北支配の状況がわかる。多賀城碑所在地の旧字名が立石であり、また多賀城碑には、大きく「西」とあり（図116参照）、碑も西に向いていて立っていたものであり、多賀城碑は立石の典型を示すもののようにも思われる。

さらに北へ

これまでも、奈良時代の駅路と平安時代の『延喜式』に記されている時期の駅路では、路線も構造もかなり異なる場合があることを説明してきた。しかし、それはいわば多賀城までの話であって、それより北の陸奥路については、多賀城碑にもあるように奈良時代にはまだ律令国家の支配は十分及んでいなかった。したがって、多賀城以北の陸奥路東山道は、平安時代に入って延暦二十年（八〇一）、坂上田《さかのうえのた》村麻呂《むらまろ》が征夷大将軍に任じられ、胆沢《いさわ》を攻略して築城し、翌年鎮守府を胆沢城に移したあたりを画期として確立、あるいは強化されたといってよい。駅家の比定地や想定ルートも、田村麻呂の足跡と重なることが多い。

図117　黒川駅比定地付近（大和町相川）

図118　頼朝の故事のある「つくも橋城跡」付近

東山道陸奥路は、前述のように多賀城の西を通過した。次の**栖屋《すねや》駅**（利府町菅谷）の位置については定説はないが、ここでは多賀城から来る東西の道から北へ出る連絡路の接点あたりと見たい。利府町での想定地の一つである。名取駅から一六・五キロである。

ここからは、真北に上り、利府町に入ってからはおおむね主要地方道3号塩釜吉岡線に沿い、**黒川《くろかわ》駅**（大和町《たいわちょう》相川）に至る。大和町に入って、黒坂は旧道線上に「遠仙道」の字名を見出している。黒川駅も諸説があるが、その一つの相川で落合橋を渡って左折する交点付近に比定したい（図117）。栖屋駅から一三・二キロを測る。

黒川駅から西北にさらに主要地方道3号線を行けば、東北自動車道の大和ICを過ぎる。現在の道を追うならば、やがて国道4号を一時経て羽後街道（最上街道ともいう。国道457号）に沿うようになり、**色麻《しかま》駅**（色麻町四竈《しかま》）に達する。黒川駅から一五・五キロである。これまでしばしば「なになに道に沿う」という表現を使ってきた。これは古代路が先にあり、それを近世街道が踏襲し、さらに国道がそのあとを襲っていることは言うをまたない。色麻には古代の色麻柵《しかまのき》があった。ここを起点に天平九年（七三七）、大野東人《おおののあずまひと》が玉野（山形県尾花沢市）まで道を開いたことは先に記した。道はさらに北に羽後街道（国道457号）に沿って進み、岩出山町中心部から主要地方道17号栗駒岩出山線によって扇状地の山すそを巻き込むように東北に進む。**玉造駅**《たまつくり》（岩出山町葛岡）はその途中にあったとされる。色麻駅から一三・四キロである。

このあたり、近世以降の道筋からすると、ずいぶん西の山寄りを通っている。これは東寄りは低湿地や沼沢地が多く、川を渡るのに上流のほうが渡り易かったためのようである。この道筋は松山街道または陸奥上街道とも呼ばれ、後年芭蕉が奥の細道で平泉の中尊寺に詣で、その足で出羽に赴くとき、ちょうど逆コースになってたどった経路でもある。

扇状地の山すそを越えて、次の**栗原駅**《くりはら》（栗駒町栗原）に至る。ここはその地名から特に異論は出ていない。玉造駅から一六・六キロになる。栗原駅からも上街道をたどることになり、頼朝の故事が残る「つくも橋」が途中にある（図118）。

つくも橋城跡を過ぎ、金成町あたりで奥州街道（現国道4号）の道筋に出てからは、ほぼこれに沿って北上して岩手県内に入る。

十三　東山道陸奥路その二（岩手県管内）

平泉の柳之御所を経て

岩手県に入れば一関市であり、そのまま旧奥州街道、現国道4号に従って北上して、磐井川の右岸（南岸）に達した所が磐井駅《いわい》（岩手県一関市萩荘）である（図119）。ここは萩の馬場の旧地名があり、大槻如電の『駅路通』が最初に比定した。栗原駅から一九・六キロを測る。

これから先も道筋ははっきりしておらず、従って旧奥州街道を踏襲した国道4号（旧ルート）を主体として北上したと仮定する。ただ、八キロほど先に中世初期の平泉柳之御所の都市計画による道路遺構が発掘調査で明らかになっており（羽柴直人「一二世紀平泉の街路について」『発掘された中世の古道』中世みちの研究会　第三回研究集会、二〇〇〇年）、それによれば柳之御所の外廓道路に幅一二メートルの道路も検出されているので、これを駅路の跡と考えれば、平泉においては、東山道はJR東北本線を平泉駅の南端で斜めに越えて、北上川の西岸近くまで真北に進んだ後、約七〇度西に振れて再び東北本線を斜めに越えて旧奥州街道の道に戻ったと考えられる。

ここから先は北上川によってやや湾曲しているけれども、東北自動車道の平泉前沢ICあたりからはほぼ直線のコースへ戻り、白鳥川を越えたところが白鳥駅《しろとり》（前沢町塔ヶ崎）である。白鳥駅については黒坂が詳しく考証している。この付近の国道4号は、白鳥川を渡った直後にJR東北本線を越えてバイパスにより迂回し、白鳥神社に近い白鳥駅比定地付近の旧奥州街道は県道になっているが、古道の直線性をよく保っている（図120）。磐井駅から一三・八キロである。

白鳥駅からも、奥州街道に沿って北上したと考える以上の材料はない。平安期の寺院跡などもおおむね奥州街道に沿っている。黒坂は、水沢市に入る手前で胆沢町が西から鉞《まさかり》のような形で東に突出した部分があり、その刃先に当たる南北の直線部分の道が水沢市に直通して北上するのに着目し、これが東山道の通過位置ではないかとの見方を示している。この付近には龍ヶ馬場の地名が残されているのも傍証の一つであろう。

図 119　東山道路線図—12

図 120　白鳥駅比定地付近の直線道

図121　磐基駅比定地の新平遺跡付近

膽沢《いさわ》駅（水沢市佐倉河）は、胆沢城跡が一般に比定されている。黒坂による龍ヶ馬場の先の直線道の先を北上川に到達するまで進み、そこで西北西に進路を変じれば胆沢城の南面を通る。白鳥・膽沢間は一六・三キロになる。

膽沢駅から磐基駅までの駅路ルートについては、木下の空中写真による分析がある（木下『日本古代律令期に敷設された直線的計画道の復原的研究』前掲）。すなわち、胆沢城南面から西北西に進んだ駅路は、西根付近で真北に変針して、宿内川を渡ってほぼ現在の胆沢広域農道に沿うように北上する。岩崎で北上川を渡り、北北東に振れて直線の市道を進む。この道は、現在は市町村合併で消えてしまったが、和賀町と江釣子村の町村界上にあった。古道が村界を通ることは各所にその事例がある。

その先が**磐基《いわき》駅**（北上市新平《にっぺい》）である。ここは昭和三十二年（一九五七）からの発掘によって古代の駅家跡と推定され、磐基駅の比定地として問題がない。平坦地に低い小丘陵となっている（図121）。前膽沢駅から一九・七キロになる。『延喜式』に記載されている東山道の駅はこれが最後である。名取駅以来、全一一駅の駅馬数はすべて小路としての五疋である。

直線の東山道を踏襲した花巻以北の奥州街道

『延喜式』の駅としてはここで終るが、駅路そのものはまだ北へ上る。磐基駅からは、北北東に直線の市道に従って進む。この道は新平から八キロほど直線が続く比較的新しい道ではあるが、木下は、そこに地図上の古道痕跡を認めており、古代道の跡ではないかと思われる（図122）。

その先を延ばすと、旧花巻城跡の鳥谷ヶ崎《とやがさき》公園に達する。比較的平坦な花巻市市街部の微高地である。この斜めの道は東山道の跡地であると考えてまず間違いあるまい。花巻以北については、木下は紫波町の南日詰付近までは、慶長年間の奥州街道であり、鎌倉街道とも称された西にやや弓なりになった道路の筋を東山道とする。ただ、これについては筆者としての見解がある。花巻市中心から紫波町までは、約一五キロにわたって直線道が続いている。これは明治になってそれまでの奥州街道がそのまま国道4号になり、拡幅されたものである。ただし、中間の石鳥谷《いしどりや》町の約五キロの部分は、市街地であることと北上川に接近していることから、昭和五十一年（一九七六）にJR東北本線を立体で越える迂回路のバイパスとなった。しかし、その石鳥谷の旧道部分は昔のまま直線で残されている（図123）。

図122　新平遺跡から北北東に進む直線道路

　この直線道は、陸羽街道などと明治期につけられた名前で呼ばれることもあり、さらに現在はほとんどが4車線の大道路になっているので、いかにも近代的な道に見えるが、新しい道ではなく近世の奥州街道であった。しかし当初からのものではなく、明暦三年（一六五七）に藩主南部重直によって路線改修と松並木の整備が行われたものである。最初は慶長年間に、先に見た弓なりに迂回した道が奥州街道として設定された

図 123　古代路を踏襲したと思われる旧街道の面影を残す直線道（石鳥谷町）

図 124　徳丹城跡（矢巾町西徳田）

のである。それは鎌倉街道を踏襲したもののようである。

それとは別に、江戸期に一五キロもの直線道が街道として新たに造られるということは、他に例を聞かない。それは一大名の創意とは決して考えられず、必ずやそれ以前に何らかの道路痕跡があったからこそ、そこを新道として復活させたのではなかろうか。また、この道が南下して花巻に入る部分は、街道らしく曲折しているが、本来その直線の方向はやや小高くなった旧花巻城を目指しており、これもまた古代道路の特徴を示している。すなわちこの道の元は、古代の東山道以外には考えられない。直線道沿いの古代関連遺跡の存在については承知していないが、筆者はこの明暦以降の直線的な奥州街道が東山道を踏襲したものと考える。

さて、この東山道を踏襲し、今は国道4号である奥州街道は、紫波町南日詰からやや方向を変えてほぼ真北を目指し、矢巾町で東に**徳丹《とくたん》城**（矢巾町西徳田）に接する（図124）。ここまで磐基駅から三四・六キロである。木下は、その中間の花巻市北部に、東山道推定ルートより西にやや離れているが糠塚《ぬかづか》なる地名が残り、この地名はまた磐基駅に比定される新平周辺にもあることから、何らかの駅に代わる施設がこの付近にあったのではないかと推測する。糠塚とは、馬の飼料になる糠が塚をなしたものと伝えられる。ここは磐基駅・徳丹城それぞれに対して、およそ一七キロの地点にある。

『延喜式』の駅路としては徳丹城が終点である。それより先に志波《しば》城（盛岡市下太田）が造られたのは、延暦二十二年（八〇三）で、造城使は坂上田村麻呂であった。当然そこまで東山道は延びたはずである。ところが、わずか一〇年足らずの弘仁三年（八一二）ころ、水害を理由に一〇キロほど手前の徳丹城に移された。結局、徳丹城が陸奥路の終端となった。志波城まで延びていたときの経路は判然としない。徳丹城から志波城までに地図上で定規を当てると、独立峰の岩手山（標高二〇三八メートル）に当たる。事実、斯波城を目指して車を進めれば、平野の正面に屹立してよく見える。ただし、残されている地割りや道路の方向などからは、そのような直接経路は想定しにくい。志波城の手前に南北の直線路が一部あり、それへ徳丹城から北西方向に斜めの道でつないだのかもしれない。

なお、柴田駅から徳丹城までの総距離は二〇一・八キロ、これに羅城門から草津分岐までの東海・東山両道並存区間が三二・五キロ、さらに柴田駅までが七一二・五キロであるので、総計九四六・八キロとなる。

十四　東山道出羽路その一（福島～山形県管内）

出羽路の出発点は、初めは陸奥国府か

南からきた東山道は柴田駅で二つに分れた。今度は西に行く出羽路を追う（図125）。まず主要地方道14号亘理大河原川崎線に沿って北北西方向へ向う。村田町に入り、正面に白鳥神社がある（図126）。白鳥神社は日本武尊の縁起にかかって歴史的に古く、この道筋が古くからのものであることを思わせる。

ここからは丘陵地に入るので、古代の道を直接探るのは難しいが、道をこれまでと同じく主要地方道14号線に沿って北西に進むことは大筋で間違いない。やがて東北自動車道から分岐した山形自動車道と接するようになり、この主要地方道も自動車道に平行するように西に向かうのだが、次の小野《おの》駅（宮城県川崎町小野）は、そのまま北西方向に進んで、仙台方面から進んできた国道286号に接するあたりと考えられる。小野の古い地名が残っている（図127）。柴田駅から一六・三キロである。

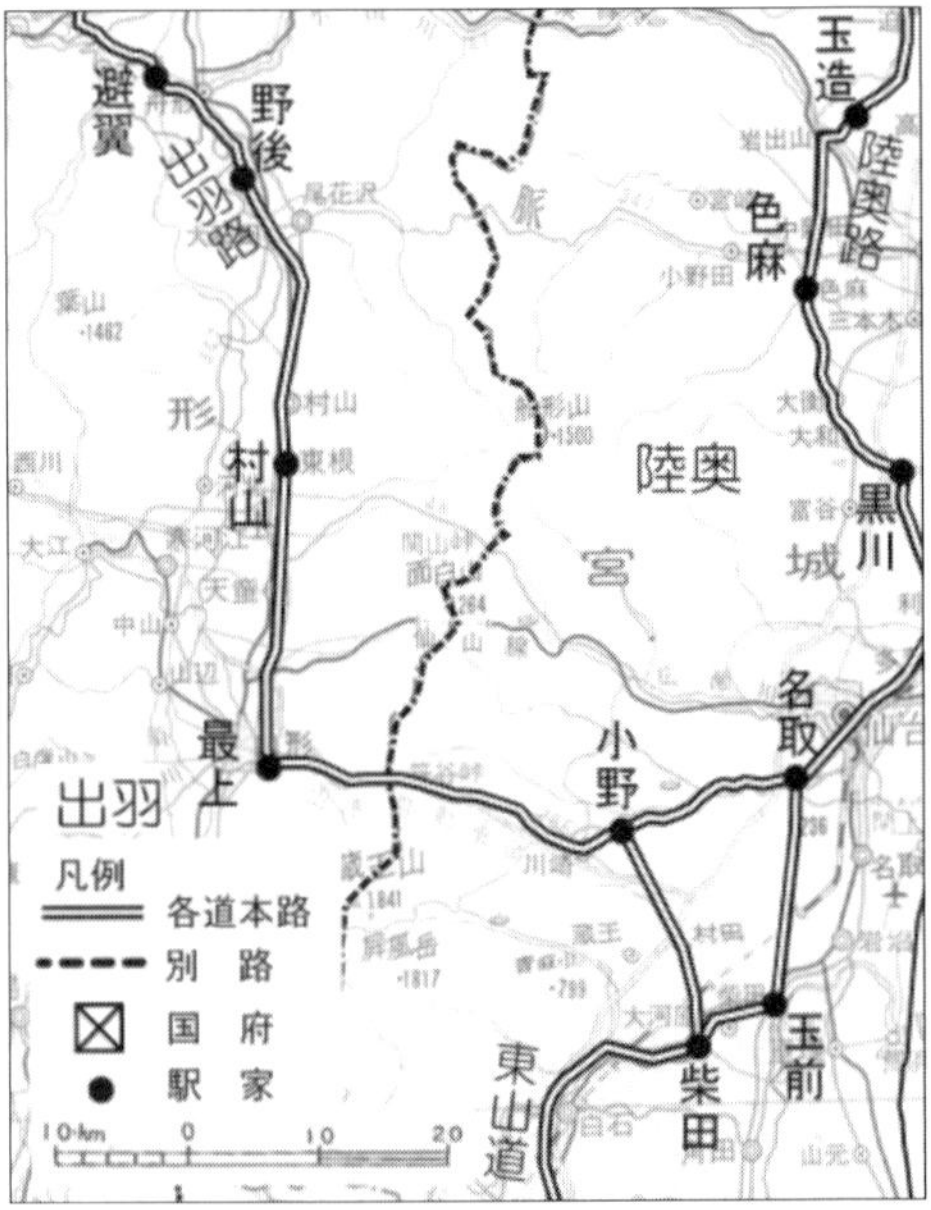

図125　東山道路線図―13

図126　白鳥神社(村田町村田)

図125に見るように、陸奥路の名取駅と出羽路の小野駅との間には連絡路が設けられている。その間の距離は一八・三キロである。このルートはほぼ国道286号（笹谷街道）に近い筋と見られる。この小野駅の位置を見ると、これは後にできた連絡路ではなく、初めに陸奥国府から名取駅・小野駅を通じて出羽国へ入る道が先にでき、後に柴田・小野間に連絡路ができたと考えられる。もし柴田からの分岐路が先にできたのであれば、小野駅は現道でいえばもっと山形自動車道に近い川崎町前川付近に位置するのが自然ではないか。小野駅比定地の小野は、柴田駅からのルートとしてはやや迂回路になる。

図127　小野駅比定地付近（川崎町小野）

木下は、出羽国の最上・置賜両郡は出羽国分立前はもともと陸奥国所属であったのだから、当然陸奥国府から両郡への連絡路があったであろうと推測する。それが陸奥国府から笹谷峠を越えて最上に達する道であるとするならば、小野駅が陸奥国府からの道筋に置かれたと考えるのがむしろ自然である。その後、色麻柵からの直結路が大野東人によって造られ、さらに都からの直結路として柴田からの道が開かれたと見たい。

『延喜式』では、たしかに都から東山道の駅馬数は各駅一〇疋が原則で、それが陸奥路ではなく出羽路のほうに続いている。しかし、黒坂が指摘するように、「『延喜式』記載の馬数が官道成立の当初から変化がなかったとはいえず、むしろ『延喜式』に記述されるころは、中央政権の主力が出羽方面に向けられたため、このようになった」（黒坂『東山道の実証的研究』前掲）とする考え方もある。駅馬一〇疋が続くという理由

図128　最上駅に比定される交差点付近(山形市小白川町)

だけで出羽路を本路とするのは疑問があり、筆者は両路ともを本路として扱うこととした。

さて、出羽路はこの先、小野駅からはほぼ近世の笹谷街道に沿って笹谷峠（標高九〇六メートル）を抜けて出羽国に入り、**最上《もがみ》駅**（山形市小白川町）に至る（図128）。この位置については諸説があり、笹谷峠を抜けたすぐ先の山形市関沢とする説もあるが、次の村山駅までの距離や、最上駅の駅馬数が一五疋と特別に多いことから、黒坂は山形市の中央部で、東山道が北に変曲する地点と考えた。小野駅からは三〇キロちょうどになる。たしかに距離からいえば中間点付近にあってもおかしくはない。しかし、次の村山駅までがまた二二キロと長いこと、峠付近に置かれた例が他にもないこと、関沢には駅田を設けるべき余地もなさそうなことを考えれば、黒坂の見解が妥当と思われる。

最上駅付近は山形盆地に入ったばかりの地点で、ここで針路を北に向ける。天童市の中心市街地から村山市の中心市街地まで、一本の道が一五キロほど北に向かって一直線に走っており、そのすぐ西をＪＲ奥羽本線（山形新幹線）が直線で寄り添っている。これは明治初年に時の山形県令三島通庸《みちつね》が改良した羽州街道である。山田安彦（『古代日本の交通路II』前掲）や黒坂修平（『東山道の実証的研究』前掲）は、この直線の羽州街道より西側約二キロ離れた山形平野の中央付近に一連の奈良・平安期の遺跡があり、東山道はそれらを結ぶ線にあって、村山駅もそちら側の東根市郡山とする。しかし木下良は、古代路はもう少し安定した地形を選ぶのではないかとして、逆に羽州街道より東側約一キロの付近を通る山麓際のルートを想定している。その際、天童市の独立峰の舞鶴山《まいづる》が前後の目標になったのではないかとし、次の**村山駅**《むらやま》（東根市東根）を東根市の中心部北の大ケヤキ付近と考える。ここではそれを採る。村山駅の配備馬数は標準どおり一〇疋である。

船が登場する最上川周辺の駅家

村山駅から山形盆地の東辺を北上する出羽路は、村山市中心部の楯岡の東端を過ぎ、三島通庸が強引に通した切り通しの横を抜け、村山市北端の土生田《とちゅうだ》追分で尾花沢市中心を目指す羽州街道から西に分かれる。これは大石田町を抜けるルートで西部街道と呼ばれている。その県道が野尻川を渡った地点を、木下は**野後駅**《のじり》（大石田町鷹巣）と見る。出羽路が最上川の支流の丹生川をクロスする地点である（図129、130）。村山駅から二一・六キロを測る。さきに奈良時代に開かれた雄勝経由の直路の際に見られた玉野（大室）駅は、これより東の尾花沢市付近にあったものと見られる。

ここで出羽路に見る特異な問題が現れる。それは『延喜式』において、この駅以降の諸駅に、駅馬および伝馬のほか、船が登場することである。そのことと、同じく野後駅以降の駅名の記載順序が実際的に適合しがたい場合が生じることで、駅家の位置や順序に論者によってかなりの意見の隔たりがあり、定見を見ていない。ここでは木下の考え方を軸に、他の論者の意見も参照しながら見て行くこととしたい。なお、最上駅以北の駅路および駅家については、新野直吉の論考が詳しい（新野「令制水駅の実地研究」『日本歴史』一八四号、一九六三年。「水駅ならざる水駅」『歴史』二八号東北史学会、一九六四年）。このほか、小口雅史の論考（「最上川延喜式内水駅補考」『弘前大学人文学部文経論叢』一九八六年）などもある。

第一章に掲げた表1（『延喜式』駅名・駅馬数）には、煩雑さを避けるため、伝馬関係は一切載せなかった。しかし出羽国、つまり出羽路では、合計四駅について船が付けられており、しかも場所によってそれが駅馬相当のものであったり、伝馬相当のものであったりする。表6として、船の記載のある駅についてのみ、伝馬も含めて取り上げてみた。

図 129　東山道路線図―14

図 130　丹生川沿いの野後駅比定地付近

図131　野後駅付近詳細図(20万分の1図)

表6　出羽の国の船のある駅の駅馬・伝馬・船

駅名・駅馬／船		伝馬／船
野後	一〇疋	三疋／五隻
避翼	一二疋	一疋／六隻
佐芸	四疋／一〇隻	
白谷	七疋	三疋／五隻

これに見るように、野後駅には駅馬一〇疋のほか、伝馬三疋と伝馬に属する船五隻が配備されていた。この船が最《も》上《がみ》川を利用する船であることは間違いない。そこでこれまで一般に野後駅は野尻川が最上川に合流する大石田町駒籠が、その地名から比定されてきた（図131）。新野、黒坂もこの説である。しかし、ここは出羽路の推定経路からは約二キロほど西にずれている。駅路がそのために横に支路のような形で突出する例は他にはない。また丹生川から最上川にかけての右岸に沿って行くのも、駅路としては地形が不安定で不適当である。船がこの程度の距離をさかのぼるのは、それほど難事ではない。駅が寄り道するのではなく、船着場が駅路に近づく。駅路ではあくまでも陸路が主で、水路が従であるとすれば、そう考えるほうが合理的である。村山駅から二一・六キロである。

なお、新野は、村山駅も最上川沿いに在り、野後駅と対応した水駅であろうとしたが（新野「水駅ならざる水駅」前掲）、野後駅に配備されている船は伝馬相当のものである。本来、伝馬を使用するための伝符は、中央又は大宰府のみが発行権限を持っていて、国司は持っていなかった。つまり伝馬は都から地方へ行く場合の下り便のみに利用された制度である。したがって、伝馬格の船は下り便（この場合には舟行としても最上川の下り便）のみに利用され、帰りの便の利用者はいなかったはずである。船の配備のない村山駅を最上川沿いとして水路利用を考えることは不適当である。

これから先は、駅路でもやや特殊な場所となる。出羽水道駅路とも呼ばれている。水道駅路では、野後駅から先は船も利用したからである。これから先の避翼《さるばね》・佐芸《さき》の二駅にはいずれも駅馬のほかそれぞれ船が配備されている。馬と船とをどう利用したかの考え方で、出羽路のルートも変わってくる。

野後駅からは、先述の西部街道に沿って北に進み、JR奥羽本線芦沢駅の北東で国道13号と合流し、そのまま進んで猿羽根峠を越える（図132）。猿羽根峠は、近世羽州街道の重要な通過点として知られており、芭蕉が「奥の細道」で越えたことも有名である。

猿羽根峠を越えて船形町で西に針路を転じ、小国川の左岸沿いに進むルートは、現在は主要地方道31号舟形大蔵線が通じている。途中で小国川を渡り、左折して船形町中心部からは三㌔ほどで、**避翼《さるばね》駅**（船形町長者原）推定地に達する。小国川の右岸（北岸）になる。前の野後駅からは一一・四㌔と、これまでに比してかなり短い。避翼駅には、駅馬一二疋と伝馬一疋、それに伝馬としての船六隻が配備されている。この避翼駅の所在地については、古くから二つの意見がある。一つはこの長者原で、もう一つはこれより北の新庄市元合海《もとあいかい》である。それは長者原では最上川に直接面しておらず、これでは最上川の舟行には不便で、直接最上川に面した元谷海のほうが適切だとするものである。

木下は、新野・黒坂と同じく長者原説を採る。それは次の佐芸《さき》駅をどこにするかにかかっている。古くは佐芸駅を最上川に沿った立川町清川とする説が多かった。しかし佐芸駅には四疋と少なくはあるが駅馬が配備されている。古代日本の駅路には、船だけが配備される純粋な水駅というものは、後に見る北陸道の渡戸駅の船二隻のみで、他には一つもなく、あとの船の置かれる所はすべて水陸兼用である。

佐芸駅も水陸兼用である以上、最上川に沿った陸路を考慮しなければならないが、古代路がこのような峻険な河谷沿いに長く通る例は見当たらず、仮に佐芸駅を立川町清川とした場合には、前後の陸路を想定することが難しい。佐芸駅としては、水陸両路が利用可能な適切な場所を別に選ばねばならない。

図132　猿羽根峠（船形町）

新野は最上川の北方にある山越えのルートを考慮し、地元史家の意見も参照して、佐芸駅を鮭川流域の真木に求めた。これを木下も支持する。避翼駅からは同駅の比定地の一つとされる元合海を通り、国道458号に沿って北上し、前記の真木に至る。**佐芸《さき》駅**（鮭川村真木）は、最上川支流である鮭川の右岸（西岸）にある（図133）。駅馬四疋と船一〇隻が配備されている。これまで見た各駅の船が伝馬の扱いであったのに対して、佐芸駅の場合には駅馬と同等の扱いとなっている。駅馬数が少ないことと合わせて、この駅が水駅的色彩が濃いことが分る。なお、新野は冬季は水運に頼りがたいとしているが（新野「令制水駅の実地研究」前掲）、清川を佐芸駅に比定する小口雅史は逆に冬

図 133　佐芸駅比定地付近(鮭川村)

図 134　飽海駅比定地付近の飛鳥沼公園(平田町)

の西北季節風は帆だけで最上川をさかのぼれる状態にも仕向けられるし、このあたりは「船曳き」も楽に行われたと述べている（小口「最上川延喜式内水駅補考」前掲）。木下は、陸路が利用しがたい積雪期にむしろ水路が利用されたのではないかと考えている。避翼駅から一五・六キロを測る。

佐芸駅からの陸路は、県道315号線に沿って羽根沢を経て与蔵峠（標高約六八〇メートル）を越えて平田町西坂本付近に至ると見られるが、中間は自動車通行不能で現地踏査までには至っていない。このようなルートこそ、地元の研究者によって探求されねばならない。

峠を越えた麓の西坂本には、旧阿部家住宅などの旧跡が保存されている。ここから西に眺海の森を越えて松山町を横断し、ふたたび平田町に入ると**飽海《あくみ》駅**（平田町飛鳥）である。元の小字を船着場といい、現在は直接には最上川に面してはいないが、古くはその地名からも河岸にあったと見られる。今は飛鳥沼公園になっている（図134）。従来は飽海駅を近くの郡山が郡衙所在地として比定する向きがあったが、黒坂によって船着場という適切な場所が比定された。前佐芸駅からの陸路による距離は二九・九キロで、かなり長い。

飽海駅は駅馬一〇疋のみで船の配備はない。しかし佐芸駅との間に駅馬格の船は運航されていたから、港津設備は必要であった。この陸路と最上川を経由する水路とが、適度に使い分けられたのであろう。木下は、最上川を船が遡上するには水流の速さから曳き船によらざるを得ず、それに駅使が乗るのは時間がかかりすぎるから、水路を利用するのは、下り（佐芸駅から飽海駅に至る方向）にのみ使用されたであろうと考える。その点からしても、飽海駅に船が配備されないのは当然である。なお、『延喜式』では飽海駅は出羽国の最後の秋田駅のすぐ前に書かれている。これはおおむね遅れて設置されたためと解釈されている。

十五　東山道出羽路その二（山形〜秋田県管内）

出羽国府から秋田城まで

飽海駅から出羽路は針路を北に変じて、庄内平野の東端を北上する（図129、135）。現国道345号に沿っている。飽海駅からおよそ九キロほど行き、荒瀬川を渡るあたりの西約二キロの地点に**出羽《でわ》国府**（酒田市城輪《きのわ》）跡がある（図136）。出羽国府は、仁和三年（八八七）以降、一時的に出羽路が荒瀬川を渡る手前のすぐ東の段丘上に移転していた時期もある。八幡町の八森《はちもり》遺跡がそれである。嘉祥三年（八五〇）の地震により地盤沈下し、海進が国府付近まで及んだことによる。

出羽路は、その後もほぼ国道345号に近い筋で北上したと考えられ、遊佐町の庄内高瀬川を越えたあたりからは、国道345号やＪＲ奥羽本線に沿うように斜めに庄内平野北端をよぎるには、いささか軟弱地盤

図 135　東山道路線図—15

図 136　出羽国府跡（酒田市城輪）

が深いように思われ、山地の縁に沿って迂回したのではないかと推察される。庄内平野の尽きる地点で西に折れ、海岸の吹浦川河口に近い段丘上に、**遊佐駅**《ゆさ》（遊佐《ゆざ》町吹浦《ふくら》）があったと推定される。遊佐駅の比定地については、特に異論はない。前飽海駅から二四キロちょうどである。ただ、飽海駅から遊佐駅までの出羽路のルートについて、黒坂は出羽国府を貫くように庄内平野の最上川以北地帯の中央を北進すると考える。特に出羽国府跡に近い城輪柵《きのわのき》跡から北には大正期の地図には古道痕跡があり、沿線に多数の文化財包蔵地があるという。ただ、庄内平野の最上川以北は、海岸線に沿って顕著な砂丘地帯があり、その内側（東側）は古くはラグーン（潟湖）を形成していたと考えられ、古代に果たして恒常的な通行を確保できるような状態であったか否かは疑問である。前述のように出羽国府が時期は定かでないにせよ、一定の期間は東側の段丘に移転していたことを考えれば、出羽路は東の山際線を通るとする木下の考えに従いたい。

遊佐駅からはほぼ日本海海岸に沿って北上したと見られる。国道7号およびJR羽越本線が同じように走っている。次の蚶方《きさかた》駅は、以後のルートをどう考えるかによって比定地が変わる。その次の由利駅が本荘市に比定されることには、ほぼ諸説は一致している。その場合、ルートの一つは山田安彦（『古代日本の交通路II』前掲）のように海岸線沿いに大筋では国道7号およびJR羽越本線沿いに行くと考える場合である。これであれば蚶方駅は象潟町中心部より北の蚶満《かんまん》寺のある象潟島付近とされている。

しかし木下は、ルートを内陸部に取ると考える。象潟は文化元年（一八〇四）の地震で地面が隆起するまで、文字通り潟湖（ラグーン）であり、海ともつながっていたので、海岸線は通れなかったはずである。出羽路もそのため潟湖の内陸側を通ったはずであり、**蚶方駅**《きさかた》（秋田県象潟町狐森）は町の中心よりやや南に位置すると考えられ、象潟町役場南付近に比定する。前遊佐駅から一五・六キロになる。蚶方駅の駅馬数は一二疋で標準より少し多い。

蚶方駅からは、現在の大きな道は連続していないが、役場前の町道潟見町線から一般県道289号上郷仁賀保線に続くルートで仁賀保町に達し、そこからは国道8号に沿い、さらに西目町でも元ラグーンを避けながら内陸を西目町と本荘市の境界線を北に進むようにして**由理駅**《ゆり》（本荘市出戸町）に達したと見る。由理駅は本荘市役所南の本荘城跡付近に比定する（図137）。本荘市には由理柵《ゆりのき》があったとされ、由理駅の比定地としては問題ない。前蚶方駅から二七・六キロとかなり長い。

図137　由理駅比定地の旧本荘城付近から南方，御手作堤を望む

図138　秋田城旧跡（秋田市寺内大畑）

由理駅から終着の秋田駅までの間に白谷《しらたに》駅がある。しかしこれには異論もある。すなわち先に見た表6の白谷に船が伝馬扱いとして五隻とあるのは、最上《もがみ》川水域のものであるという解釈である。中村太一もこの説を採り（中村「陸奥・出羽地域における古代駅路とその変遷」前掲）、白谷駅を最上川沿岸の清川《きよかわ》に比定する。しかし、清川には駅路で行くことが困難であるという既述の観点と、また遊佐駅から秋田駅までが途中に一駅なければ五〇キロを越すという問題点から、白谷駅は秋田駅の直前の駅であるという『延喜式』記載のとおりに考えて進むこととしよう。

しかし、白谷の地名だけからでは直接の手がかりが得られず、古くから研究者は白谷駅の比定には苦心した。白谷・秋田両駅間が舟行を併用されるという観点から、白谷駅は雄物川水域に求めねばならない。現在、大方の認めるところは、新野直吉の推す雄物川の河港のある新波《あらわ》である。新波は古くからの雄物川の河港であり、自動車の発達する以前は、秋田までは陸路が十分でなかったとのことである。

由理駅からは子吉川をその支流である芋川の合流部の西側で渡る。それは芋川を何度も渡らずに済むルートである。大筋では刈和野《かりわの》街道と呼ばれた近世の道を踏襲する国道105号に沿い、大内町川崎から先は主要地方道9号秋田雄和本荘線に沿って進んで、**白谷駅**《しらたに》（雄和町新波《あらわ》）想定地に至る。白谷駅には駅馬七疋のほか伝馬三疋と伝馬扱いの船五隻が配備されていた。由理駅から二六・六キロである。

白谷駅からの陸路は、国道341号の新波橋を渡ったあと、簡単に言えば、迂回する雄物川沿いを捨て、まず秋田空港の西側を北上し、あとは秋田街道（羽州街道）に従うように秋田市街地の中を通って旧雄物川の河岸に近い**秋田駅**《あいた》（秋田市寺内）に達する。秋田城（図138）も近い。秋田駅は雄物川の旧流路に面しており、水路によって連絡されていた。秋田駅は駅馬一〇疋のみではあるが、白谷駅からの伝船のために着岸施設は必要であった。白谷駅から三〇・三キロである。ここまで陸奥路との分岐点の柴田駅から二八九・五キロ、平安京からは一〇三四・五キロに達する。

（黒坂周平氏は今年〈二〇〇四〉二月、逝去された。再びあの温容に接することはできない。慎んで御冥福を祈ります。）

IV

北陸道をたどる

一　北陸道のあらまし

歴史の長い北陸道

北陸道《ほくりくどう》は、他の駅路に負けず歴史がある。初めは『日本書紀』および『古事記』の四道将軍の説話である。北陸《くぬがのみち》に派遣された将軍は大彦命《おおひこのみこと》で、東海道を行ったその子武渟川別命《たけぬなかわわけのみこと》と会津で出会った。この大彦命とは、埼玉県稲荷山古墳で出土した鉄剣に記されていたオホビコ（意富比危）のことではないかといわれ、時代を計算すると崇神天皇の頃の武人と見られる。つまり、その剣には大王のワカタケル（獲加多支鹵）とそれに仕える武人オワケ（乎獲居）とその先祖七代の名が刻まれている。一番上がオホビコである。オワケから数えて七代の先祖になる。一方大王の系譜をたどってみると、これは天皇の代を追うことになるが、ワカタケルが雄略天皇であることは間違いないとされ、それから七世代前が崇神天皇である。天皇でいえば一〇代前になるが、その間に兄弟相続が三人あるのでこういう計算になる。『書紀』でも『古事記』でも、四道将軍の説話は崇神天皇の時代の話となっている。こういうことから、これまで神話としてしか評価されていなかった事柄が、にわかに実在性をもって浮かんできた。この鉄剣の銘文が記された「辛亥」年は紀元四七一年で、それから仮に一代二五年と計算すると四世紀初めごろが四道将軍の話の時期となる。

このように北陸道の歴史も長い。もう一つの北陸道の特徴は、この沿線は日本海の海岸に山が迫っているところが多いので、古代の駅路から近世街道、国道、高速道路と、すべての時代の道がほとんど似たようなルートをたどっている場所が多いことである。こういう場所は比較的古代道の発掘事例が少ない。同じようなところを何代も使いつづけていれば、古いものはかえって残らないのである。海岸まで山が迫っていて、陸路が困難だったことは、必然的に水路あるいは海路による交通が盛んであったことも意味している。北陸道よりはむしろ北海道と呼んだほうがよいくらいである。最後は佐渡島へ渡ってもいる。

北陸道は、若狭・越前・加賀・能登・越中・越後・佐渡の七ヵ国で構成されているが、既に東山道の

表7　北陸道　路線，駅および駅間距離

駅　名	駅間距離(km)	駅　名	駅間距離(km)
北陸道本路		水門	14.4
山科分岐	0	佐味	17.2
穴太	8.5	三嶋	18.0
和爾	12.9	多太	19.0
三尾	22.8	大家	12.4
鞆結	19.7	伊神	15.4
松原	17.3	大河内分岐	0
鹿蒜	18.0	渡戸	3.3
淑羅	10.0	合計	477.8
丹生	9.5	若　狭　路	
阿味	5.5	安曇川分岐	0
朝津	9.2	濃飫	16.5
足羽	10.6	若狭国府＊	12.7
三尾	13.5	(濃飫)	0
朝倉	10.5	弥美	19.8
潮津	11.1	和久野分岐	11.7
安宅	9.9	合計	60.7
比楽	10.9	能　登　路	
田上	17.8	(深見)	0
深見	13.0	横山	10.2
坂本	11.0	撰才	19.6
川人	12.2	越曾	16.5
曰理	8.8	合計	46.3
白城	12.5	佐　渡　路	
磐瀬	8.4	松埼	0
水橋	7.3	雑太	15.6
布勢	16.4	丸山分岐	0
佐味	17.2	三川	4.5
滄海	22.5	合計	20.1
鶉石	19.1	北陸道合計	604.9
名立	12.0		

注1：＊は駅に準ずるもの
注2：(　)内の駅名は，他の路線でカウントされるもの

章で述べたように、初めは出羽国もその一部としていた。

北陸道の総延長は、筆者の計算では表7のように本路が四七七・八キロ、支路を含めても六〇四・九キロで東山道の半分以下である。また北陸道は小路であったから、標準の駅馬数は原則各駅五疋である。

基本の参考文献は、これまでと同じく藤岡謙二郎編『古代日本の交通路Ⅱ』と木下良編『古代を考える　古代道路』（いずれも前掲）である。

二　近江国と若狭国の北陸道

小関越えから琵琶湖西岸を北へ

さて、また平安京から出発する。北陸道の地域としては若狭から始まるが、そこまでに京からは近江国を通過し、その間に四駅ある。

京からは例によって東海道と東山道と同じ道を出発し、逢坂《おうさか》山を越えた山科分岐で東海・東山道と分れ、琵琶湖の西北岸を行く（図4〈前掲〉および図139参照）。この付近に奈良時代には山科駅が置かれていたことは東海道の章で記した（三四ページ）。その時代には、北陸道は南から北上してきて、ちょうど『延喜式』時代の東海・東山道とクロスするような形であった（図2参照）。従って山科以降の北陸道は、飛鳥・奈良時代からの駅路ルートということになる。

山科分岐からは、小関《こせき》越えという逢坂山の一つ北の峠を越える。足利健亮（『日本古代地理研究』前掲）によれば、小関という名は、脇道に設けられた補助的な関所施設にちなむ名称であるが、しかしそれは

図 139　北陸道路線図—1

都が平安京に移って主たる関が逢坂山に設けられてからのものであって、それ以前の長岡京時代には、この小関の位置が東海・東山両道をも合わせた相坂の関であった、と推理している。つまりその時点では、小関越えが東海・東山・北陸三道のルートであったことになる。

北陸道の通った小関越えは、現在は辛うじて車の通れる県道として通行できる。ちょうどその下は琵琶湖疎水のトンネルである。大津側に下りた後、北陸道は比叡山の山麓沿いに北上する。東海・東山両

図140　三尾駅比定地のJR湖西線安曇川駅付近

道も同じく小関越えをしていた時代には、両道は峠を下りた所で東へ分岐していた。

　北へ向かった北陸道は天智天皇の近江宮跡を通る。しかし、今は住宅地の中にわずかに囲われた遺跡を見るに過ぎない。北陸道最初の**穴太駅**《あのう》（滋賀県大津市穴太）は京阪石山坂本線の穴太駅の東側あたりと見られる。この駅の前後の駅路は、条里に沿っていた。山科分岐からは八・五キロ、羅城門からの通算では二一・七キロとなる。

　穴太駅から先は、湖岸近くを近世の西近江街道、現在の国道161号に沿って北上する。ほぼJR湖西線沿いであり、近江八景の一つ「唐橋の夜雨」で知られる風光明媚な湖岸に近い。次の**和爾駅**《わに》（志賀町和邇中）は地名が残る。前の駅もそうであるが、古代駅の名がともかく現代の地名に生き残り、ここでは自動車専用の湖西道路のインターチェンジ名やJR湖西線の駅名にもなっている。前穴太駅から一二・九キロである。

　さらに湖岸に近く沿って北進し、次の**三尾駅**《みお》（安曇川《あどがわ》町三尾里）では安曇川の沖積平野が少し開けており、条里制のあとが現在も残っていて、町の区画や道路・鉄道もこれに沿っている。古代北陸道はここでは直線のJR湖西線に沿っており、三尾駅も現在の安曇川駅のあたりと見られる（図140）。

　この章の冒頭で、北陸道は小路であり、配備駅馬数の標準は五疋である、と記した。最初の穴太駅は標準どおりの五疋であるが、次の和爾駅とこの三尾駅はともに七疋である。和爾駅の七疋は、三尾駅との駅間距離が二二・八キロとやや長いことに起因するかもしれない。また三尾駅の七疋は本路と若狭路と双方を持つことがその理由として挙げられるだろう。

白谷から真北へ進んで越前国へ

三尾駅からさらに北に進み、安曇川を渡った所で若狭国府を経由する若狭路が分れるが、これは後のことにしよう。北陸道本路はさらに北上すると新旭町で一時湖岸線に接するが、そこから先の今津町では西側の山麓沿いを新しい国道161号バイパスに沿うように迂回したと見られる。湖岸付近は百瀬川の氾濫が繰り返されていたからである。

次の**鞆結《ともゆい》駅**（マキノ町白谷）の比定地は、近江・越前両国を隔てて東西にまたがる野坂山地のどこを北陸道が通るかのルート問題に大いに関わっている。拡大図によって示す（図141）。越前国から都への物資輸送などの連絡は、古くから海路・水路を軸とし、敦賀湾に位置する敦賀津から琵琶湖北岸の塩津あるいは海津《かいづ》といった湖岸港とを陸路連絡する経路が採られていた。その場合、陸路には近世の塩津街道（現国道8号）、あるいは七里半越の西近江街道（現国道161号）といった道があり、旅人もまたそれを使った。万葉集に笠金村《かさのかなむら》の歌がある。

塩津山うち越え行けば我が乗れる馬そ爪《つま》づく家恋ふらしも（巻三・三六五）

陸路を基本とする古代北陸道もそれらを通ることを想定して、鞆結駅も以前は海津に比定されることが多かった。琵琶湖の水路を利用したのは荷物だけではない。

これに対して藤岡謙二郎は、北陸道は湖辺が百瀬川の氾濫地帯なのでこれを回避して西側の山裾を迂回するものとして、鞆結駅を現マキノ町石庭に比定した。石庭には「鞆結」「大道東」「大道西」といった小字名もあったという。ただし藤岡はその先の北陸道のルートについては特に言及していないので、田端与利男は近世の西近江街道で七里半越で進むと考えた（『古代日本の交通路II』前掲）。

図141 近江・越前国境付近駅路関係図

木下良はこの論を一歩進めて、鞆結駅を石庭よりさらに北の白谷とし（図142）、北陸道は、そのまま北へ向かって標高五七〇メートルの峠を越して越前（福井県）に入り、黒河《くろこ》川沿いに北上して、敦賀市の山付近に至るルートを提起した（木下「敦賀・湖北間の古代交通路に関する三つの考察」『敦賀市史研究』2号、一九八一年）。山からそのまま北へ進めば、次の越前国松原駅に達する。

筆者は、はじめ『古代日本の交通路II』の想定に従って北陸道のルート探索を行った。しかし、そのルートを図上に記すと、藤岡の比定する鞆結駅と松原駅とを結べばほぼ直線であるのに対して、西近江街道経由ではかなりの迂回になることに疑問を感じた（図141）。

図142　鞆結駅比定地のマキノ町白谷

そこへ木下の論文を知るに及んで、これこそ正しい北陸道ルートであると直感し、改めて木下と共に再度現地調査した。もともと、北陸道を七里半越のルートとするのは、その先に愛発《あらち》関があったとするからであり、愛発関は延暦八年（七八九）に廃止されているのであるから、それ以後の『延喜式』時代に、愛発関通過にこだわる必要はない。

白谷から峠を越えて敦賀に至る黒河川沿いの道は、一部は林道であるがともかく車が通れる道である。峠の標高は国道161号の西近江街道の峠より二〇〇メートルも高いけれども、古代の直通路としては十分機能しうるルートである。木下は、天長九年（八三二）六月に越前国坂井郡の秦乙麻呂《はたのおとまろ》が荒道山道を造ったとして正税三百束を給された記録（『類聚国史《るいじゅうこくし》』政理五・正税の部）について、これがこのルートの開削に当たると推測する。さらに源義経が北国落ちに際して白谷越えを通ったと伝えられること、また芥川龍之介の小説『芋粥』の元になっている『宇治拾遺物語《うじしゅうい》』の「利仁《としひと》芋粥の事」で、五位と呼ばれる侍が芋粥食べたさに知人の藤原利仁に誘われて敦賀に行く道もこれであったと、利仁の荘園が敦賀市の西にあったとの伝承から推論している。次の越前国松原駅は敦賀市中心部の西の気比《けび》海岸に近い。

前三尾駅から白谷を比定地とするこの鞆結駅まで、駅間距離は一九・七キロ、駅馬数は近江国では最も多く九疋である。次の松原駅までは距離は一七・三キロと、特に長いわけではないが、標高の高い峠を越えることが駅馬数の多い理由と思われる。

若狭路を行く

鞆結駅から北に進んで越前国入りした北陸道本路はひとまず措いて、若狭国へ廻るための若狭路について見て行くこととする。若狭路は北陸道本路の三尾駅を過ぎて安曇《あど》川を越えた地点で分岐する（安曇川分岐）。本路と同じ図139を参照されたい。このルートは航空自衛隊饗庭野《あえばの》演習場地内を通ることになるので、今は通行できない。新旭町で東から来た国道303号に合流して西進する。近世の若狭街道である。現在滋賀・福井県境を越えると、ここは若狭国である。峠を下りるとすぐに若狭街道の熊川宿がある。ここも当時の面影がよく残されている（図143）。

この付近からはルートに紛れがあるので、拡大図を示す（図144）。熊川宿を過ぎ一キロ足らずで**濃飫《のお》駅**（福井県上中《かみなか》町新道《しんどう》）である。濃飫駅は駅名に野の字のつく地名に関連あるとして研究されてきた。駅名は二字で構成することが原則で、一字名の場合には下に何らかの添え字をして二字名とされた。

木下良が上中町新道に比定するのは、ここに野を冠する小字地名が残存していることと、若狭路が若狭国府への連絡路であるとしても、山陰道の丹後・但馬路における勾金《まがりかね》駅と同様に、駅家は迂回駅路の途中に置かれ、国府へは連絡路が出されていたと見るのが自然だとする見解に基づいている。若狭国府寄りの野木に濃飫駅を比定する見解もあるが、これでは駅間距離が広くなりすぎる。『古代日本の交通路II』で真柄甚松が触れているように、若狭国府を含む遠敷郡にはもともと玉置なる駅家があり、後に廃絶された記録もある。濃飫駅は迂回路としての若狭路の途中にあり、そこから若狭国府まで連絡路が出されていたと考えるのが合理的である。安曇川分岐から濃飫駅まで一六・五キロ、前三尾駅からは一九・二キロとなる。

図143　濃飫駅近くにある近世熊川宿

濃飫駅からは西へこれまでと同様、若狭街道沿いに進む。駅路の若狭路としては先に述べたように国府への枝道となる。現在の道路でいえば、国道303号に沿って進み、上中町の中心部で北から来た国道27号に合流して進み、**若狭国府**《わかさ》（小浜市遠敷）に達する（図145）。濃飫駅から若狭国府まで一二・七キロである。

金坂清則は、若狭国府付近の駅路が条里に沿って直線をなし、国府からさらにその先の海岸にあった国府津まで続いていたと

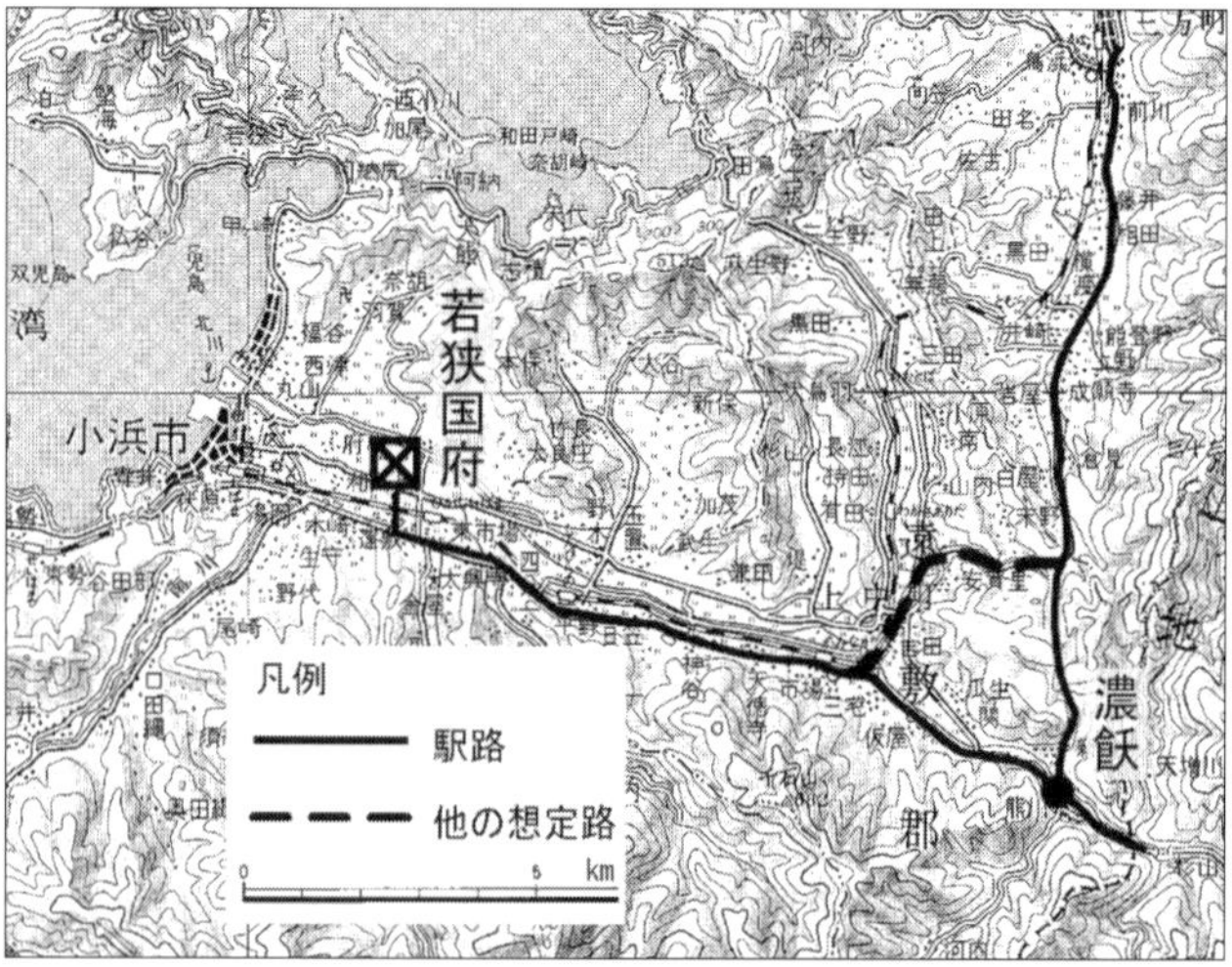

図 144　若狭国濃唹駅付近駅路図

図 145　若狭国府比定地付近(小浜市遠敷)

指摘している（木下『古代を考える　古代道路』前掲）。

濃飫駅・若狭国府間は行き止まりの連絡路であるので、若狭路は濃飫駅から北に向かって進む。これまで若狭路の分岐点は上中町の中心部の市場付近で、そこから国道27号に沿うよう北に進んだと見るのが一般であったが、木下はここより東に比定される濃飫駅から直接北に向かうと考える。現在も車の通れる道が通じている。国道27号に合流して以後は、丹後街道と呼ばれた近世の道にほぼ沿うと見られる。次の**弥美《みみ》駅**（美浜町河原市）は古くからの比定地で、特に異論はない。耳川が若狭湾に注ぐ河口に近い。濃飫駅から一九・八キロである。このあたりが海沿いの道であったことは、万葉の歌が教えてくれる。詠み人知らずである。

若狭なる三方の海の浜清み　い往《ゆ》き還《かえ》らひ見れど飽かぬも（巻七・一一七七）

若狭路はここから東に向かい、関《せき》峠を越えて越前国へ入り、黒河川沿いに北進してきた北陸道本路と合流する。弥美駅から合流点（和久井分岐）まで一一・七キロ、弥美・松原駅間で一三・二キロである。若狭国の駅は弥美・濃飫の二駅であり、いずれも駅馬五疋であった。

三　越前国の北陸道

木の芽峠を越える

越前国最初の**松原《まつばら》駅**（敦賀市松原）は重要な駅である。この付近には松原客館と愛発《あらち》関という施設があった。まず、愛発関とは、七世紀の後半から九世紀初めまで反乱者が東国へ抜けるのを防ぐために設

図146　北陸道路線図—2

けられたもので、越前の愛発関として、美濃の不破関、伊勢の鈴鹿関と並んで三関《さんげん》と呼ばれ、いずれも近江国から東国へ出るところに置かれた。愛発関の位置については考古学的な確証はまだ得られていないが、おおむね近世の塩津街道（現国道8号）と七里半越の西近江街道（現国道161号）との合流点である敦賀市疋田《ひきた》が有力視されている。付近には愛発の名を冠する小学校・中学校もある。すでに述べたように、愛発関は延暦八年（七八九）に廃止されているので、それ以後の今回追っている『延喜式』の駅路ルートが愛発関を通ることを考慮する必要はない。

　もう一つの松原客館とは、日本海対岸の渤海《ぼっかい》国からの使者を迎えた施設である。渤海国とは中国大陸の現東北地区を中心に、ロシアの沿海州までを含んで六九八年から九二六年まで二世紀あまり続いた国で、その間、日本には三四回も使節が来航している。使者が北陸道筋に来着したときには、能登客院とこの松原客館が接待に使われた。北陸道の松原駅は松原客館と同じ場所にあったとの記録があり、松原客館は当時の敦賀の町からすれば町の外に置かれたと見られる（図147）。

松原駅の比定地は、既述のように駅路が黒河川を北上してくればほぼそのまま達する位置にある。

さて、北陸道は松原駅からさらに北を目指すことになるが、屈曲の多い海岸沿いに行くか、あるいは険しい木の芽山地を越えねばならず、いずれにせよ現在に至るも交通の難所の一つである（図146）。初めは海岸沿いのルートであったことは、万葉集の幾つかの歌でも知られている。その一つに大伴家持《おおとものやかもち》の歌がある。

図147　松原駅比定地に近い気比の松原

図148　鹿蒜駅想定地付近から木の芽峠を望む

帰廻《かえるみ》の道行《ゆ》かむ日は五幡《いつはた》の　坂に袖《そで》振れわれをしも思《おも》はば（巻一八・四〇五五）

この難路に対して、平安期に木の芽峠越えの直通ルートが開発された。『類聚国史』に、「天長七年（八三〇）越前国の正税《しょうぜい》三百束と鉄一千廷を鹿□保嶮道を作った上毛野陸奥公□山に賜った」とある。

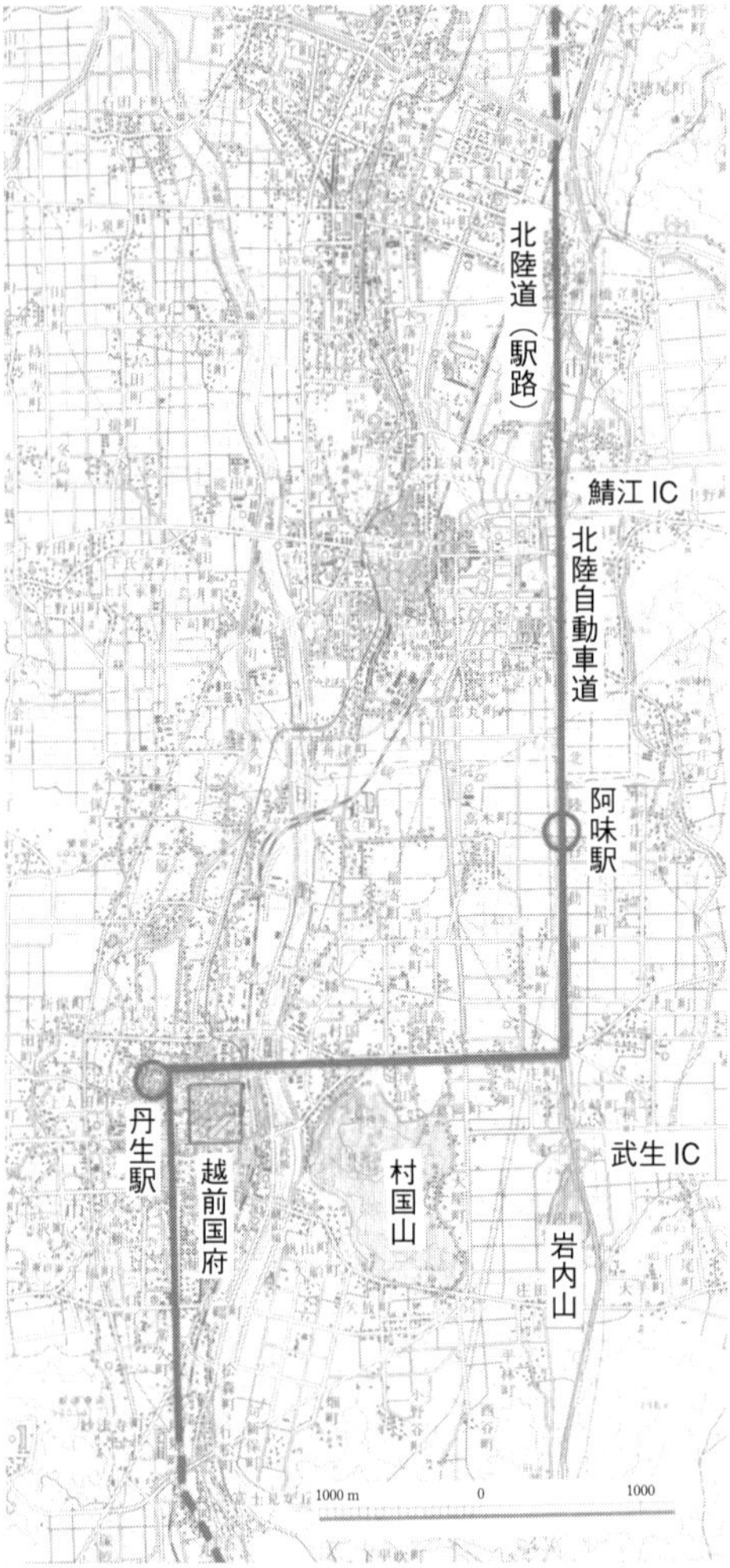

図 149　武生市付近の駅路想定ルート（金坂文献〈本文注〉の図を基に作成）

鹿の次の□に蒜の字を当てて鹿蒜《かえる》として、これに当たるとされる。先の近江・若狭国境の荒道山道の話の二年前のことである。

次駅の**鹿蒜《かえる》駅**（今庄町新道　帰《かえる》）は木の芽峠からの北の出口である（図148）。現在の県道207号今庄杉津線の上にある。この道は山中峠を越えて海岸周りの国道8号に接続している。真柄甚松によって比定された（『古代日本の交通路Ⅱ』前掲）。前松原駅から一八キロを測る。

ここからさらに県道207号今庄杉津線に沿うように東に向かい、日野川に達した所でその左岸を北に向かう。ここからは近世の北国街道、そして現在の国道365号に沿うと考えてよい。この道は琵琶湖の東岸から栃ノ木峠を越えてくる道で、歴史的にも重要な道筋である。途中にある今庄町は北国街道の宿場として、今も面影を残す。北陸道は日野川に沿う近世の街道とルートをほぼ同じくすると言っても、街道が日野川に沿って大きく蛇行している場所では、迂回せずに山を越えて直行したと見られる。JR北陸本線がトンネルで通過する湯尾峠がその例である。

北陸道の次駅は**淑羅《しらぎ》駅**（南条町鯖波《さばなみ》）である。日野川沿いに六キロほど進んだところで、ここは古くから大槻如電など古道研究者によって比定されている。前鹿蒜駅から一〇キロと比較的短い。

ここからさらに日野川左岸を現国道365号に沿って北上するが、武生平野に入ったところで、北陸道はこれまでの山地ルートから、古代の条里制の土地区画に沿った直線の縦横形状となり、様相が一変する（図149）。

直線の高速道路と重なる武生平野の北陸道

越前《えちぜん》国府（武生市国府）は遺跡が確認されてはいないが、おおむね武生市の国分寺付近（市役所西）とされている。北陸道は日野川左岸の線を延ばすとこの西側あたりに出る。次駅の**丹生《にゅう》駅**（武生市小松）は国府の西北隅を直角に折れるあたりと見られる。丹生駅が国府所在地付近にあることについては異論はない。前淑羅駅から九・五キロである。

丹生駅で直角に真東へ右折して日野川右岸の村国山の北辺を東に向かい、北陸自動車道にぶつかったところで北に方向を転じ、北陸自動車道の真下に沿って鯖江《さばえ》ICを過ぎて北上する（図149）。

このように古代駅路が鈎型に大きく曲がるのは極めて珍しい。そのことは金坂清則が古代の地域整備計画を考えて明確に指摘したもので（木下編『古代を考える　古代道路』前掲）、それまでは北陸道は日野川に沿ってそのまま直進すると考えられていた。それを金坂は図149に見るように一度鈎形に東にシフトしてから北へ上ると考えた。武生平野の中のその線上に**阿味駅**《あぢま》（武生市中新庄町旧字御厩《みんま》）があり、この直線ルートの先には次の朝津駅が待っているのである。朝津駅の比定地は、後述するように紛れがない。

ところで図149に示すように阿味駅が丹生駅と朝津駅の中間にあるとするのは、比較的新しい見解である。表1（第一章）の『延喜式』駅名・駅馬数を見ると、北陸道越前国の駅名順は、松原・鹿蒜・淑羅・丹生・朝津・阿味・足羽・三尾となっていて、阿味は朝津の後になっている。そのため、古くから研究者は順序どおりに阿味駅を朝津駅の後に置くこととして位置比定を行ってきた。それに対して真柄甚松は、『日本紀略』弘仁十四年（八二三）六月条によると丹生郡から新たに今立郡を分割し、これまで丹生郡に三駅あったものが丹生郡に二駅、今立郡に一駅となったその一駅が阿味駅であるとして、その位置を武生市味真野に比定した（『古代日本の交通路Ⅱ』前掲）。ただし、この場合は図149の阿味駅よりさらに東に位置する。真柄の比定位置では、駅路はかなり迂回路となるが、真柄は水害の多い平地を避けたルートであると考えた。

これに対して、金坂は明治期の地図から武生平野のなかに明瞭な直線状の条里の痕跡を見出し、それがかなりの部分で村界であり、さらにその南北線の南端が独立峰である岩内山に当たることから、北陸道の痕跡であるとした。古代駅路がしばしば地形上の明瞭な地点を目標に置くことは、これまでも数多く見てきたところである。

金坂の想定する南北の直線ルートは、現在は高速道路の北陸自動車道とぴったり重なっている（図150）。金坂は次駅の阿味駅を御厩の旧地名からこのルート上に比定したので、当然北陸自動車道の下にあったことになる。この位置でも旧今立郡には入る。この高速道路が造られるころは、このようなことが分っていなかったから、特別な調査も行われていないが、現在であったら古代駅路遺構が見つかったかもしれない。丹生駅から阿味駅までの距離は五・五キロで、通常の駅間距離からすれば半分以下である。しかし、武生から鯖江にかけての平野部にある丹生・阿味・朝津・足羽の各駅間はいずれも一〇キロ内外であり、許容範囲内であると言えるかもしれない。

図150　駅路は高速道路の真下（武生IC付近）

北陸道は阿味駅から直線で北上し、福井鉄道福武線を浅水《あそうず》駅手前で斜めにクロスした後、この線路の左側に沿って北上する。浅水駅手前に、清少納言の『枕草紙』の「橋はあさむつの橋」の故地がある。小川ともいえるささやかな川に今でも同じ名の橋が架かっている（図151）。この付近が次の**朝津《あさつ》駅**（福井市浅水町）比定地であることは古くから定説である。阿味駅から九・二キロになる。

ここからは福井鉄道福武線やこれに平行する旧国道8号などに沿って直線的にやや斜めに北上し、福鉄江端駅付近でまた真北に向け直進すると、足羽川に架かる古くから著名な九十九《つくも》橋に達する。九十九橋のすぐ南側に足羽山公園があり、この周辺が足羽郷であるとされる。ここを足羽駅の比定地とする考えもあるが、古く大槻如電もそれでは前の朝津駅からの距離

図151　あさむつの橋から南へ続く旧道

があまりに近すぎるといっているような問題がある。木下は足羽郡内であれば比定可能であると考え、九十九橋からさらに北上した九頭竜川の南岸を**足羽駅**《あすは》（福井市舟橋新町）の比定地とした。中世末期には柴田勝家によって、ここに舟橋が架設された。朝津駅から一〇・六キロである。

ここで九頭竜川を渡ると、北陸道は大きく東北に振れて坂井平野の東端を北上する。九頭竜川の北に広がる坂井平野はラグーン（潟湖）が多く、東の山麓でないと通りにくかったと見られる。現丸岡町の中心を通り、北進して坂井平野の最東南端に比定される**三尾**《みお》**駅**（あわら市御簾尾《みすのお》）に至る。ここは足羽駅から一三・五キロになる。丸岡町から三尾駅までのルートは、大筋で国道8号に近い。

三尾駅から先も国道8号に沿うように北上して加賀国（石川県地内）に入る。越前国での各駅馬数は先述の松原駅が八疋であった以外、すべて標準どおり五疋である。

四　加賀国と能登国の北陸道

加賀国では海岸沿いに進む

越前国の三尾駅から北は国境までほぼ国道8号に沿い、国境（福井・石川県境）を越えたところから加賀国では、ほぼ北陸自動車道に近いルートを取る（図152）。最初の**朝倉駅**《あさくら》（石川県加賀市橘町）は、中世の立花宿があった橘町が有力視されている。前三尾駅から一〇・五キロとなる。

朝倉駅からすぐに大聖寺川を渡って古砂丘台地上を東北東に進み、次駅は片山津温泉に近い柴山潟畔の**潮津駅**《しおつ》（加賀市潮津町）である。ここは遺称地があるので異論はない。古砂丘台地の北麓に位置する。前朝倉駅から一一・一キロを測る。

潮津駅の北で海岸に平行する砂丘上を東南に進む。砂丘は新旧二本あり、海岸より内側が縄文時代に生成された古期砂丘、その外側が古墳時代初期以降に形成された新期砂丘とされる。千田稔は、古代路は古期砂丘を通過したと見る（千田『埋もれた港』前掲）。

次駅の**安宅駅**《あたか》（小松市安宅町）は、中世に入って義経・弁慶主従と富樫《とがし》の勧進帳の逸話の安宅関で余りにも名高い。ただしこの関所はその一時のためのものであった。安宅駅をこの地域に比定することは古くから行われていて、千田はさらに、安宅駅趾を関所跡のすぐ東の安宅住吉神社のある一段高い砂丘上にあったと推定する（図153）。潮津駅から九・九キロになる。

加賀国は平安期の弘仁十四年（八二三）に越前国から分離して設けられた新しい国である。**加賀**《かが》**国府**（小松市古府町）は安宅駅に近く、ここから梯川《かけはし》を六キロほど東にさかのぼった古府町にあったとされる。ここは新しくできたので、国府連絡路が出ていたと思われるが定かではない。梯川右岸をほぼ直線的に北陸道本路と国府を結んだと考えられる。

北陸道は安宅駅から次の**比楽駅**《ひらか》（美川町平加町）までさらに海岸沿いに進む。海岸沿いというのは、おおむね海岸線に沿って発達している古期砂丘の上をたどることである。比楽駅については幾つかの比定地があるが、千田は加賀国の国津《くにつ》が比楽湊であり、比楽駅も同所にあったと考えており、それを採る。手取川の河口部北側である。安宅駅から一〇・九キロとなる。

図 152　北陸道路線図—3

図 153　安宅駅比定地付近

推定直線路が実証された金沢市付近の駅路

比楽駅からはさらに海岸に平行して二キロほど北上した後、駅路はやや東北東に向きを変える。ここから松任市の中心付近を経て金沢市の中心部まで、およそ一〇キロ以上にわたって一直線に進んでいたのではないかと、かねてから想定されていた。この推定直線路は部分的ではあるが近世北国街道に重なっている。この中間の野々市町で平成十五年（二〇〇三）に古代北陸道の遺構が発掘された（図154）。三日市A遺跡である。道路幅は両側側溝の心々間で九メートル、路面は八メートルであった（「三日市A遺跡」現地説明資料、二〇〇三年）。それ以前の調査箇所と照合してみると、少なくとも三六〇メートルの区間は直線の古代駅路が実証されたことになる。今後の調査の進展が期待される。

図154　発掘された北陸道遺構（野々市町教育委員会提供）

　この直線路がどこまで延びていたかはまだ推定の域を出ないが、おおむね金沢市内に入り犀川を渡河する前後であろう。ここでは犀川を渡ってから針路を北に向けたと想定する。次の**田上《たがみ》駅**（金沢市東山）について、木下は近世の金沢城趾に比定する。やや小高く駅家の想定地の条件としてふさわしい。吉田東伍もほぼこの近辺の尾山町に比定している（『大日本地名辞書』前掲）。前比楽駅からの距離は一七・八キロになる。これまで北陸道の駅間距離は比較的短かった。越前国も大きな峠を越えてきた鹿蒜駅以後はほぼ一〇㌔以内であるし、加賀国もまた、越前国最後の三尾駅から加賀国最初の朝倉駅までが一三・五㌔であることを除けば、潮津まで一一・一㌔、安宅まで九・九㌔、比楽まで一〇・九㌔とほぼ一〇㌔前後であり、比楽・田上間のみが一七・八㌔とほぼ倍増している。

これには理由があって、『延喜式』には、加賀国には以前にあった駅が一つ欠けていることが明らかにされている。『日本紀略』弘仁十四年（八二三）六月条では加賀国の駅数は八（江沼郡二駅、能美郡二駅、石川郡一駅、加賀郡三駅）となっているのに、『延喜式』では七駅しか示されていない。『日本紀略』には各郡別の駅数があり、それらは江沼郡二駅は朝倉・潮津に、能美郡二駅は安宅・比楽に、また加賀郡三駅は田上駅と後述の深見・横山の三駅が該当し、結局石川郡の一駅が『延喜式』において欠けたものとされている。そこで石川郡の一駅がどこにあったかが従来論議されてきて、石川郡の境域内にその比定地が求められてきた。これまでこの欠名（廃止）駅を、先に示した推定直線上に位置する金沢市三馬《みんま》に比定する説もあるが、比楽・田上両駅間の距離からすれば、むしろ新たに発掘された野々市町の三日市A遺跡付近のほうが、欠名駅の位置としてはふさわしいかもしれない。付近に奈良・平安時代の掘立柱建物群も検出されている。

万葉集に関係深い北陸道

このあと、駅路は卯辰《うたつ》山の西麓をほぼ国道159号に沿って津幡に至る。この途中に北陸道の遺構が出たことから間違いない。国道159号の上を北陸自動車道が斜めに高架で渡っているあたりから先は、国道とJR北陸本線の高架が平行して直線的に進んでいる。それにかぶさるように、北陸新幹線の工事が進められている。その敷地の金沢市観法寺町の観法寺遺跡で、平成十一年（一九九九）に約一〇㍍間隔で走る二本の溝が発見された。長さ一〇〇㍍にわたって確認されたもので、付近の建物跡が奈良時代後半のものであることから、古代北陸道の遺構であることが確認された（「金沢市梅田町・観法寺町の発掘調査」（財）石川県埋蔵文化センター、一九九九年、図155）。

この遺跡を過ぎて、さらに国道159号に従って北進すると、**深見駅**《ふかみ》（津幡町加賀爪）に至る。深見は『万葉集』に駅家のある場所としてその名が見える。万葉集巻一八に、越前国の掾《じょう》、大伴池主《おおとものいけぬし》の歌二首（巻一八・四一三二、三三）があり、その詞書《ことばがき》に「天平勝宝元年（七四九）十二月十五日に池主が加賀郡深海村に駅使を迎え、越中国守の大伴家持《おおとものやかもち》にふたたび歌を書き贈った」とある。各国の国司には、守《かみ》・介《すけ》・掾《じょう》・目《さかん》の四階級がある。以前に越中国の掾であった池主が、元上司の家持に報告かたがた歌を贈ったのである。このことで深見村に駅家があったことが知られる。

ただ、元深見村のどのあたりに駅があったかはまだ確認され

図155　北陸道遺構が検出された観法寺遺跡付近（遺構は新幹線高架の側道の下に埋まっている．金沢市観法寺町）

図156　深見駅比定地の交差点付近（津幡町加賀爪）

ていない。後述する能登路に入ってからの加茂遺跡では駅に関係深いと見られる遺物も出てはいるが、木下は駅の機能からして深見駅は北陸道本路と能登路の分岐する加賀爪《かがづめ》交差点付近とする（図156）。ここまで田上駅からちょうど一三キロである。津幡町のほぼ中心で、右折すれば倶利伽羅《くりから》峠に達する。北陸道本路はこちらに向かうが、その前に能登国府に向かう能登路を見てゆくこととする。

能登路を行く

能登路は深見駅比定地の加賀爪交差点から、能登方面に向う国道159号ではなく、それより東寄りの主要地方道59号高松津幡線に沿うように北上する（図152）。加賀爪交差点から三キロほど行った所でまた古代道の遺跡発掘地点に差しかかる。加茂遺跡である。平成六年（一九九四）に最初の発掘があり、以後も調査が続けられている。筆者が木下と共に本書の駅路調査のため二〇〇二年に訪れたときも発掘継続中で、道路遺構を目にすることもできた（図157）。側溝心々間隔は奈良時代に九メートル、平安時代には六メートルに狭められていた（柿田祐司「石川県津幡町加茂遺跡の発掘調査について」二〇〇〇年）。この遺跡からは古代の牓示札《ぼうじさつ》（お触書き）の木簡も出土している。その中に「×深見村□郷駅長」の文字も見えるから、この遺跡の場所が深見駅に関係があるとも考えられるが、深見駅を北陸道本路上の駅と考えるならば、この場所は適当ではない。この遺跡発掘が国道8号のバイパスのためのものであり、8号も富山方面に向かうのであるが、これは市内を迂回しトンネルの連続する現代の国道ならではのルートであって、古代路がこれだけ迂回する理由は見当たらない。さらに道路遺構の方向も8号バイパスに沿う東向きではなく、能登国府に向かう北向きである。これらの点から、この道路遺構は北陸道でもその支路である能登路のものであると考えざるを得ない。深見駅は北陸道本路上のものと考えられるので、加茂遺跡を深見駅と考えることは難しい。なお余談になるが、この牓示札には「国道」なる文字が見える。「国々を結ぶ道」といった意味合いに使われている。「国道」の本邦初見といってよい。平安初期の嘉祥二年（八四九）の日付がある。

能登路は加茂遺跡からさらに加賀・越中両国（石川・富山両県）の境を走る南北の尾根筋（宝達《ほうだつ》丘陵）の西麓を北上する。次の**横山駅**《よこやま》（かほく市横山）は、加賀国最後の駅である。ここは横山の遺称地があるので、比定に特に問題はない。深見駅から一〇・二キロを測る。支路上に位置するこの横山駅を含めて、加賀国の七駅の配備駅馬数はすべて五疋である。

図157　北陸道の遺構が検出された加茂遺跡（津幡町加茂）

横山駅から先も、能登路はおおむね宝達丘陵の西麓に沿ってできるだけ直線的に北上したと思われる。横山駅の先で能登国へ入る。ただし同じ石川県である。次の**撰才駅**《せんざい》（羽咋《はくい》市飯山町）の比定地には問題がある。それだけでなく、そもそもこの駅名をどう読むかも問題である。『延喜式』では九条家本などしばしば振り仮名で読み方を示しているものも、ここにはなんらのヒントも与えてくれない。ここでは、木下の仮定的な読みを挙げている。

従来、駅比定地については大別して二説があり、一つは地名に宿の名がつく羽咋郡押水町宿に当てるもの、もう一つは撰才の才の字を木の字の一画が失われたと見てヨギ（またはヨキ）と読み、式内餘岐比古神社

図158　撰才駅比定地付近（羽咋市飯山町）

のある羽咋市大町に比定するものである。しかし、いずれも前の横山駅から能登路終点で比定地に問題のない越曽《えそ》駅との距離的関係からは難点がある。小林健太郎は横山・越曽両駅間の距離を三九キロと見て（筆者の算定では三六・一キロ）、前者の場合は全距離およそ三分の一の地点に、後者は逆におよそ三分の二の地点にあるとして、いずれにも疑問を呈しながら断案は与えていない（『古代日本の交通路II』前掲）。

木下は、従来の説を踏まえ、かつ距離のバランスと交通上の要衝の二つの点から、羽咋市飯山町に比定する。ここは能登へ向う国道159号（七尾街道）とこれに直交するように羽咋市と富山湾に面する氷見市とを結ぶ国道415号の交点である。国道415号のルートは志雄越えと呼ばれる古い道で、加賀国から越中国へ向う北陸道の経路として古くから研究者によって挙げられていたルートでもある。越中国守であった大伴家持が、当時は越中国に含まれていた能登の気多《けた》神社（現気多大社、羽咋市）参詣のため、天平二十年（七四八）春にこのルートを通ったことが万葉集の歌で知られている。

　之乎路《しおじ》から直《ただ》越え来れば羽咋の海　朝凪ぎしたり船梶もがも（巻一七・四〇二五）

之乎路は志雄越えを意味し、この「直越」というのは本道ではなく近道をいうものとされる。羽咋市のこの位置を撰才駅とした場合の前の横山駅との距離は一九・六キロ、次の越曽駅とは一六・五キロとなり、バランスはよい（図158）。

撰才駅から先も旧七尾街道にほぼ沿って能登路は進んだと見られる。次の**越蘇《えそ》駅**（七尾市江曾町）は七尾市に入ってすぐにある。江曾町の遺称があるので比定地に問題はない。**能登《のと》国府**（七尾市府中町）は、越曾駅の東北二キロほどの古府《ふるこ》町にあった。能登国の駅家は撰才・越曾の二駅で、いずれも駅馬は五疋であった。

能登国の二駅というのは『延喜式』でのことであって、能登路は初期には能登半島の先端の珠洲市まで延びていた。『日本後紀』大同三年（八〇八）十月条には、能登国で越曾から珠洲まで合計六駅が廃止された記事がある。このうち越曾だけは『延喜式』に記載されているから、国府所在地の駅として復活したのであろう。足利健亮は、能登六駅廃止直後の延暦二十三年（八〇四）に能登客院建設のことがあり（『日本後紀』）、能登国府の負担が増大して越蘇駅の廃止が失敗であったので、程なく復置されたのであろうと見ている（藤岡『日本歴史地理総説』前掲）。

五　越中国の北陸道

倶利伽羅峠を越えて

北陸道本路は、深見駅で能登路と分れて東へ向い、倶利伽羅《くりから》峠を越えて越中の国に入る（図159）。その道筋は加賀爪交差点から東へ県道に沿い、やがて国道8号やJR北陸本線と道を同じくして東へ向かい、JR倶利伽羅駅付近で右の越中坂へ入る。町道ながら舗装されて観光バスも通る道である。

倶利伽羅峠（標高二七六メートル）は、寿永二年（一一八三）の木曾義仲の「火牛の計」で知られる源平合戦の古戦場として名高い。近世の北国街道もこの峠を越えていた。しかし古代路が加賀から越中に至るのにどの峠を越えたかは必ずしも明らかではなく、古くから大きく分けて三本の説があった。まず北の志雄越えのルートは、先に撰才駅の比定地の際に見た国道415号の道筋である。二番目が倶利伽羅峠越え、三番目が南の福光町を経由する二俣越えである。

このうち、本命はやはり中央の倶利伽羅越えである。先にも出てきた越前国掾である大伴池主は、元上司の越中国守大伴家持が税帳使（正税帳《しようぜいちよう》〈租税の報告帳〉を持って都に上がる使）として天平十九年（七四七）五月に上京するに際して家持から贈られた歌に返して長歌を詠んだ。その一節に

礪波山《となみ》　手向《たむけ》の神に幣奉《ぬさまつ》り　吾が乞ひ祈《の》まく……（巻一七・四〇〇八）

とある。この礪波山とは倶利伽羅峠越えを意味している。さらに大伴家持自身が天平感宝元年（七四九）に京へ帰る東大寺の僧に贈った歌に礪波関が詠われている。

焼太刀《やきたち》を礪波の関に明日よりは　守部《もりへ》遣り添へ君を留めむ（巻一八・四〇八五）

この礪波関は倶利伽羅峠の東麓にあったとされる。倶利伽羅峠経由を実証的に明らかにしたのは木下良が最初で、空中写真などの検討から、小矢部市埴生地区に古道の痕跡があることを初めて指摘した（木下「越中における北陸道（2）古代」『富山県歴史の道調査報告書―北陸街道―』一九八〇年）。

その後、小矢部市教育委員会の手によって昭和六十二年～平成二年（一九八七～九〇）に倶利伽羅峠東麓の条里調査が行われて、木下の指摘した古道痕跡を確認し、これらによって倶利伽羅峠を下りた古代北陸道が近世北国街道のように麓沿いに斜めにだらだらと東北方向に進むのではなく、峠から下りたコースを東へ一㌔ほど直進した後、角度をつけて北へ曲がり、直線的に進むことも確認された（伊藤隆

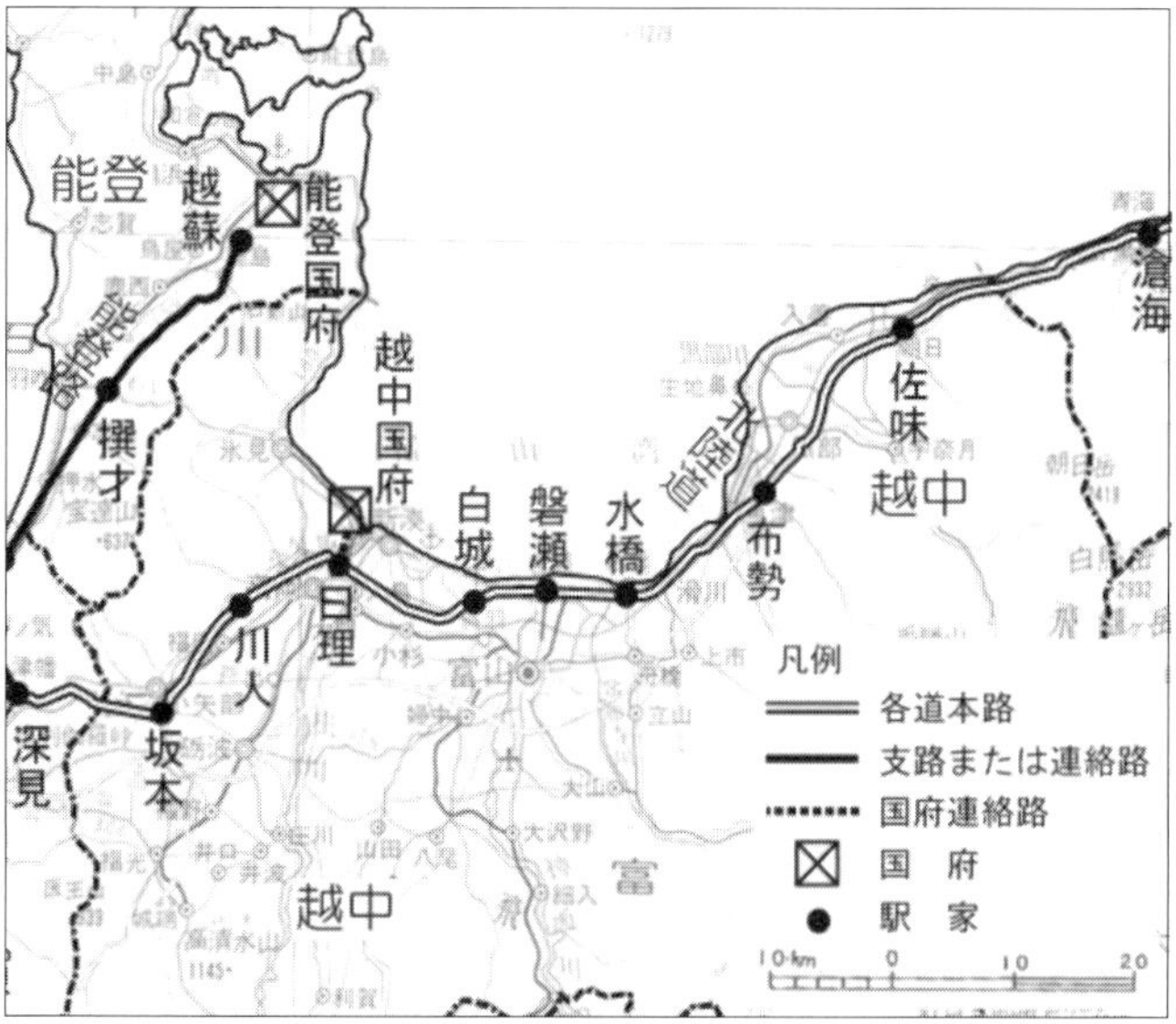

図159　北陸道路線図—4

三「小矢部市内で発掘された古代道」『古代交通研究』創刊号、一九九二年）。なおこれより先に、その曲りから四キロほど先の国道8号バイパス工事に伴う調査で、昭和五十九年（一九八四）に側溝間心々距離約六メートルの八世紀以降と見られる古道が検出されている。桜町遺跡である。

この倶利伽羅峠の頂上付近で、平成七年（一九九五）に地元の研究家の手によって古代北陸道の遺構が連続的に見つかった（西井龍儀「倶利伽羅峠の古道」『古代交通研究』第七号、一九九七年）。これまで古代道路遺構の発見といえば、ほとんど開発計画に基づく文化財調査による受動的なものが多かったが、ここでは研究者の手弁当による研究実績であるだけに、その意義は大きい。筆者もその当時、調査に参加させてもらったことがある。図160がその一つで、峠の北西、標高一九五〜二一

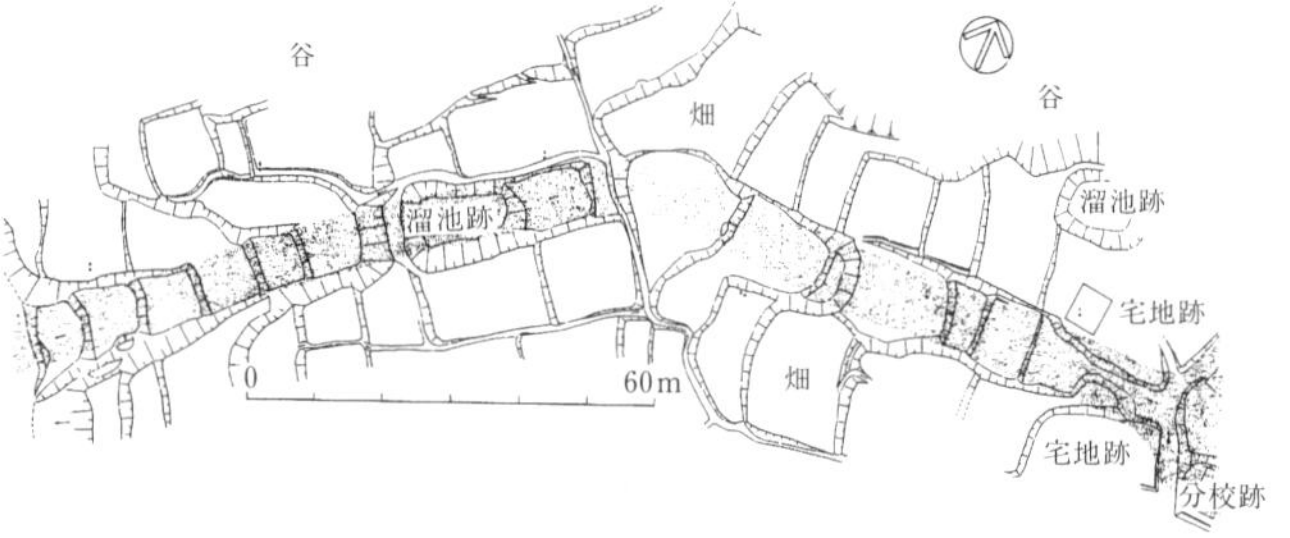

図160　倶利伽羅峠古道測量図の一例

図161　復元整備された倶利伽羅峠の道（近世街道）

〇メートルの緩斜面に延長約二〇〇メートルにわたって約一～二メートルを掘り込み、その裾幅は六～一〇メートルである。現状は棚田のようになり、一部は溜池になっている。峠の東では現在では歴史国道としてきちんと散策歩道として整備されている（図161）。

なお、以上のように加賀・越中国境の北陸道ルートの問題は決着を見ているが、もう一つ指摘しておかねばならぬ問題がある。倶利伽羅峠から直距離で一キロほど北に天田《あまだ》峠があり、国道8号もJR北陸本線もこの下を倶利伽羅トンネルと称して抜けている。この天田峠は標高およそ一六〇メートルで倶利伽羅峠より一〇〇メートル以上も低い。のみならず、北陸道は越中国へ入って坂本駅を経た後、東北方向へ変針するので、距離からしても天田峠越えは二キロも短い。これについて木下は古代駅路には軍事的性格があり、挟撃される恐れのある谷間の道を避けて、展望の利くこのような尾根筋を適当としたものだとしている（木下「古代官道の軍事的性

格」『社会科学』第四七号、一九九一年)。

越中国府へ向けて

越中国最初の坂本《さかもと》駅（小矢部市蓮沼）は、先に説明した倶利伽羅峠東麓で直角に近く折れて東北方に進んだすぐ先にある（図162）。これは倶利伽羅峠越えの場合の坂本駅比定地として早くから挙げられていた地点である。礪波関と同所であるとも言われている。前深見駅からの距離は一一キ《ロ》ちょうど、と山越えにしては長くない。

図162　坂本駅比定地付近(小矢部市蓮沼)

そのあと、駅路は小矢部川左岸を宝達丘陵の南東辺の山麓に沿って走り、川人《かわひと》駅（福岡町赤丸）に至る。この川人駅は、その駅名からして問題がある。『延喜式』の諸写本には川人とするものと川合とするものがあったが、『和名類聚抄《わみょうるいじゅうしょう》』の郷名に川合があることから、吉田東伍以来、駅名は川合とされ、馬場などの旧小字名を残す現高岡市が南の福岡町と接する地の高岡市石堤に比定されてきた。しかし、木下は『延喜式』の写本のうち九条家本、内閣文庫本などでは「川人」となっていることと、これまでの研究者の多くが比定地としてきた高岡市石堤とその隣の福岡町赤丸にそれぞれ「川人明神」が十七世紀末まであったことから、駅名は「川人」が正しいとした（富山県教育委員会『富山県歴史の道調査報告書』一九八〇年）。

図163　大伴家持が住まいした越中国守館跡（高岡市伏木古府）

『角川日本大地名辞典』（一九七九年）と『日本歴史地名大系』（平凡社、一九九四年）も駅名は川人《かわと》を採用しており、また現在の赤丸にある浅井神社（式内社）の宮司の姓が川人氏である。なお、川人駅の比定地は吉田東伍などと大きくは変わらないが、福岡町内とした。坂本駅から一二・二キロを測る。

ここからさらに小矢部川左岸の山麓沿いを走り、小矢部川が旧庄川と合流する地点左岸の**曰理《わたり》駅**（高岡市守護町）に達する。川人駅からは八・八キロである。これまで曰理駅は現伏木港に近い湊町に比定されることが多かった。しかし木下は、①小矢部川と旧庄川が合流する地点に渡《わたり》の旧字名があること、②この地点から北西に能登国に至る道があったこと、③守護町の名は中世の一時期に守護所が所在したと考えられ、交通の要地であったこと、④従来の伏木説ではその後の駅路が古代・中世には東に大きく広がっていた放生津潟《ほうじょうづがた》によって迂回しなければならず不自然であること、の四点を挙げて曰理駅をここに比定する（木下『富山県歴史の道調査報告書―北陸街道―』一九八〇年）。能登への道とは、先に「能登路を行く」の項で示した加賀から越中に至る道の一つである之乎路《しおじ》（志雄越え）の道であり、現在の国道160号から415号につながるルートである。なお、庄川は現在では流路を変えて東側で直接海に入っている。

越中国府と大伴家持

越中国府《えっちゅうこくふ》（高岡市伏木古国府）は曰理駅からさらに河口に近い伏木古国府の勝興寺にあったとされる。曰理駅から越中国府までは、連絡路があったと思われる。駅路が国府まで立ち寄らず、出来るだけ短く先へ進み、国府までは別の連絡路を出すことは、しばしば見られる原則のようなものである。

越中国府には大伴家持が天平十八年（七四六）から五年間、越中国守として在任し、二二十余首の歌を万葉集に残した（図163）。

家持の歌は、当時のこの地域の自然、地理、生活、交通などの状況を知る上での好個な史料である。駅路については、よく引かれるのに次の歌がある。

左夫流児《さぶるこ》が斎《いつ》きし殿に鈴掛けぬ　駅馬《はゆま》下れり里もとどろに（巻一八・四一一〇）

これは家持の部下の尾張少咋《おくい》が「さぶるこ」という遊女を現地妻として置いていることを、家持が諫めた二日後に、都から少咋の妻が早馬で飛んできて、一騒ぎになったときに家持が詠んだ歌である。道路史、交通史の立場からこの歌がよく引用されるのは、この歌の「鈴掛けぬ駅馬下れり」の意味である。つまり、駅馬を利用して駅路を通行できるのは、本来公用の使者や国司なりそれ相応の資格を持ち、駅鈴を下付されたものでなければならないのに、私用で鈴をつけない早馬がまかり通っていた事実が現れていることで、この歌は天平感宝元年（七四九）五月十七日の日付がある。駅制が施行されてからまだ一〇〇年足らずで、もうその規制も大分緩やかになっていたことが知られる。しかし、これは単に規則が守られていないというより、駅路が一般の人びとにも使用されるように大衆化したと見ることもできる。

万葉集にはもう一つ、曰理駅に関係すると思われる歌がある。「射水郡の駅館《うまや》の屋《や》の柱に題著《しる》せる歌一首」と詞書《ことばがき》がある山上憶良《やまのうえのおくら》の息子とされる山上臣《やまのうえのおみ》の歌である。

朝びらき入江漕ぐなる梶の音《おと》の　つばらつばらに吾家《わぎえ》し思はゆ（巻一八・四〇六五）

この射水郡の駅とは、すなわち曰理駅であり、越中国の物資運送の港である国津《くにつ》も国府から曰理駅にかけての地域にあったので、駅館の近くまで船が上ってきたと考えられる。

曰理駅で東に小矢部川と合流した庄川を渡る。ここから神通川河口まで、海岸沿いには行かず、そのまま内陸を東南東へ向かった。国道8号にほぼ沿うといってよい。その海側に前記の放生津潟があったからである。

次の**白城《しらぎ》駅**（小杉町白石）は内陸側に比定地がある。白城の読み方は正しくは不明であるが、白石に白山《しいろぎ》城跡あり、その地名の類推から比定されている。曰理駅から一二・六キロを測る。

越中平野はほぼ海岸線を行く

次の**磐瀬《いわせ》駅**（富山市岩瀬）は神通川河口右岸にあり、今度はそのまま海岸沿いに次駅の**水橋《みずはし》駅**（富山市水橋町）まで進む（図164）。遺称地があり、白岩川河口左岸に比定することに異論はない。ここまでの白城・磐瀬・水橋三駅の駅間距離はそれぞれ八・四キロおよび七・三キロでかなり短い。一駅なくともおかしくはないほどの距離である。これから先はまた通常の長さに戻る。この駅間距離の問題を考慮して、大槻如電は川合（川人）駅を越中国府と能登国府の連絡路を考えてその中間に持って行き、本路のルートや磐瀬駅の位置も変えたりして、駅間距離のバランスを取るなどの工夫をしている（『駅路通』前掲）。

筆者がしばしば大槻如電の説に言及するのは、当時の研究者が例えば吉田東伍のように、あまり駅路としての問題を考えず、あくまでも地名を中心として駅位置を考察しているのとは異なり、地理学的な観点も常に併せ持っている点に着目するからである。ただ、この地域での駅間距離の短いのは、河川横過が多いことが理由の一つであろう。

次駅の**布勢《ふせ》駅**（黒部市荒町）はこれまで黒部川横断地点に比定されることが多かった。しかしこれでは前後の距離のバランスが悪すぎる。木下は、北陸道の諸駅が渡河点に多く立地していることと距離のバランスから布勢川の渡河地点（右岸）とする（木下『富山県歴史の道調査報告書―北陸街道―』前掲）。

図164　水橋駅比定地付近（水橋町）

前布勢駅から一六・四キロである。亘理駅以西の駅は、これより先を含めてほとんどが海岸に沿っている。布勢駅はやや内陸に入っているが、これは黒部川河口が突出しているので、内陸側を直線的に走るためであろう。ここまではほぼ後世の北陸北街道のルートをたどったと推定されている。

越中国の最後の駅は**佐味《さみ》駅**（朝日町泊）で近くに佐味神社もある。布勢駅からもルートは近世北国街道に近いと見られる。布勢駅からここまで一七・二キロを測る。

越中国八駅のうち、駅馬数は最後の佐味駅の八疋を除きすべて五疋である。佐味駅はこれから天嶮の親不知《おやしらず》を控えている。

六　越後国南部の北陸道

天下の険、親不知を行く

佐味駅の東は、一キロほど先から日本海に面する厳しい断崖に沿って進まねばならない。これは越後の上越市旧直江津地区にある水門《みと》駅までほぼ七〇キロ近くにわたって続く。それでも越後との国境までは何とか浜辺に沿って歩ける道はある。国境は境川というそれほど大きくない川で区切られる。本書冒頭（四ページ）で述べたように、古代の「養老令」「公式令」の定めによって、各道には朝集使が駅馬を使用してよい国々の境界が示されていた。それが東海道では足柄坂、東山道では碓氷峠、そしてこの北陸道では神済《かんのわたり》であった。細かい注釈書の『令集解《りょうのしゅうげ》』によると、この場所はさらに特定されていて、北陸道では「神済とは越中と越後の界の川である」とされている。つまりこれが境川である。

ここから先の親不知《おやしらず》は、古来から現在に至るまで交通の難所としては全国有数の場所である。この海岸沿いを避け、内陸に回るルートもないではないが、かなり大回りになり、かつ起伏が激しいので、駅路としてはやはり海岸を通ったと考えられる。現在の明治以降に造られた道は海岸から一〇〇メートルほども上がっているので、海岸縁まで下がるだけでも大変である。

越後国の最初は**滄海**《あおうみ》**駅**（新潟県青海町青海）である。遺称地名からも特に問題はない。越中国最後の佐味駅から距離にして二二・五キロ、ここも佐味と同じく八疋の駅馬を置く。この中間に親不知の険が控えていた。ここを通る旅人は、切り立った海岸縁の断崖の下の狭い砂浜を、波が退いたときをねらって走り抜け、波が寄せたときは岩穴に身を避けて辛くも切り抜けた（図166）。

この名は平安時代末期、文治年間（一一八五～八九）に、平清盛の異母弟、平頼盛《よりもり》の妻が、ここを通るとき愛児を波にさらわれた。悲嘆に暮れて、

親知らず　子はこの浦の波まくら　越路《こしじ》の磯の露と消えゆく

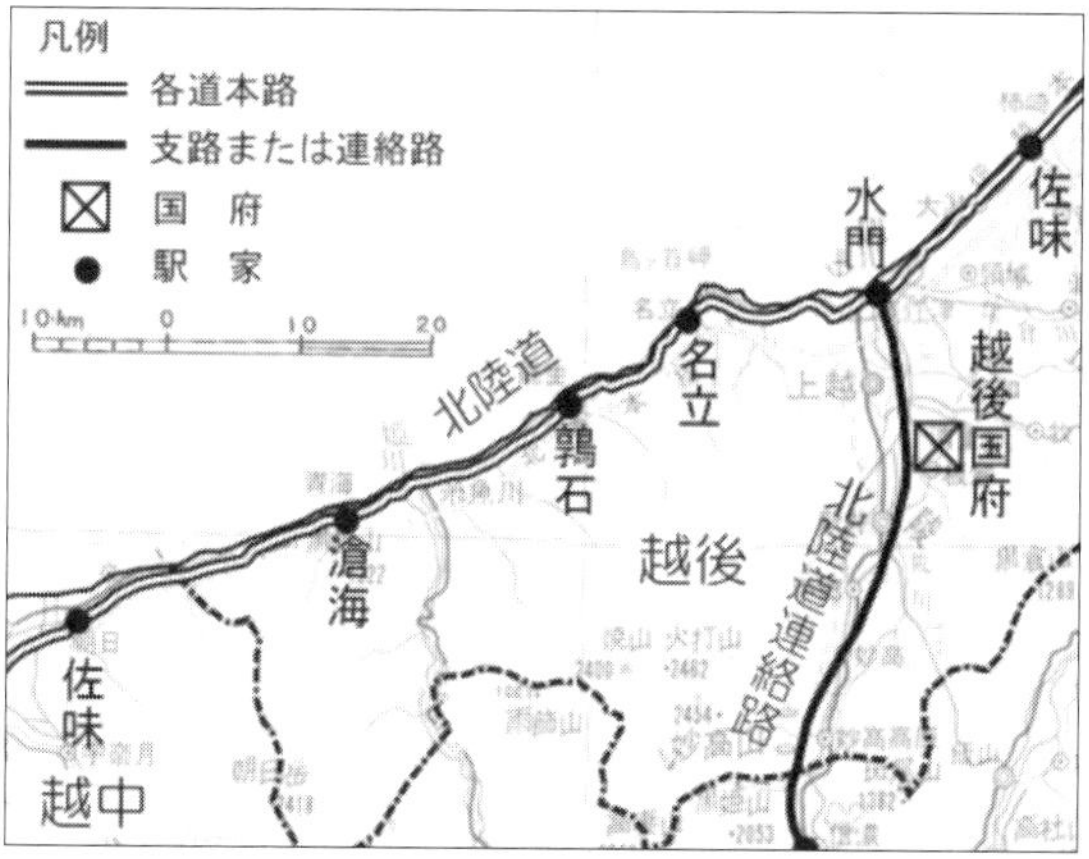

図165　北陸道路線図―5

図166　親不知の波打ち際，この断崖の下を通った

と歌ったことによって名づけられたという。

平頼盛は清盛の弟ではあるが、後白河法王と親密で、平家の中ではいわば反主流派であった。治承三年（一一七九）の清盛のクーデター（後白河法王幽閉）のときに免官させられた。寿永二年（一一八三）の平家都落ちの際には同行せず、頼朝側に身を寄せた。文治元年（一一八五）、平家一門は壇ノ浦で滅亡した。頼盛はこの年出家するが翌年没する。頼盛は加賀と佐渡の知行国守（知行国を得た公卿などで、子弟などを国守に任じて収益を得た）であって、佐渡国守が頼盛の子、平仲盛であった。その時点になお仲盛が佐渡にいたかどうかは分らないが、頼盛の妻はその縁を頼って佐渡に行こうとしたのであろう。頼盛自身が京童の悪口に耐えかねて所領の越後五百刈村に退隠し、妻女はそこへ行こうとした、との巷説もある。いずれにせよ、彼女は鬼界が島に流された僧俊寛《しゅんかん》の姉妹で、重ね重ねの悲劇である。

このような旅の困難が解消されたのは、明治時代になってからのことである。

鶉石駅の前後は果して海沿いか山越えか

滄海駅から先で姫川を渡る。本書では、滄海駅から先も、親不知と同じく、**鶉石駅**《うずらし》（能生町大平寺）、**名立駅**《なだち》（名立町名立大町）から**水門駅**《みと》（上越市中央）までは、おおむね海岸沿いを通ったとする、小林健太郎の説（藤岡『古代日本の交通路Ⅲ』前掲）を採っている。この考え方の問題点は鶉石駅の位置である。鶉石駅について、能生町の能生川河口からおよそ二㌔ほど遡った左岸（西岸）に、鶉石という集落が現存している。そのため、ここを鶉石駅とする説が古くからある。吉田東伍は、鶉石の大字名に着目して、「昔の駅は能生川の河口に渡津せずして此に往来したるか」（『大日本地名辞書』前掲）としているが、特に前後の駅路には言及していない。これに対して鶉石駅をこの大字の地点とし、その前後を山道とする説がその後もルートを違えて幾つかある。小林は、もし能生川河口が渡渉困難として上流迂回を必要とするならば、滄海・能生間の能生川より大きい姫川・海川・早川なども上流迂回が必要となり、そのようなルートを想定した地元の研究（郷土誌『青海』）では滄海・鶉石が三五キロにもなり、あまりにも遠回りで上下の起伏も多すぎるとして、鶉石駅については能生町の海岸付近の適地を選んで、駅路海岸説としている。このことにより、越前の佐味駅から越後の水門駅まで、駅路はすべて海岸を通ることになる。

なお大槻如電は、鶉石の地は海岸を避けて山へ入る一里ばかり能生川の西岸にあるが、元は前後の駅と同じく海岸にあったとする（『駅路通　下』前掲）。そして某年に風浪の害などで転地して海から隔ったのだ、と述べている。如電は自分の都合の良いように解釈する癖があるから、一概には信用できないが、大局を見るところが面白い。

木下は、そもそも神済というのは境川という小さな川ではなくて親不知一帯のことを称したのであり、ここは必要に応じて船で渡ることもあったのであろうし、滄海駅から東の名立までも現地名の鶉石を経て、前後は山道ではなかったかと考えるが、具体的なルートの断案は得ていない。

名立駅については遺称地名があり、水門駅は関川河口左岸とするのが通説である。かくしてその間の距離は、海岸直通ルートとして滄海・鶉石＝一九・一キロ、鶉石・名立＝一二キロ、名立・水門＝一四・四キロである。駅馬数は先に見た滄海駅の八疋を除き、それ以後はすべて五疋である。

後世まで地域の核として残る海岸の駅家

越中国から越後国の駅路はすでに何度も述べているように近世街道におおむね踏襲されていることもあり、古代路としての遺構発掘の例はない。一般に古代路が中世以降に廃絶された場合には発掘事例が少なくないが、後世に連続して使用されている場合には、かえって遺構が残らない場合が多く、発掘事例を見ることが少ない。

なおこれらの間は、明治になって国道や高速道路もほぼ同じ場所を通っている。越中最後の佐味駅から水門駅までについて、北陸道の駅家と高速道路（北陸自動車道）のインターチェンジの対比を見ると、佐味駅＝朝日IC、鶉石駅＝能生IC、名立駅＝名立谷浜IC、水門駅＝上越ICがそれぞれ対応しており、それ以外には滄海駅に対して親不知IC（青海町歌）と糸魚川IC（糸魚川市上刈）の二つに分れているに過ぎず、設置位置はおおむねよく一致している。これは駅の置かれた地区が、その後もそれぞれの地域の核として残り、後世につながったものではないかと考えられる。

東山道の章で述べたように、東山道の北陸道連絡路が北陸道の水門駅に達していた。**越後国府**《えちご》（上越市今池）は『延喜式』の時代には北陸道の近くにはなく、北陸道連絡路に近い。ただ、越後国府についてはまだ確証は出ていない。北陸道としては水門駅から南約一〇㌔の地点にある。水門駅はその名のとおり港に接する駅であり、当然越後国府の外港であると考えられるが、『延喜式』の「諸国雑物功賃」の条にある国津としては越後国のそれは蒲原津湊となっていて、ここではない。

東山道の北陸道連絡路は、越後国府に近く、関川右岸を北上して来るので、北陸道との連結地点も同じ右岸で連結するものと考えたいが、具体的な地点を決定しがたいので、図上では関川を渡って左岸の水門駅に達するものとしている。

七　越後国北部の北陸道と佐渡路

海岸沿いから内陸回りへ

この先も次の佐味《さみ》駅（柿崎町馬正面）まで海岸線を行く（図167）。しかし水門駅までのような断崖沿いではなく、平坦な砂浜が続いていて、その砂丘上を駅路は進んだと見られる。佐味駅（越中国にも同名の駅があったので、やや紛らわしい）の比定地については、柿崎町付近であることには異論はなく、馬正面の旧地名から比定されている。前水門駅から一七・二キロである。

次の三嶋《みしま》駅（柏崎市半田）は、近年まで定かではなかった。というのは、佐味駅からも引き続き海岸を通ると思われるが、近世北陸街道が海岸線をずっと進んでいたことから、古くは古代駅路も同じとの説が強かった。しかし後述するように少なくとも三嶋駅以遠は内陸を通るものと認められるようになった。そのためどこで海岸を離れるかが問題となる。これまで柏崎市内には三嶋駅の比定地が大別して二ヵ所あり、一つは海岸近く、他の一つは三島町内の三島神社周辺であった。後者の三島神社は海岸から一キロ以上離れているのが難点とされていた。ところが、平成十一年（一九九九）に同市半田の国道8号バイパス工事に伴う箕輪遺跡の発掘で木簡が出土し、その中には、表面に「三宅史御所」とあって、裏面に「駅家村に到来すべし」と読めるものがあった。このことから箕輪遺跡近辺に三嶋駅が存在していた可能性が強くなった、と報告されている（『木簡研究』第二二号、木簡学会、二〇〇〇年）。その場合、

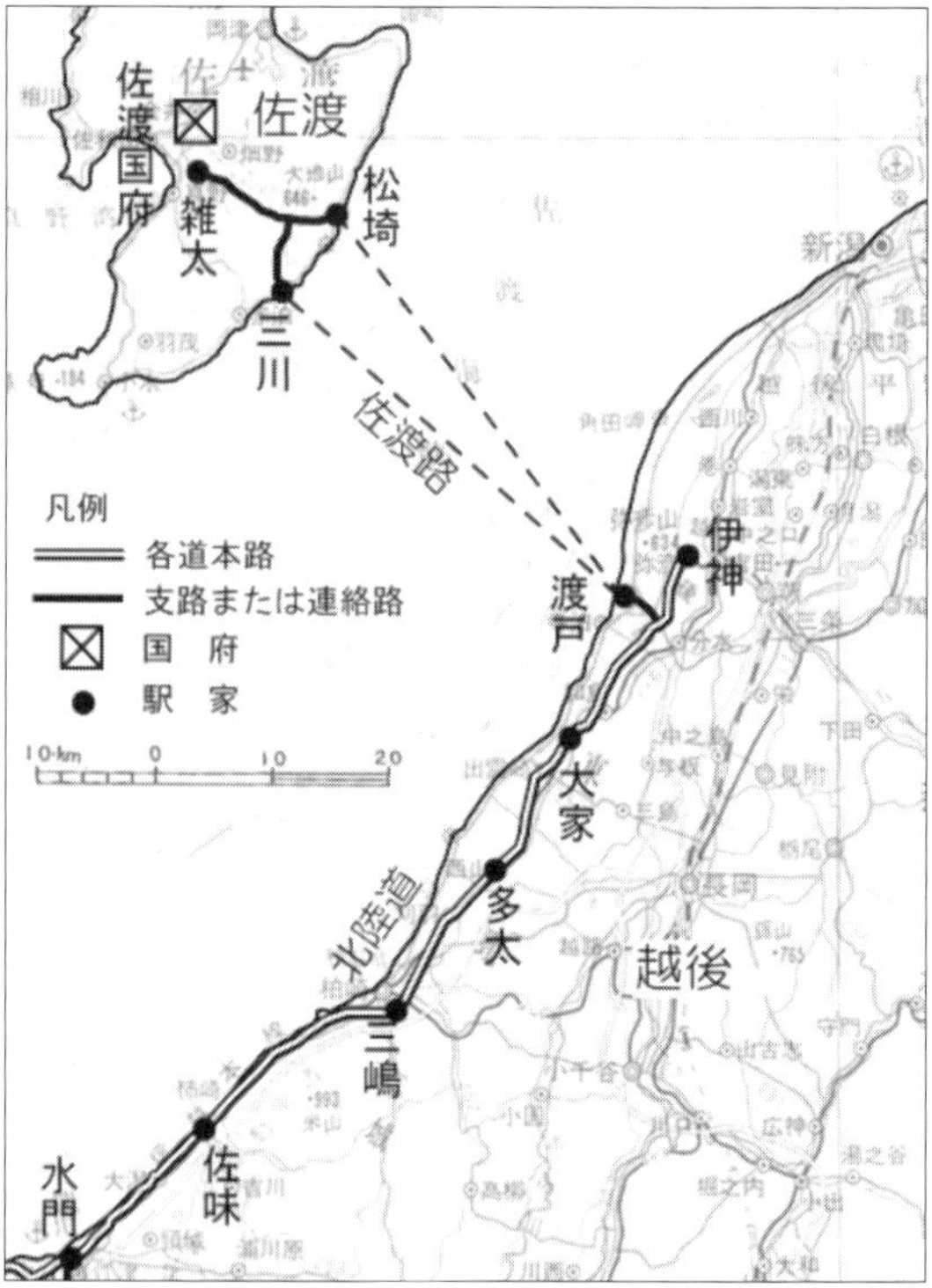

図167　北陸道路線図—6

駅路は柏崎市鯨波に「馬場」の小字があったことからも、西からこのあたりまでは海岸沿いに進み、ここから国道8号バイパスの計画路線に近いルートで山を越えて半田の三嶋駅に至ったと推定したい。前佐味駅から一八キロを測る。

三嶋駅のあとは、すでに足利健亮が大槻如電の指摘をヒントに次の**多太《ただ》駅**（西山町別山）を内陸に比定していた（足利「6　東国・交通」藤岡編『日本歴史地理総説』古代編、前掲）。果たせるかな、平成六年（一九九四）に国道116号バイパス工事に伴う発掘調査で、多太駅より北の和島村島崎の八幡林《はちまんばやし》遺跡で、官衙の建物群と道路遺構が見つかった（図168）。ここでは発見された木簡には「沼垂城・養老」と記されたものがあり、道路は直接駅路を示すものではないが、古くは道路が沼垂《ぬったり》城まで届いていたことを示した（田中靖「平成八年度新潟県和島村八幡林遺跡の調査概要」第二〇回古代城柵官衙遺跡検討会資料、一九九四年）。さらに「大家驛」と読める土器破片も出土した。これにより八幡林遺跡が次の**大家《おおや》駅**（和島村島崎）ではないかとの想定が強まったが、これより数年遅れてその東南二〇〇メートルほどにある下ノ西遺跡からも同様な駅とも考えられる官衙遺構や「驛」と書かれた可能性のある墨書土器が出土し、こちらが大家駅である可能性も報告された（田中靖「新潟県和島村下ノ西遺跡検出の官衙遺構」『条里制・古代都市研究』一七号、二〇〇一年）。

いずれにせよ、この付近を北陸道が通過したであろうことはほぼ間違いなく、ただ駅路遺構は未検出であり、駅位置も確定ではない。ここは柏崎から国道116号あるいはJR弥彦線に沿って進むルートで、柏崎から多太駅付近までは別山川、それより北は島崎川に沿う浅い谷沿いの道筋である。両遺跡付近を大家駅として三嶋駅から多太駅まで一九キロ、多太駅から大家駅まで一二・四キロを測る。

図168　国道161号バイパスの高架下に八幡林遺跡（大家駅推定地の一つ）があった

終着点で二手に分れる北陸道

大家駅から道は国道116号あるいはJR弥彦線とは離れて、島崎川のやや広くなった沖積平野の西側に沿って東北に進むと、現在の信濃川大河内分水路に達する。駅路はそのまま弥彦山の東麓に沿って進み、**伊《い》神《かみ》駅**（弥彦村弥彦）に達する。北陸道の終端で、弥彦神社に近い（図169）。多太駅から一五・四キロである。東山道の章で触れたように、北陸道は『延喜式』以前はさらに進んで渟《ぬ》足《たり》柵（沼垂城）からは磐舟《いわふね》

図169　伊神駅に近い弥彦神社

柵を経て、奈良時代には出羽国府まで駅路が延びていた。北陸道本路越後国の駅馬数は、先に見た三嶋駅以後も最後の伊神駅を除いてすべて五疋である。伊神駅のみは二疋であることの意味は、次の渡戸駅で説明する。

北陸道の本路はそこで止りであるが、佐渡路が途中から分れていた（大河内分岐）。ちょうど大河内分水路の手前あたりで、駅路は分岐して海岸に向った。三・三キロ行くと海岸で**渡戸駅**《わたりべ》（分水町渡部）がある。ここには船二隻が配備されている。船の配備されている駅は東山道出羽路に伝馬格のものを含めて野後・避翼・佐芸・白谷の四駅があった。これらはすべて駅馬と船の双方配備であった。これに対して渡戸駅は船だけで、純粋な水駅である。『令集解』には、水駅とは「馬を配せざる処」とあり、また三〇里以内に津渡のある場合には船と馬を合わせ置き、駅長は一人のみとする解釈が付されている。あるいは伊神駅と渡戸駅の駅長は兼務であったかもしれない。

佐渡国へ渡る

渡戸駅から海を渡り、佐渡国では**松埼**《まつさき》**駅**（佐渡市松ヶ崎）と**三川**《みかわ》**駅**（佐渡市三川腰畑）の二ヵ所が港としての位置にあったと考えられる。もっともこの考え方は比較的新しい。佐渡国には、松埼・三川のほか雑太《さいた》駅が『延喜式』に記載されている。しかし**佐渡**《さど》**国府**（佐渡市四日町）はそれほど内陸奥深くにはないので、三駅を適当な間隔を置いてつなげるように考えると、うまい解決法はなかった。大槻如電は、松埼駅を佐渡島南西端の小木町付近に置き、西に面する真野湾に沿って現在の国道350号沿いに佐渡国府に至るとし、真野湾沿いの中間に次の三川駅を置き、最後の雑太駅を国府付近に置くという工夫をした（『駅路通』前掲）。足利健亮は、松埼駅を松ヶ崎の地名が佐渡島の南海岸に残ることからここに比定し、一山越えて国府付近の雑太駅につながるとしたものの、その途中のいずれかに三川駅を考えるとする、あいまいな仮定をするにとどまった（藤岡『古代日本の交通路Ⅱ』前掲）。松埼から国府までは、総距離としてせいぜい一六、七キロ程度しかなく、また途中に駅を置くような適宜な場所もない。

これに対して木下良は、西海道の九州本土から壱岐島へ渡るときに、季節や風向きによって複数の港を使い分ける事例のあることに着目し、佐渡でも海岸駅を二つに分散することを基調にルートを考えた（『日本歴史地図　原始・古代編　下』柏書房、一九八二年）。のちに地元の研究家の佐藤利夫は、二つの海岸駅があるという同じ考えの上で具体的なルートを提示した（佐藤『古道の風景』両津公民館、二〇〇〇年）。しかも佐藤は沢道は近世のもので古代の道は山越えの道であるという、古代道の基本にのっとった考え方でルートを考えた。筆者は木下とともに現地で佐藤の案内を受け、そのルートの合理的なことを確認した。

松埼駅について、佐藤は松ヶ崎の名のとおり小さな岬の南側の小港に近い松前神社に比定する（図170）。ここは文永二年（一二六五）に日蓮が上陸して一夜の雨露をしのいだ場所であるという。ここから海岸には出ず、すぐ山へ入る古道がある。足利も木下も松ヶ崎の松埼駅から、駅路はほぼ西北に進んで畑野町小倉に出て、そこから小倉川に沿って真野平野に出るものとしていた。現在の道はほぼそれに近い。しかし佐藤は、それは江戸時代の道であるとして採らず、ほぼ西方に進んで経塚山を越え、旧真野

図 170　松崎駅比定地の松ヶ崎付近の遠望

図 171　佐渡国府比定地付近(佐渡市四日町)

町に直接下りて雑太駅《さいた》（佐渡市吉岡）に至るルートであるとする。また、三川駅は旧赤泊町の中で今も三川の地名が残る地域の中の腰細《こしぼそ》であり、駅路はそこから北に出て丸山の近くで松埼駅から来る道と合流し、旧真野町の雑太駅へ向かうとする。現在、この経塚越えのルートは車一台が辛うじて通れる程度のものではあるが、この山越えはそれほどの厳しさはなく、直通ルートとして十分に古代駅路として可能であると考えられる。雑太駅の比定地は、真野平野に下りた直後の総社神社近くに想定される。

佐渡国府は、ここから一キロほど北に行った場所にあった（図171）。佐藤は、国府が真野《まの》湾に近く、国府川の河口にあった港まで海の事情がよければ入ってこられたので、佐渡島の駅路はかなり形式的なもので実用性は薄かったのではないかと推測している。佐渡国の三駅はいずれも駅馬は五疋だが、伝馬と共用とされているので、足利は佐渡国の駅馬は実質上二～三疋で、北陸道の駅馬の基本の五疋が、弥彦へ向かった伊神駅の駅馬二疋と佐渡路の三疋とに分けられた、と理解すべきだとしている。

おわりに

古代の道を全国にわたって探ろうと考えたのは、平成十一年のことである。そのころ私は『道路』という道路関係の専門雑誌に『物語日本道路史』という連載を執筆していた。およそ二年の予定で書き始めたのであるが、約一年を終えてようやく古代を脱しようかという状況であった。それだけ書くことが豊富にあったのである。つまり道路の歴史にとって、古代とはそれほど未知であり、かつその一〇年ほど前から、急速に発展を遂げ、歴史地理学や考古学分野での学問業績がそれこそ「男子三日見ざれば刮《かつ》目《もく》して待つべし」というほど、次々と発表されてゆく状況であった。これらを追ってゆくうちに、全体の流れや個別の問題だけでなく、七道駅路と呼ばれる古代幹線道路網をきちんと全国にわたって紹介しなくては、十分ではないと感じるようになり、中世以降の次の時代にかかる前に、ほぼまた一年をかけて古代道路を紹介することにした。

もともと私は根が道路技術者であり、始めは建設省(現在の国土交通省)、後に日本道路公団で主として高速道路の計画や建設に従事していた。そこで高速道路が何度か国分寺の付近を通過するという事態に遭遇して、そのことから道路の歴史に関心を持ち始め、勉強しているうちに、高速道路と古代道路の共通性というものに気づき、それを世間に発表した。そのことから古代交通研究会会長の木下良先生の知遇を得ただけでなく、ほかの多くの古代道路の研究者とも交流の機会を得ていた。

全国に展開していた古代道路を調べるには、実際に現場を踏まずにするわけには行かない。幸い国土交通省と日本道路公団のご理解とご支援を得て、離島を除く事実上ほとんどすべての区間について交通上のご便宜を拝受した。私のこのリポートは、主として先学の研究をたどっているものである。しかし、現地を踏査し、それを図面に入れてゆけば、おかしなところや矛盾する点も当然ながら目に付く。そのたびに私は木下先生に教えを請うた。自分なりの考えも披瀝した。一つ一つ丁寧に答えを頂くうちに、面倒だから一緒に歩こうとのお申し出があり、結局、七道のうち南海道と西海道については全線についてご同行を頂くことになった。

連載時には時間の関係もあり、ほぼ一年で一応すべての路線を紹介することはできたが、完全踏査とは行かなかった。その後、雑誌『道路』の通史の連載が終わった段階で、通史については『道』という標題で法政大学出版局の「ものと人間の文化史」の中に収まることになった（平成十五年十一月刊）。その連載のいわば餡子であった駅路紹介の部分が、吉川弘文館によって本書のような形でまとまることとなった。そうなれば現地を見残したり、問題をあいまいにさせて置くことはできない。かなりの部分を新しく、あるいは再度踏査した。それにも木下先生はほとんど付き合って下さった。こうして本稿はほとんど全面的に書き直した。この本の成果は、監修の労まで取って頂いた木下先生のご指導と、国土交通省と日本道路公団のご援助がなければ到底実現しないものだった。ここに厚く御礼申し上げたい。また、古代交通研究会を軸として、もともと門外漢の私を暖かく受け入れ、仲間として研究に加え、ご教示くださった数々の研究者にも、同様な感謝を捧げるものである。

ところで、私が古代道路と高速道路の共通性を明らかにしたのはもう二〇年近く前のことである。実は今回の踏査において、古代道路の通過点と思しきところに新しい高速道路が造られつつある現場に何度も遭遇して、ますますそのことの正しさを痛感したものである。それだけではない。実は私がかねて高速道路の計画の際に使用していた方法が、古代道路の探索にも共通して使えることを実感した。それは道路計画の検討に大縮尺と小縮尺の双方を利用しなければならないという原則である。

高速道路をどこに敷こうかと考える時には、ある点からある点までをどのように結ぶかという大局と、個々の地形や地物に応じて細かい路線を定め、インターチェンジの位置を決めるという小局がある。これをバランスよく検討していないと、しばしば見誤りを生じる。囲碁や将棋の勝負などにも通じる問題であろう。私は先学諸賢の研究に基づいて古代道路の路線を引く基本図を五分の一地形図とした。同時にこれを二〇万分の一図にも落とす。そうすると、ルートがひどく曲がっていたり、駅の間隔のバランスが悪いことに気づく。そのことからチェックしてみると、過去の研究者の気づかなかった点にも目が行くようになった。そしてその疑問点のほとんどは、木下先生が過去に既に指摘されたか、あるいはそう考えておられることと一致した。高速道路の場合でも、図面の縮尺は若干異なるにせよ考え方は同じで、大局と小局を見ることで適正な路線選定ができる。

古代道路と高速道路の共通性の基本は、計画性と目的地への直達性にある。そのために古代道路の復元には、現代の道路造りの手法が役立つのである。木下先生が古代道路の復元に新しい発見をされるのは、先生が本来、歴史地理学にその学問的基礎を置いておられることにあるだろう。

なお、本書は紙幅の関係から東日本の三道についてしか収録できなかった。できるだけ早く残りの四道についても上梓できるよう努力したい。

本書の出版に当っては、吉川弘文館の永田伸氏には少なからずお世話になった。また、本書中の数多い図版の製作を担当してくれた㈱片平エンジニアリングの小口洋司氏にも合せて感謝する。

　また、本書中の掲載写真は、注記を加えた数枚の発掘遺跡や出土品の写真を除いては、すべて筆者自身（一部、同行者によるものを含む）によるものである。

　ともあれ、現地での取材を含めて有形無形に多くのご援助を賜った方々に改めて感謝するとともに、このような形で古代駅路の実像に少しでも迫りえたとするならば、千数百年後の道造りの後輩としては、当時の先輩に対して少しはお返しができたと考えたいものである。

平成十六年七月

武部健一

『完全踏査 古代の道』を読む

近江俊秀

1　本書の特徴

古代道路の研究は歴史地理学の分野の研究者が中心となって進めてきた。一九九二年、古代交通研究会が発足したことを契機に、文献史学や考古学の研究者も加えた古代交通史に関する学際研究が本格化した。本書の著者である故武部健一も、その設立当初の中心的なメンバーのひとりである。著者は高速道路の技術者で、研究の関心も他分野の研究者とは異なっていた。本書Ⅰ―三「古代道路の路線研究の視点と方法」で述べられているように、著者が古代道路に関心を抱いたきっかけは、古代道路と高速道路に多くの共通点を見つけたことによる。生前に聞いた話によると、著者が計画に携わった高速道路建設に先立って行われた発掘調査で、国分寺や古代官衙《かんが》、道路遺構などが繰り返し見つかるのに疑念を持ち、「もしかしたら古代官道と現在の高速道路の作道思想は共通するのではないか」と考えたことが研究のきっかけであったという。

事実、古代官道の路線延長距離は約六三〇〇キロで、これは一九七五年頃の北海道を除いた高速道路の計画延長約六五〇〇〇㌔に近似する。また、路線通過位置や古代官道の沿線に約一六㌔ごとに置かれた駅家《うまや》の位置とインターチェンジの位置とが一致する例があることも確認された。

こうした一致は高速道路を計画する側の著者がいうように、高速道路の設計者が古代道路を参考にして路線を決定したということはなく、あくまでも偶然の一致である。ただ、著者は、このような偶然が生まれたのは、駅路も高速道路も、起点と終点とを最短距離で結ぶという作道のコンセプト、すなわち「遠距離直達性」を重視して計画されていること、そして日本の国土や地形からして、このようなコンセプトに基づき道路を造ろうとすると、必然的に似たような場所を通過せざるをえないという結論を示した。高速道路と駅路との類似に着目する点や、その共通性を道路の設計思想に求めたことは、歴史学や地理学の研究者ではなかなか着目しにくい点であり、まさに道路技術者である著者の独自の視点である。

そして、本書ならびに『完全踏査　続古代の道』は、駅路に代表される古代官道を自ら現地を踏査し、技術者の視点で、駅家の位置と、主として歴史地理学的な方法で復元されてきた古代官道の路線を検証するとともに、駅路が通過すると推定される地形や地物《ちぶつ》を観察し、細かな路線決定がどのようになされたのか、また駅家の位置はどのように決定されているのかを明らかにしようとしたものである。

2　本書の構成

本書のあとがきにも記されているように、著者は高速道路建設計画の際に使用していた方法、すなわち「大縮尺」と「小縮尺」の双方を利用しなければならないという原則が、古代道路探索にも使えるのではないかという考えに基づき、古代官道を観察している。具体的には、大縮尺とは起点と終点とをどのように結ぶかという作道のコンセプトのことで、それに対し小縮尺とは個々の地形や地物に応じて細かい路線を定め、インターチェンジの位置（古代の場合は駅家の位置）を決めるということである。

本書と『続古代の道』の構成は、この考えに則っている。すなわち七道駅路と呼ばれる古代官道ごとに、路線構成、駅家間の距離を最初に紹介している。これが著者のいう「大縮尺」の見方である。そして、以後、通過する国ごとに、これまでの路線復元や駅家の位置などに関する研究を紹介し、現地踏査の結果を踏まえながら、それを検証している。これが「小縮尺」の見方である。このように、本書は道路技術者の視点で構成されているのである。

ただし、本書を読むにあたっては注意すべき点がある。それは、本書で取り上げた駅家は『延喜式《えんぎしき》』に記載されたものであるため、駅路の路線も平安時代のものであることである。駅路の敷設時期については、いくつか説があるものの、遅くとも奈良時代前半以前と見られている。そして、例えば上野国《こうずけのくに》の東山道《とうさんどう》駅路のように、八世紀後半頃に路線の変更がなされ、国府を経由するよう迂回させられたものもある。こうした変化に着目し、八世紀後半頃を境にそれ以前を前期駅路、以後を後期駅路と区分して扱う場合がある。つまり本書が取り上げた駅路は、前期駅路を改変した後期駅路であり、駅路計画時のコンセプトをそのまま留めたものとは限らず、中には駅路の特徴とされる遠距離直達性を示さない区間もある。また、前期駅路の中には廃止された路線もあり、それらの中には本書で取り上げられていない路線もある。

3　東国へ向かう駅路

本書で取り上げられた路線は、畿内および平安京から東国へ向かう三つの路線、すなわち東海道《とうかいどう》・東山道・北陸道《ほくりくどう》駅路の三路線と相互の連絡路および国府へ向かう支路である。国ごとの路線復元は、駅家の位置に関するこれまでの研究を踏まえた考証、歴史地理学的な方法により抽出された道路痕跡、文献史料、発掘調査の成果を網羅したうえで行っている。これだけでも駅路の研究の基本図書として重要な成果といえよう。一方、駅家の位置については、監修者である木下良の推定をほぼ踏襲している（木下の復原については、木下良『事典　古代の道と駅』〈吉川弘文館、二〇〇九年〉を併せて参照願いたい）。そのため、一見すると木下説の紹介のように思えるが、所々に道路技術者としての視点による考察がなされている。

また、先に掲げた路線復元のための情報についても国ごとの粗密がある。例えば、畿内に近い国では文献史料や研究史は豊富であるが、考古学的な情報は乏しい。反面、東海道・東山道諸国のうち、武蔵《むさし》・上野・下野《しもつけ》国では駅路の発掘調査事例が多く、常陸《ひたち》国では道路痕跡が多数、確認されている。加えて、これらの情報の中には前期駅路のものと後期駅路のものとが混在しており、それらを整理するだけでも相当な労力を費やさなければならない。本書では『延喜式』の駅路を対象としているので、前期駅路に関する記載は最低限に留めているものの、一部の区間においては、前期駅路も含めた検証を丁寧に行っていることも特徴のひとつである。

以下、著者独自の視点により検討がなされている点を中心に紹介する。

国府へ向かう道

駅路は都を起点としているので、飛鳥《あすか》時代は飛鳥を、奈良時代は平城京を、平安時代は平安京を起点としている。つまり、遷都のたびに都周辺の路線変更がなされるのである。このうち東海道駅路は「壬申紀」に隠駅家《なばりのうまや》と伊賀駅家《いがのうまや》が見えることから、この頃は伊賀国を通過していることがわかる。また、平城遷都直後の駅家の設置記事には、伊賀国阿閇《あえ》郡新家駅家《にいのみのうまや》が見えるので、奈良時代も伊賀国を通過していた。しかし、『延喜式』には伊賀国の駅家が見えない。つまり、平安遷都に伴って山城《やましろ》—近江《おうみ》—伊勢《いせ》国へのルートへ変更されたことがわかるのである。ただし、駅路は都と地方拠点である国府とを連結させることに大きな役割があったので、平安時代にも東海道駅路から分岐し、伊賀国府へと向かう路線があったことは確実である。このような駅路の本線から離れた場所にある国府、具体的には伊賀・志摩《しま》・甲斐《かい》・上総《かずさ》・安房《あわ》・飛騨《ひだ》国府へと向かう路線について本書では、平安時代以前の通行記事や前期駅路の路線なども視野に入れ、詳細な検討を行っている。

改変された駅路

『続日本紀』および『日本後紀』にも光仁《こうにん》朝から桓武《かんむ》朝にかけて、駅家の改廃記事が複数認められ、この頃に全国規模で駅路の改変がなされたことがわかる。そうした駅路の改変について、本書では、関東を例に詳述している。もともと、東海道駅路は三浦半島走水《はしりみず》から海路、房総半島へと向かい、上総・下総《しもうさ》国を経由し、常陸国府へと向かうが、宝亀二年（七七一）に武蔵国が東山道から東海道へ編入されることを契機に相模《さがみ》—武蔵—下総—常陸国へと向かうルートとなる。こうした駅路の改変について、いくつかの国を例に駅家の改廃記事や国府の位置などをもとに詳述している（『続古代の道』でも南海道駅《なんかいどう》路で同様の検証を行っている）。

著者の検討以後も、関東の駅路の変遷については何人かの研究者が検討を行っているが、その多くが国家による東北経営や都との往来の在り方にその理由を求めているのに対し、著者は政治・社会的な動向よりも、国府との位置関係を最も重視している。これは、都と地方拠点を最短距離で結ぶという駅路の作道のコンセプト（大縮尺の視点）と、国府や駅家との関係（小縮尺の視点）を重視する著者独自の視点といえよう。

山岳地帯を通る区間

本書を通読すると著者独自の見解が最も示されているのは、山岳地帯など道路を通しにくい区間であることに気づく。道路技術者の立場からすれば、交通の難所における路線選定や施工方法に大きな関心を寄せることは想像に難くない。本書においても、美濃《みの》国と信濃《しなの》国の国境にあたる神坂峠《みさかとうげ》越えのルートをはじめとする信濃国の駅路の記述に多くの紙面を割いている。特に『続日本紀』大宝二年（七〇二）に現れる吉蘇《きそじ》路と神坂峠越えのルートとの関係については、路線と国府との位置関係だけでなく、それぞれの路線が通過する土地の地形・地勢に言及したうえで両者の関係を整合的に捉えるなど、道路設計者としての視点から、従前とは異なる解釈を述べている。

また、信濃国の駅路の紹介については、現在の高速道路との位置関係を詳しく述べている。これは、作道のコンセプトが共通する場合、日本の国土や地形的な要因から、時代は違っても道路はほぼ同じような場所を通るという著者の考えを検証する意図があったと考えられる。このような視点は『続古代の道』でも同様であり、路線復元が困難な山間部の路線の検証を丁寧に行っていることも本書の特徴といえよう。

4　続編の刊行

本書の刊行の一年後に『続古代の道』が刊行されている。本書が東日本の古代道路を取り上げたのに対し、続編では西日本の古代道路を取り上げている。構成は本書と同様であるが、両書を併せてご覧いただければ、東日本と西日本の道路研究の状況の違いがよくわかる。つまり、東日本では、古代道路の発掘調査事例が多く取り上げられているが、文献史料についての言及が少ないのに対し、西日本は逆で文献史料についての記載が豊富である反面、発掘調査事例の記述に乏しいことである。

この要因は、この当時における発掘調査事例や文献史料の多寡にも起因するところが大きい。ただ、このことが、本書では古代道路研究において発掘調査をどのように用いるかを、『続古代の道』では文献史料の読み解き方を詳しく解説することにもつながっている。そうした意味では、本書と『続古代の道』とを併せて読むことにより、古代道路の研究方法をより具体的に知ることにつながるだろう。

（文化庁調査官）

木下　良

一九二二年長崎県に生まれ、一九五三年京都大学文学部史学科卒業(地理学専攻)。元神奈川大学・富山大学・国学院大学教授、古代交通研究会会長。二〇一五年没。

〔主要著書〕
『国府』(教育社、一九八八年)、『事典 日本古代の道と駅』(吉川弘文館、二〇〇九年)、『日本古代道路の復原的研究』(吉川弘文館、二〇一三年)

武部健一

一九二五年東京都に生まれ、一九四八年京都大学工学部土木工学科卒業。建設省・日本道路公団で高速道路の計画・建設に従事。元日本道路公団常任参与。工学博士。二〇一五年没。

〔主要著書〕
『インターチェンジ』(技術書院、一九六五年)、『道のはなし』Ⅰ・Ⅱ(技報堂出版、一九九二年)、『道』Ⅰ・Ⅱ(法政大学出版局、二〇〇三年)

完全踏査 古代の道〈新装版〉
畿内・東海道・東山道・北陸道

二〇〇四年(平成十六)十月一日　第一版第一刷発行
二〇二三年(令和五)十一月二十日　新装版第一刷発行

監修者　木《き》下《した》　良《りょう》
著者　武《たけ》部《べ》健《けん》一《いち》
発行者　吉川道郎
発行所　株式会社 吉川弘文館
郵便番号一一三—〇〇三三
東京都文京区本郷七丁目二番八号
電話〇三—三八一三—九一五一〈代表〉
振替口座〇〇一〇〇—五—二四四番
http://www.yoshikawa-k.co.jp/
印刷＝株式会社 三秀舎
製本＝誠製本株式会社
装幀＝黒瀬章夫

ISBN978-4-642-08440-6

木下　良監修・武部健一著

完全踏査 続古代の道（新装版）

—山陰道・山陽道・南海道・西海道—

四六判・三〇四頁
二四〇〇円

律令国家によって建設され、都から本州と四国・九州の六六ヵ国二嶋すべてを結んだ古代官道〈七道駅路〉。道幅一二メートル、全長六三〇〇キロに及ぶルートには、全国におよそ四〇〇の駅家が設けられ、迅速に都との交通や通信の連絡に当たった。前著の東国三道に続き、残る西国の四道を走破。古代道路全線の駅路と駅家を網羅した完結編を新装復刊。

木下　良著

道と駅（読みなおす日本史）

四六判・一七六頁
二二〇〇円

事典 日本古代の道と駅

菊判・四三四頁
〈僅少〉八〇〇〇円

日本古代道路の復原的研究

A5判・五七二頁
一四〇〇〇円

（価格は税別）

吉川弘文館